내일을여는지식 종교 18

사회 문학적 방법론으로 보는 엑소시즘

예수의 엑소시즘 바로 보기

● 김선호 지음

KSI 한국학술정보(주)

머리말

엑소시즘(Exorcism), 즉 축귀(逐鬼)가 유행처럼 번지고 있다. 모 방송사에서는 엑소시스트들의 이야기들을 안방까지 상세히 전하며 시청자들의 호기심을 자극하고 있는 엑소시스트 전성시대. 시청자들은 호기심과 두려움의 눈으로 엑소시스트들의 활동을 안방에서 생생하게 접하게 되었다.

그렇다면 엑소시즘(Exorcism)이란 과연 귀신만을 축출하는 것이 전부일까? 몸에서 악하고 더러운 영들이 나가는 것 자체가 엑소시즘의 전부일까? 문제는 사람들이 엑소시즘을 단지 귀신이 몸 안에서 나가는 것만을 전부라고 판단하며 일종의 엑소시스트들의 활동을 오락과 놀이의 차원으로 이해하며 시청한다는 것이다.

분명히 예수는 엑소시스트(Exorcist)였다. 그러나 그의 엑소시즘은 현재 방송국에서 보여 주는 엑소시스트들과는 달랐다. 그의 엑소시즘은 방법론 자체에서 차별성이 분명하게 드러난다. 그는 귀신축출을 할 때에는 오직 '말씀'으로만 축출한다. 도구나 주문을 사용하지 않는다. 춤을 추지도 않는다. 또한 멀리 떨어져 있는 환자를 '선포'를 통해서 치유하신다.

예수시대에도 분명히 많은 축귀자들이 활동하고 있었다. 랍비들 중에도 축귀자들이 있었고 그레꼬 로마 사회에서도 많은 엑소시스트들이 활동하고 있었다.

본서는 예수의 엑소시즘이 가지고 있는 독특성과 의미를 드러내고자 한다. 먼저 마가복음을 중심으로 예수의 엑소시즘을 읽되 특별히 사회, 문학적 방법론으로 읽어 갈 것이다.

예수시대의 축귀자들은 상당한 금전적 대가를 받은 것으로 보인다. 축귀나 병자치유는 제사장들을 중심으로만 행해지고 있었다. 축귀나 병자치유는 일종의 암묵적인 면허증이 필요했다. 예루살렘 성전을 중심으로 한 제사장들에게 집중된 엑소시즘과 병자치유의 행위를 예수는 보기 좋게 깨트렸다.

크로산(J. D. Crossan)에 따르면 예수는 축귀와 병자치유에 성행했던 하나님과의 관계에 있어서 브로커 체제를 허물었다. 당시 유대교 사회에서는 충격적인 일이었다. 유대교 체제하에서 활동하던 종교인들은 격앙하지 않을 수 없었다. 예수는 유대교의 종교인들에게는 일종의 공공의 적으로 낙인찍히게 되는 계기가 되고 말았다. 그럼에도 예수는 축귀와 병자치유를 그치지 않았다. 축귀를 통해서 하나님나라의 도래와 하나님의 아들로서의 자기 정체성을 분명히 하셨다.

예수의 축귀(Exorcism)는 단순히 귀신을 몸 안에서 내쫓는 것이 아니다. 그의 귀신축출은 하나님의 새로운 시대가 도래했다는 거대한 외침이요 선포였다.

바라기는 본서가 한국교회에 예수의 축귀를 보는 새로운 사회적인 의미를 건져 내기 바란다. 또한 마가가 말하고자 했던 신학적 의미들을 음미하는 계기가 되기를 기대한다.

본서가 나오기까지 격려해 주신 서용원 교수님께 감사드린다. 느티나무의 고금숙, 고필여, 김성택, 박도현의 성원에 감사드리는 바이다. 마지막으로 늘 무언의 격려를 해주는 사랑하는 아내와 민서, 민준이에게도 고마움을 전하고 싶다.

ABBREVIATIONS

AB	Anchor Bible
ABD	Anchor Bible Dictionary
ANRW	Aufstieg und Niedergang der romischen Welt
Bib	Biblica
BR	Biblical Research
BT	Bible Today
BTB	Biblical Theology Bulletin
CBQ	Catholic Biblical Quarterly
CThM	Calwer theologische Monographien
ET	English Translation
Expt	Expository Times
HTR	Harvard Theological Review
JAAR	Journal of American Academy of Religion
JBL	Journal of Biblical Literature
JJS	Journal of Jewish Studies
JR	Journal of Religion
JSOT	Jounnal for the Study of the Old Testament

JSOTS	Supplements to Journal for the Study of the Old Testament, Shefield
JSNT	Journal for the Study of the New Testament
JTT	Journal of Translation and Textlinguistics
Neot	Neoleslamenlica
NovT	Novum Testamentum
NTS	New Testament Studies
PGM	Papyri Graecae Magicae, ed. K. Preisendanz.
SBL	Society of Biblical Literature
SBLDS	SBL Dissertation Series
SBT	Studies in Biblical Theology
SJT	Scottish Journal of Theology
TDNT	Theological Dictionary of the New Testament
TT	Theology Today
WEC	World Biblical Commentary
WUNT	Wissenschaftliche Untersuchungen zum Umwelt des Neuen Testaments

목 차

I_ 들어가며

1. 예수의 엑소시즘(Exorcism)을 어떻게 볼 것인가

본서는 마가복음에 나타난 예수의 엑소시즘(Exorcism), 즉 축귀사역의 방법과 특성을 분석하여 예수의 축귀사역이 지닌 신학적 메시지와 신학적 의도를 밝혀내고자 한다. 이것은 귀신축출 사역이 예수에 의한 종말론적 새 시대의 도래 곧 하나님의 주권적 통치의 시작이며 예수가 하나님의 아들임을 증언하려는 신학적 의도가 담겨 있음을 밝히는 데 목적이 있다.

마가복음은 고난과 박해의 삶의 자리에서 기록된 복음서다. 그들 자신의 공동체를 위해서도 예수의 고백에 대해서 신중해야 했다. 수난당하는 인자 기독론을 통해서도 유대 민족주의적 메시아사상을 언급하지 않는데 이 모든 것은 마가공동체의 생존을 위한 장치라 할 수 있다.[1]

이처럼 마가공동체의 어려운 상황에서도 마가는 대담하게도 예수를 치유자요 귀신 축출자의 모습으로 묘사하고 있다. 그 내용은

---

1) 서용원, 「마가복음과 생존의 수사학」(서울: 대한기독교서회, 2003), 77.

마가복음서 전체에서 약 200여 구절을 이적에 관하여 기록하고 있는데, 네 복음서에서 이야기하는 36개의 이적 중에서 18개를 마가가 기록하고 있다.[2] 특히 귀신축출 관련 이적이 1 ~ 10장에서 47%가 직접, 간접으로 귀신에 관련되어 있다.

반면에 마태복음은 마가복음서에서 보도하는 18가지의 이적 중에서 11개를 소개하고 있는 정도다.[3] 이것은 마가복음과 비교할 때 현저하게 축소 보도하고 있음을 알 수 있다. 마태의 경우에는 거라사 광인의 보도에서 마가가 20절로 기록한 것을 7절로 축소하고 있다. 간질병 소년의 이야기는 16절을 8절로 요약하고 있다. 누가의 경우에는 마태와는 달리 이적이야기를 상당수 기록하고 있다. 누가의 경우에는 마태보다는 예수의 이적에 대해서 자세히 보도하고 있다.

마가에 의하면 축귀는 예수의 첫 번째 사역의 시작이었다(막 1:21 - 28, 회당 안에서의 축귀). 또한 예수의 축귀는 하나님 나라와 긴밀하게 연관되어 나온다. 예수는 축귀사역으로 인하여 결국에는 그의 친척들까지도 그에게 거꾸로 '미쳤다'는 평가를 듣게 된다(막 3:19 - 21). 대부분의 학자들은 예수가 축귀자이며 동시에 치유자였다는 사실에는 일치를 보인다.[4] 따라서 예수의 정체성을 이해하는

---

2) 가버나움의 광인(I:21 - 28), 시몬의 장모(1:29 - 31), 문둥병자(1:40 - 45), 중풍병자(2:1 - 12), 손 마른 자(3:1 - 6), 폭풍진압(4:35 - 41), 거라사의 광인(5:1 - 20), 혈루병 여인(5:25 - 34), 야이로의 딸(5:22 - 24, 35 - 43), 5,000명을 먹임(6:30 - 44), 4,000명을 먹임(8:1 - 10), 물 위를 걸음(6:45 - 52), 수로보니게 여인(7:24 - 30), 귀먹은 벙어리(7:32 - 37), 벳새다의 맹인(8:22 - 26), 간질병 소년(9:14 - 29), 소경 바디매오(10:46 - 51), 무화과나무의 저주(11:12 - 14, 20 - 25).

3) 문둥병자(8:1 - 4), 백부장(8:5 - 13), 시몬의 장모(8:14), 폭풍진압(8:23 - 27), 거라사의 광인(8:28 - 34), 중풍병자(9:1 - 8), 회당장의 딸과 혈루병 여인(9:18 - 26), 두 명의 소경(9:27 - 31), 벙어리 귀신 들린 자(9:32 - 34).

4) B. L Blackburn, "The Miracles of Jesus", B. Chilton and C. A. Evans Ed. *Studing the Historical Jesus*(Leiden: E. J. Brill, 1994), 354 - 355.

데 있어서 가장 중요한 것은 기본적으로 예수의 축귀사역에서부터 시작하는 것이다.

그레꼬 로마 세계의 배경으로도 마가복음을 읽었다. 이것은 길버트 빌리지키안(Gilbert G. Bilezikian)의 공헌이 컸다. 그의 책 *The Liberate Gospel*에 의하면 마가복음과 그리스 비극 사이에 중요한 유사점들이 있다고 강력하게 주장한다.[5] 그에 의하면 마가는 그의 독자들이 이미 친숙해 있던 그리스 비극의 모델을 모방했다고 주장한다.[6] 빌리지키안의 주장은 마가복음이 로마적 기원을 갖는 복음서임을 전제로 하고 있다.

그렇게 마가복음을 실제문학의 일부분으로 읽는다면 아리탈로지(Aretalogy)로 파악할 수 있다. 마가복음에 나타나는 귀신 축출자 예수의 모습은 그레꼬 - 로마 세계의 카리스마적인 예언자, 치유자, 방랑철학자들에 대한 전기가 아리탈로지의 관점에서 해석할 수 있는 좋은 사례들임은 부인하기 어렵다.[7] 물론 키이(H. C. Kee)처럼 고대의 작가 누구도 '아리탈로지'로 그들의 작품을 쓰지 않았다고 주장하는 학자들의 의견이 현재에는 대세를 이루고 있기는 하다.[8]

---

5) Gilbert G. Bilezikian, *The Liberated Gospel: A Comparison of the Gospel of Mark and Greek Tragedy*(Grand Rapids: Baker, 1977).

6) Ibid., 30. 프랜시스 퍼거슨(Francis Fergusson)에 의하면 고전비극의 마지막 특징으로는 '비극적 역설(tragic paradox)'이 그 토대를 만든다. 주인공의 육체적 파멸이라는 하나의 가치의 소멸과 그의 정신적 정체성의 승리라는 다른 하나의 가치의 생성이 동시에 일어난다는 것이다. 이러한 좌절 가운데의 승리, 파멸 가운데의 성취, 암흑 가운데 광휘가 퍼거슨이 말하는 비극의 종말이 가져다주는 양면적(zweideutig: ambiguous) 효과이다. 비극의 주인공은 '파멸 가운데서만 그의 존재가 드러난다(His being appears only in his destruction).' 다시 말해 파멸함으로써만 그의 개성이 가장 뚜렷이 드러나고, 그의 정신이 가장 장엄하고 영웅적인 크기를 성취한다는 역설이 성립하는 것이다. 그에 의하면 예수는 비극적 영웅들처럼 십자가에 매달린 메시아인 비극적인 운명의 희생자가 된다. Francis Fergusson, *The Idea of Theater*(Garden City: Doubleday Anchor, 1953), 30.

7) 윤철원, 「신약성서의 그레꼬 - 로마적 읽기」(서울: 한들출판사, 2000), 27.

8) H. C. Kee, 'Aretalogy and Gospel', *JBL* 92(1973), 402 - 422.

하지만 여전히 학자들의 평가는 분분하다.

최근 들어서 신약신학에 있어서 역사적 예수에 대한 연구가 지속되면서 20세기 후반에 첨예한 논쟁들이 점화되었다. 학자들은 이 시기를 '제 삼의 탐구(the Third Quest)'의 시대라고도 한다.[9] 이때 이적에 대한 이해도, 학자들에 따라 예수에 대한 이해는 그 입장이 확연하게 달라졌다.

예수 세미나의 주요 회원인 보그(Marcus J. Borg),[10] 크로산(J. D. Crossan),[11] 펑크(Robert Funk)[12] 등은 바이스와 슈바이처 이래로

---

9) 제삼의 탐구에 관한 연구는 다음을 참조하라. W. R. Telford, "Major Trends and Interpretative Issues in the Study of Jesus", B. Chilton and C. A. Evans, ed, *Studing the Historical Jesus*(Leiden: E. J. Brill, 1994), 33-74.

10) 보그의 연구에 관하여는 다음을 참조하라. Marcus J. Borg, *Jesus in Contemporary Scholarship*(Valley Forge, PA.: Trinity Press International, 1994); Idem., *Meeting Jesus Again for the First Time* 「미팅 지저스」, 구자명 역(서울: 홍성사, 1995)과 「예수 새로 보기」, 김기석 역(천안: 한국신학연구소, 1997).

11) 크로산(J. D. Crossan)은 재구성한 역사적 예수에서 예수의 모습을 갈릴리의 소작농을 자신의 주된 청중으로 삼던 유대인 견유철학자로 보고 있다. 이에 관해서는 다음 논문들을 참고하라. John Dominic J. D. Crossan, *The Dark Interval Toward a Theology of Story*(Sonoma: Polebridge, 1988); Idem., *The Historical Jesus: The Life of a Mediterranean Jewish Peasant*(New York: Harper Collins, 1991); Idem., *Jesus A Revolutionary Biography*(New York: Harper Collins, 1994); Idem., *The Essential Jesus. What Jesus Really Taught*(New York: Harper Collins, 1994); Idem., *Who Killed Jesus? Exposing the Roots of Anti-Semitism in the Gospel Story of the Death of Jesus*(New York: Harper Collins, 1995).

12) 로버트 펑크(Robert Funk)가 말하는 역사적 예수는 다음과 같다. "예수는 세례요한의 제자로 출발했으나 곧 그로부터 독립해 독자적인 길을 걸었으며, 묵시적 하나님의 나라를 거부하고, 하나님 나라의 현재성을 강조했다. 예수는 사회적으로 소외된 자들과 형제처럼 지냈으며, 일상적인 가치체계를 거부하는 역설적인 격언을 말했고, 사회적 인습에 도전하는 말과 행동을 했다. 그는 사회 비평가였지만 사회 혁명가는 아니었다. 예수는 심신 상관적인 치유를 행했고, 축제 기간에 예루살렘에 갔다가 성전 숙청으로 체포되어 재판 없이 십자가에 처형되었다." 펑크의 연구는 다음을 참조하라. Robert Funk, *A Credible Jesus: Fragments of a Vision*(Sonoma: Polebridge Press, 2002); Idem., *The Gospel of Jesus: According to the Jesus Seminar*(Sonoma: Polebridge Press, 1999); Idem., *The Acts of Jesus: The Search for the Authentic Deeds of Jesus*(New York: Harper Collins, 1998); Idem., *The Five Gospels: The Search for the Authentic Words of Jesus*(New York: Harper Collins, 1997); Idem., *Honest to Jesus: Jesus for a New Millennium*(New York: Harper Collins, 1997).

서구 신약학계의 통념이었던 종말론적 예수상을 부인하고 유대 사회의 전통적 가치를 전복한 지혜 교사로서의 예수상(historical Jesus as wisdom teacher)을 주장한다. 또한 맥(Burton L. Mack)에 의하면 예수는 당시 희랍의 견유학파의 선생을 닮은 '방랑 현자'이며,[13] 구약성서의 소피아(지혜) 전승에서 예수를 읽으려 하는 여성신학자 피오렌자(Elisabeth Schüssler Fiorenza)에 의하면 예수는 사해동포주의를 실천한 지혜, 또는 예언자이다.[14] 이들에 의하면 예수의 이적과 축귀활동을 사회적인 맥락에서 의미를 관찰하려는 경향성의 특징을 보인다.

그렇다면 이들은 예수의 축귀와 이적에 관하여 어떻게 평가를

---

13) 맥(Burton L. Mack)에 의하면 Q 문서의 연구를 통해 종말론적 메시아 예수상이 새롭게 발견되는데 예수의 초기 말씀을 재구성한 결과 예수는 당대 헬라문화에서 쉽게 찾아볼 수 있는 방랑 선생(cynic-teacher)의 모습과 흡사했다고 주장하고 있다. 맥의 연구는 다음을 참조하라. Burton L. Mack, *He Lost Gospel, The Book of Q & Christian Origins*(New York: Harper Collins, 1993); Idem., *A Myth of Innocence*(Philadelphia: Fortress, 1988); Idem., "Jesus' Temple Act", *Catholic Biblical Quarterly* 55(1993): 263-283; Idem., *Deconstructing the New Testament*(Leiden: E. J. Brill, 1994).

14) 피오렌자(Schussler Fiorenza)에 의하면 역사적 예수의 모습을 유대 지혜 사상에서 발견한다. 엘리트 학자들의 지혜전통이 아닌, 갈릴리에서 넓게 받아들여져 온 민간 지혜전승에서 예수기억의 기원을 찾고 있다. 예수를 따르는 여성들은 예수를 유대 지혜신(여신의 이미지)의 현시자로 이해했고 이 지혜신의 대리자 예수는 가난하고 소외된 이들과 함께 하나님의 통치(basileia)를 함께 나눈 이로서 기억된다고 주장한다. 피오렌자의 최근 연구는 다음을 참조하라. E. Schussler Fiorenza, 「성서-소피아의 힘」, 김효경 옮김(서울: 다산글방, 2002); Idem., Wisdom Ways: Introducing Feminist Biblical Interpretation(New York: Orbis Books 2001); Idem., Jesus and the Politics of Interpretation(New York: Continuum, 2001); Idem., Sharing Her Word(Boston: Beacon Press 1999); Idem., *Rhetoric and Ethic: The Politics of Biblical Studies*(Philadelphia: Fortress Press 1999); Idem., *Searching the Scriptures: A Feminist Introduction*(New York: Crossroad/Herder & Herder 1997); Idem., *Jesus: Miriam's Child, Sophia' Prophet*(New York: Continuum 1994); Idem., *The Power of Naming*(New York: Orbis Books 1996); *Revelation: Vision of a Just World*(Philadelphia: Fortress Press, 1992); Idem., *Discipleship of Equals*(New York: Crossroad/Herder & Herder 1993); Idem., *But She Said*(Beacon Press, Reissue ed. 1993); Idem., *Bread Not Stone*(Boston: Beacon Press, 1995); Idem., *In Memory of Her*(New York: Crossroad/Herder & Herder, 1994).

내리고 있는가? 먼저 크로산(J. D. Crossan)에 따르면 그의 책 '역사적 예수'에서 예수의 이적을 하나님의 나라를 임박한 미래의 묵시종말적 사건으로서가 아니라, 현재의 한 생활양식으로 말한 것이라고 주장한다.[15] 그는 예수의 주술(치유기적)과 관련하여, 예수를 엘리야와 엘리사의 전통을 잇는 1세기의 대중적 유대인 주술사로 간주하며, 주술이 종교적 의적에 해당하는 것, 즉 공식적 종교의 타당성과 배타성에 대한 도전이라고 말한다.[16] 또한 거사사의 군대(legion) 귀신 들린 자의 경우가 바로 제국주의라는 억압적인 악령에 사로잡힌 것이라고 한다.[17] 그러나 크로산의 단점은 축귀에 대한 접근방식은 사회적 차원의 의미일 뿐 하나님 나라와의 관계에서 깊이 있게 고려하지는 않고 있다.

보그(M. J. Borg)는 역사적 예수의 특징적인 네 가지 모습으로 다음과 같이 지적한다. 첫째, 예수는 당시 유대의 사회적 경계선에 도전한 재활생 운동(revitalization movement)의 창시자였다. 둘째, 예수는 고대 이스라엘의 예언자처럼 당대의 권력층을 비판하고 대안적 사회를 제시한 비종말론적인 사회적 예언자였다. 셋째, 예수는 전통적인 지혜에 도전해 그것을 전복시킨 지혜 교사였다. 넷째,

---

15) J. D. Crossan, *The Historical Jesus: The Life of a Mediterranean Jewish Peasant* (San Francisco: Harper Collins, 1991), 「역사적 예수」, 김준우 역(서울: 한국기독교연구소, 2000), 489.

16) Ibid., 490. 크로산(J. D. Crossan)은 다음과 같이 설명한다. "내가 여기서 주장하려는 것은 주술과 종교의 관계는 의적(義賊)과 정치의 관계와 같다는 사실이다. 즉 의적이 정치권력의 궁극적 합법성에 도전하는 것처럼, 주술은 영적인 권력에 도전한다. 주술과 종교는 고대 세계에서, 혹은 현대 세계에서, 정치적 정의와 규범적 정의상 서로 구분될 수 있지만, 그 실체에 대한 서술적, 혹은 중립적 묘사에서는 구분될 수 없다. 종교는 공식적이며 승인된 주술인 반면에, 주술은 비공식적이며 승인받지 않은 종교이다. 더욱 쉽게 말해서, '우리는' 종교를 갖고 있지만, '그들은' 주술을 갖고 있다. 문제는 주술사가 공식적인 종교에 찬성하는가, 아니면 반대하는가 하는 것이 아니다. 주술사들의 존재 자체는 그러한 의도와는 전혀 상관없이, 공식적 종교의 타당성과 배타성에 대한 도전이다."

17) Ibid., 509.

예수는 영적인 카리스마적 치유자였다.[18] 보그에 의하면 당시 세계관 내에서 예수의 축귀 주변에 많은 무리들을 모았을 뿐만 아니라 많은 논쟁들을 불러일으켰음을 역사적 사실로 인정하고 다룬다.

그러나 보그(M. J. Borg)는 예수의 축귀에 관련해서 비종말론적인 사회적 예언자라고 주장한다. 보그에 의하면 오늘날의 묵시론자들에 근거하여 묵시적인 예수의 가능성을 반박한다.[19] 보그는 "길거리에서 '종말이 가까웠다' '회개하라'고 외치는 설교자들을 듣게 된다. 내 경험으로는 '종말이 가까웠다'고 강하게 믿는 사람들은 내가 예수 전승에서 들었던 것과는 너무나 판이하게 들린다."라고 하며 묵시적 종말론을 반박한다. 예수의 축귀를 하나님의 나라와 연결 짓는 것은 어려운 부분이다.

그러나 샌더스(E. P. Sanders)는 예수의 치유나 이적은 '복고적 종말론(restorationist eschatology)'을 표현하는 것으로 보았다.[20] 즉, 임박한 이스라엘과 예루살렘의 신적 회복을 기대한 예언적 인물로서 보았다. 샌더스는 예수 기적행위의 유형을 묻고, 이에 대해서 '종말론'이라는 준거를 제시한다.[21] 샌더스는 예수 시대 유대인들의 지배적인 사상인 종말론적 전망을 가진 사람의 기적이라는 맥락에서 예수를 종말론적 예언자로서의 기적행위자로 제시하고 있다.

---

18) M. J. Borg, *Jesus: A New Vision*(San Francisco: Harper & Row, 1987), 「예수 새로 보기, 영, 문화, 제자됨」, 김기석 역(천안: 한국신학연구소, 1997), 91.

19) Ibid., 83.

20) 유대인들의 회복에 관한 신학적 주제들을 찾기 위해서는 다음을 참조하라. E. P. Sanders, Jesus and Judaism(Philadelphia: Fortress Press, 1985), 77 – 119, 222 – 241; E. Schurer – G. Vermes et al., **"History of Jewish People in the Age of Jesus Christ"**, ET 1(Edinburgh: T. & T. Clark, 1973 – 1986): 514 – 546; P. Fredriksen, From Jesus to Christ: The Origin of the New Testament Images of Jesus(New Haven: Yale University Press, 1988), 77 – 86.

21) E. P. Sanders, Jesus and Judaism, 318.

호슬리(Richard Horsley)는 1세기 팔레스틴의 역사 사회적 상황이라는 구체적인 맥락에서 예수를 이해하려고 한다. 호슬리는 샌더스가 제시한 종말론적 예언자의 관점을 받아들이면서도 미래에 올 것으로 기대된 종말론적 예언자가 아닌 예수시대에 실제로 활동했던 다양한 민중운동에서 종말적 예언자의 유형을 찾는다. 그는 예수의 이적을 다른 대중적 메시아 운동의 하나로 이해하려 한다.[22] 예수는 기존질서를 탈신화화하여 악마적 특성을 드러내게 하는 종말론적 예언자이며, 민중들의 일상적 삶을 지배하는 사회문화적 억압을 해체하여 변혁하려는 사회혁명가라고 본다. 그는 예수를 매우 종말론적 인물로 묘사하지만 그것은 이 세상의 끝 너머에 있는 종말이 아니라 철저히 현세적(this-worldly) 종말을 의미한다.[23]

그렇다면 예수의 귀신축출에 담긴 진정성은 어디에 있는 것일까? 귀신축출 속에 드러난 예수의 진정한 모습은 유대적 배경을 지녔는가? 아니면 그레꼬 로마적 귀신 축출자의 모습인가? 또한 예수의 귀신축출에 나타난 의미는 무엇인가? 종말론적 하나님 나라의 도래에 있는가? 그렇다면 그 내용은 무엇인가? 결국 제자 공동체는 축귀자 예수를 어떻게 이해했는가? 영광의 메시아였는가? 고난의 메시아였는가? 앞으로 이 부분을 살펴볼 것이다.

따라서 본서는 예수의 이적, 특히 귀신축출 활동이 의미하는 바가 종말론적인 새 시대 도래의 선포에 있음을 밝히려 한다. 예수의 축귀는 당시 마술사들과는 무엇이 다른지를 살펴보고 이어서 예수 축귀 활동의 사회적 의미를 살펴볼 것이다. 또한 제자 공동체에게

---

22) Richard Horsley, *Jesus and Empire: The Kingdom of God and New World Disorder*, 「예수와 제국」, 김준우 역(서울: 한국기독교연구소, 2004), 135-175.

23) 이에 관하여는 다음을 참조하라. Richard Horsley, *Galilee: History, Politics, People*(Valley Forge, PA: Trinity Press International, 1995).

는 축귀자 예수를 고난의 종으로 오신 하나님의 아들로 이해했음
을 밝히고자 한다.

2. 사회 – 문학적 비평으로 엑소시즘 읽기

　본서는 사회 – 문학비평(Socio – literary Criticism)[24]을 연구 방법론
으로 삼고자 한다. 본문 연구에 있어서는 사회 – 문학 비평적 접근
은 예수의 귀신축출을 연구하기 위해서는 다차원적인 접근을 필요
로 하기 때문이다. 유대교 사회의 종교, 정치, 사회적 관계성을 먼
저 이해하기 위해서는 입체적 접근이 필요하다. 따라서 필자는 귀
신축출의 본문들을 다루면서 사회, 정치적 의미들과 더불어 마가
기자가 전달하기 원했던 메시지를 이끌어 내는 방법으로 사회 – 문
학적 비평방법을 도입할 것이다.

　먼저 사회학적 해석 방법을 살펴보면 이 방법론은 신약성서를

---

24) 사회, 문학적 비평은 주로 타이센이 사용하는 방법론이다. 타이센은 신약성서 연구 초기에 사
　　회 문학적 방법론을 사용하다가 최근에는 사회, 수사적 방법론을 사용하고 있다. 사회, 수사
　　적 방법론은 사회 문학적 방법론의 하나라고 할 수 있다. Gerd. Theissen, *Gospel Writing
　　and Church Politics: A Socio – Rhetorical Approach*(Hong Kong: Chung Chi
　　College Press, 2001); 「복음서 교회정치학」, 류호성 · 김학철 역(서울: 대한기독교서회,
　　2002). 구약성서의 사회 문학적 방법론 Norman K. Gottwald, *The Hebrew Bible, A
　　Socio – Literary Introduction*, 「히브리성서 사회, 문학적 연구」, 김상기 역(천안: 한국신학
　　연구소, 1985)이 있다. 최근 사회 문학방법론을 사용하는 국내 신약 학자로는 강요섭과 김광
　　수를 들 수 있다. 강요섭에 의하면 "종래 신학적 성서해석이 텍스트에 대하여 교리적 내지는
　　구원사적으로 국한시켜 온 잘못을 탈피하게 해 줄 것이다. 텍스트를 문학적, 사회학적으로 해
　　석함으로써 교회라는 종교적 제도의 울타리에 텍스트를 한정시키지 않고 삶의 전반적 영역에
　　의미를 가진 것으로 적용시킬 수 있게 되었다."라고 주장한다. 강요섭. "예수의 성전숙청 이
　　야기에 대한 문학적 사회학적 고찰", 「신학사상」 41(1983 여름): 365. 강요섭의 사회 문학
　　적 연구서는 다음을 참조하라. 「복음의 시작: 길의 건설」(천안: 한국신학연구소, 1991). 김
　　광수의 사회 문학적 비평방법으로 마가복음 해석은 다음을 참조하라. 김광수, "예수의 귀신축
　　출 사역의 사회 – 정치적 이해(1)", 「복음과 실천」 19(1996): 34 – 68.

고정된 문학 양식을 통해서 연구하는 양식비평[25]이나, 저자의 신학적 의도를 전승과 편집을 분리해서 파악하려는 편집비평[26]에서 한 걸음 더 나아가는 방법론이다. 사회학적 방법은 '신약성서 세계를 구성했을 것이라고 생각되는 전형적인 사회적 양식(pattern)이나 당연히 받아들여진 문화적 조건들'에 더 관심이 있다는 점에서 차이가 있다.[27]

사회학적인 접근은 역사적 비평의 한계를 극복하려는 의도에서 시작되었다. 19세기 불란서혁명 이후 사회에 대한 의혹과 불확실성에 대한 인식을 근거로 콩트(August Comte)에 의해 발전된 사회학적인 여러 방법들에 기초를 두고 있다.[28] 이러한 해석방법은 신약성서 본문에 나타나는 사상이나 행위들을 그 본문 배후를 이루고 있는 팔레스틴이나 로마 제국 사회라는 폭넓은 준거의 틀 속에 위치시킨다.

사회학 이론에는 세 가지 접근 방법이 있는데, 그것은 거시적 접근

---

25) 양식비평은 두 가지 목적을 가지고 있다. 하나는 여러 신약의 문서들을 장르별(gattungsge-schichte)로 분류하는 것이고, 다른 하나는 전승 자료의 가장 작은 단위들을 문자 이전의 구전 시대에 지녔던 양식(form) 또는 모양(shape)에 따라 분석하는 것이다.

26) 편집비평은 복음서 기자들의 신학적 독특성과 그들이 사용한 자료들과의 관계를 발견하려고 한다는 점에서 양식비평으로부터 벗어나 있다. 복음서에 나오는 말씀이나 이야기들은 본래 다음과 같은 세 가지 기본적인 배경들에서 형성되었다고 추정된다. 첫째는 역사적 예수의 가르침에서, 둘째는 초대교회의 생활에서, 셋째는 복음서 저자들의 이해에서 형성된다. 이 복음서 기자들이 각 저자가 받은 전승을 어떻게 이해하고 해석했는지 이것을 발견하는 것이 편집비평이다. 마가복음의 편집비평 방법론은 다음을 참조하라. E. Best, *Following Jesus: Discipleship in the Gospel of Mark* JSNTSup 4(Sheffield: JSOT Press, 1981); Idem., *Mark: The Gospel as Story*(Edinburgh: T. & T. Clark, 1983).

27) S. C. Barton, *Social-Scientific Criticism in Handbook to Exegesis of the New Testament*(Liden: Brill, 1997), 277-289.

28) 이 연구 방법은 크게 둘로 나뉘는데, 첫째는 고대역사나, 문학, 그리고 고고학적인 자료에 근거하여 사회적인 상황이나 모습을 분석하고 그 사실에 접근해 보려는 사회적 역사(social history)를 찾으려는 것과, 둘째로, 조직의 발전, 기구화 혹은 합법화(institutionalization and legitimation), 지도력(leadership) 등의 사회학의 이론들을 신약성서의 사건들과 결합시켜 초대교회의 공동체를 분석하려는 방법이다.

(macro approach), 미시적 접근(micro approach), 중수준적 접근(meso approach)이다.29) 거시 사회학 이론은 구조주의(structualism)와 기능주의(functionalism) 둘로 나뉜다.30) 미시 사회학의 이론 역시 두 종류로 나뉜다. 하나는 교환 행동주의(exchange behaviorism)31)이며, 다른 하나는 상징적 상호작용론(symbolic inter－actionism)32)이다. 중수준 사회학(meso approach) 이론은 두 접근 사이의 간격을 제거하고 주체와 대상, 행위와 구조, 개인과 사회 간의 연결점을 찾으려고 노력한다. 본서는 미시적 접근을 제외한 거시적 중수준적 방법으로 접근하도록 할 것이다.

사회학적 방법론을 사용하는 대표적인 학자들 중에 말리나(B. J. Malina)를 들 수 있다. 그는 1970년대 후반부터 활발한 연구 활동을 통해 많은 연구를 발표했는데, 1981년에는 그의 주요 저서 *The New Testament World: Insight from Cultural Anthropology*(신약성서 세계)를 출판하였다.33) 그는 이 책을 통해 인류학자들의 다양한 이론으로 주로 '사회적 가치(social values)'를 중심으로 신약성서 세계를 제시하였다.34) 그는 1세기에 지중해 세계에 살던 사람들의 삶의 질

---

29) 'meso'에 대한 번역은 아직 정착되지 않았다. 본서는 'meso'에 대한 번역을 '중수준'으로 하기로 하겠다. 서중석, 「바울서신해석」(서울: 대한기독교서회, 1998), 302.

30) 거시사회학은 사회구조가 어떻게 개인의 행위에 영향을 미치는가를 문제 삼는데 개인이 어떻게 법적, 정치적 체제와 같은 한 사회의 제도들을 포함하는 사회 구조를 창출하는가를 연구 대상으로 삼는다.

31) 교환 행동주의(exchange behaviorism)는 사람들이 서로에게 보상하는 방식을 강조하므로 상호작용의 일반 형식에 강조점을 둔다.

32) 상호작용론(symbolic inter－actionism)은 사람들이 상호작용을 할 때 상징을 창출하고 사용하는 능력에 강조점을 두는 특징을 지닌다.

33) 말리나의 최근 연구는 다음을 참조하라. B. J. Malina, *Social World of Jesus and the Gospels*(London and New York Routledge, 1996); Idem., *The Social Gospel of Jesus: The Kingdom of God in Mediterranean Perspective*(Minneapolis: Fortress, 2001).

34) B. J. Malina, *The New Testament World: Insights from Cultural Anthropology*

과 행동의 방향이 되고 있는 '가치들(values)' 중에 중추적인 역할을 하고 있던 가치를 '명예와 수치(honor and shame)'로 설정하고 이에 대해 충분한 설명을 제시한 다음에, 개인과 집단, 제한된 물자의 사회, 친족관계와 결혼, 정결과 부정 등의 가치들을 설명하였다.[35]

다음으로 문학비평 방법을 살펴보자. 최근 문학비평이 등장한 이유는 역사적 비평방법의 한계를 극복하려는 움직임 때문이었다. 파웰(Mark Allan Powell)에 의하면 역사비평의 방법과의 비교를 통해서 문학비평의 특징을 첫째, 문학비평은 마지막 확정된 경전(text)만을 다룬다. 역사비평이 추구하던 전승이나, 역사에 관한 것은 관심의 밖에 두고, 마지막 확정된 경전화된 성서에서 시작한다. 둘째, 문학비평은 설화를 부분적으로 나누어 생각하지 않고 이야기를 통합적으로 전체적으로 보고 접근한다.[36]

윤철원에 의하면 문학은 어떤 경험에 대해 우리에게 말하기보다는, 그 경험 자체를 제공하기 때문에, 우리의 상상력에 끊임없이 호소한다. 문학적 접근은 성서의 본문이 제공하는 경험적 측면에 민감해지려는 것을 뜻한다. 성서의 모든 본문을 신학적 관점으로 해석하려는 역사 비평적 관심의 일변도의 읽기를 부정하는 것을 의미한다.[37] 페린(Norman Perrin)의 지적처럼 그동안 성서 연구는 양식비평과 전승비평에서 그리고 편집비평까지 포함하여 성서의 문학적인 면을 너무나 축소했다.[38] 이제 마가복음의 본문에 관심을

(Louisville: Westminster/John Knox, 1993), 20 – 25.

35) B. J. Malina, *Biblical Social Values and Their Meaning*(Peabody: Hendrickson Publishers, 1993).

36) 마크 포엘(Mark Allan Powell)의 분류는 문학비평과 역사비평의 차이를 이해하는 데 도움을 준다. Mark Allan Powell, 「서사비평이란 무엇인가」, 이종록 역(서울: 대한예수교장로회 총회교육부, 2002), 30 – 34.

37) 윤철원, 「신약성서의 그레꼬 – 로마적 읽기」(서울: 한들출판사, 2000), 35.

가질 것이다. 본문 자체에 우선적 관심을 기울이며 출발하는 것이 문학비평이다.

문학비평에는 다양한 방법들이 있다. 글의 3가지 요소에 있어서 해석의 중심을 어디에 두고 있는가에 의해 '저자 중심의 비평 방법', '텍스트 중심의 비평방법', 그리고 '독자 중심의 비평방법'으로 구분되기도 한다.[39] 문학비평의 출발점을 가진 독자-반응 비평은 독자들의 가치, 태도, 그리고 반응의 견지에서 성서문학에 접근한다. 따라서 독자는 의미(meaning)와 의의(significance)를 생산하거나 창조하는 역할을 하고 이러한 과정을 통해서 해석학적 목표를 달성하려는 것이다. 문학적 기법으로는 상징과 아이러니를 포함한 반복(repetition), 대조(contrast), 비교(comparison), 인과관계의 실증(causation and substantiation), 절정(climax), 전환(pivot), 구체화와 일반화(paticularization and generalization), 목적진술(statement of purpose), 복선(preparation) 요약(summarization), 질문(interrogation), 포괄(inclusio), 교차(interchange), 교차대조(chiasm), 삽입(interclation) 등의 기법이 있다. 또한 문학비평 방법론은 다양한데, 구체적으로는 구조주의 비평(Structural Criticism), 수사비평(Rhetorical Criticism), 내러티브 비평(Narrative Criticism), 독자반응 비평(Reader-Response Criticism) 등이 있다. 본서는 주로 서사적 비평(Narrative Criticism)을 문학적 방법으로 사용하도록 하겠다.

마가복음을 접근하는 방식으로 문학비평은 소설을 연구하는 것과 같은 방식으로 복음서에 접근한다. 이 방법론은 플롯, 등장인물

---

38) Norman Perrin, "The Evangelist As Author: Reflections on Method in the Study and Interpretaion of the Synoptic Gospels and Acts", *BR* 17(1972): 5-18.

39) Leland Ryken and Tremper Longman "Introduction", in *A Complete Literature* (Grand Rapids: Zondervan Publishing House, 1993), 30.

의 성격묘사, 강화 등을 분석해 나간다. 이러한 문학비평으로 마가복음을 연구한 사람은 노만 페터슨(Norman R. Petersen)을 들 수 있다. 그는 *Literary Criticism for New Testament Critics*라는 책에서 편집비평과 문학비평 사이의 차이점을 설명한다.[40] 문학비평의 출발점은 역사적 비평방법이 복음서를 낱낱이 해체시킴으로써, 그것을 일관성 있는 '하나의 이야기'로 읽을 수 없게 하고, 그 복음서가 지닌 독특한 이야기 세계(narrative world)는 물론 경전성까지 상실하게 하는 위험을 인식한 데서 시작했다.[41] 편집비평 이후 등장한 문학비평은 편집비평에서 추구하고 있는 신학자로서의 저자의 편집 의도에 관심을 두기보다는 복음서 자체의 이야기가 서술하고 있는 세계에 대하여 관심을 기울이고 있다.[42]

따라서 서사적 비평(Narrative Criticism)은 복음서를 하나의 설화의 단위로 간주하고 그 전체성을 보려고 한다. 이야기를 말하는 저자 또는 설화자와 그 독자 또는 청중과의 '서사적 커뮤니케이션'[43]을 파악하려고 한다. 데비즈 로즈(D. Rhoads)와 도날드 미키(D. Michie)라는 영문학자와 함께 이야기로서의 마가(Mark as Story)[44]

---

40) N. R. Petersen, *Literary Criticism for New Testament Critics*(Philadelphia: Fortress, 1978).

41) 뿐만 아니라 역사비평 방법은 성서의 배후에 놓여 있는 특별한 역사적 지식이 없이는 성서를 바르게 이해할 수 없다는 입장을 보임으로써, 비전문적인 일반 독자들을 성서로부터 소외시키고 학자들의 전유물이 되어 버린 것을 비판하며, 1980년대에 설화 비평에 의한 복음서 연구들이 발표되었다. 역사학적인 성서접근에 한계를 느낀 이 학자들은 성서의 마지막 텍스트의 의미와 뜻을 문학적인 분석에 의하여 이해하려 했기에 그들의 관심은 어떻게 텍스트가 마지막까지 어떤 전승에 의해 왔는가, 혹은 역사적인 정황의 이해보다는 마지막 완성된 텍스트의 뜻과 의미를 찾는 데 중점을 두었다. N. R. Petersen, *Literary Criticism for New Testament Critics*(Philadelphia: Fortress, 1978).

42) Ibid., 43.

43) 서사적 방법으로 접근한 이들은 다음과 같다. Werner H. Kelber, *Mark's Story of Jesus*(Philadelphia: Fortress Press, 1979); Ernst Best, *Mark: The Gospel as Story*(Edinburgh: T. & T. Clark, 1988).

에서 마가복음에 대한 문학비평적, 즉 서사적 분석을 시도하였다. 이들은 마가복음의 이야기가 말하려는 바에 관해서, 배경, 플롯, 등장인물들을 다루고 있다. 이러한 서사적 비평방법은 기본 관점인 내러티브에 대한 분석기법을 사용하여 마가복음을 연구하였다.[45]

파울러(Robert M. Fowler)는 두 개의 급식기사를 문학비평으로 분석하였다.[46] 그는 복음서 저자는 4천 명을 먹이는 이야기(8:10)에서 발견되는 오래된 전승을 토대로 5천 명을 먹이는 이야기(6:30–44)를 만들어 냈다는 것이다. 파울러의 연구는 기존의 마가 연구에서처럼 자료의 원형을 찾거나 그 자료의 수정, 편집에 관심을 갖기보다는 자료들의 배열에 초점을 맞추고자 노력한다.

본서는 마가복음서를 문학적 비평에만 의존하지 않고 사회학적 방법론을 함께 사용하고자 한다고 이미 밝혔다. 그것은 역사적인 방법과 문학적인 방법 사이에 한 가지 근본적으로 불일치하는 부분이 있기 때문이다. 이 불일치는 자료비평, 양식비평, 전승사비평 그리고 편집비평과 같은 역사비평 방법들이 본문에 대한 역사적, 고고학적, 혹은 문자적(literary) 배경과 그 본문의 기원을, 그리고 시간의 흐름에 따른 본분의 발전이라는 측면을 강조한다.

---

44) David Rhoads and Donald Michie, Mark as Story: *An Introduction to the Narrative of a Gospel*(Philadelphia: Fortress Press, 1982).

45) 복음서에는 이야기의 전체적인 움직임과 플롯의 배경이 되는 몇 가지의 대상이 있는데, 예를 들면 요단 강, 광야, 바다들이 이에 해당한다. 복음서의 이러한 여러 지역적인 대상들은 이야기의 플롯에 배경이 되고 있으며, 이야기의 플롯은 일련의 귀신 들린 자들, 자연, 종교 지도자들, 제자들 등과의 갈등을 통해 전개되어 간다. 예수는 귀신 들린 자와 심지어 자연(폭풍을 잠잠케 하심)과의 갈등들을 극복하지만, 그 뒤 가장 어려운 갈등은 이야기 내의 등장인물들인 종교 지도자들과 제자들과의 갈등인데, 이는 갈등이 이들의 의지적인 선택에서 기인하기 때문이다. 이 갈등을 통해서 플롯이 펼쳐진다. David Rhoads and Donald Michie, *Mark as Story: An Introduction to the Narrative of a Gospel*, 180–193.

46) 이에 관하여서는 다음 책을 참조하라. Robert Fowler, *Loaves and Fishes: The Function of the Feeding Stories in the Gospel of Mark*(Chico, CA: Scholars Press, 1981).

따라서 고전적 양식사의 한계를 넘어서려고 하는 시도가 신약해
석에서 본문에 대한 사회, 문학적 방법의 적용이다.[47] 사회, 문학적
방법은 원래 본문을 구성하고 전달하고, 수용하는 사람들의 행태를
연구대상으로 하고 있다.[48]

문학 비평적 방법론에는 분명 한계가 존재한다. 사회학적 방법 또
한 성서를 읽는 데에 있어서 불완전하다. 따라서 사회 - 문학적 방
법론을 통해서 공시적인 것과 통시적인 방법론을 연결할 수 있다.[49]
과거의 역사비평이 주로 시간적 또는 역사적 인과관계를 중심으로
통시적(通時的, diachronic)으로 성서를 해석하는 데 비해 사회학적
방법은 통시적인 요소도 포함하고 있지만 주로 보다 큰 사회 체제
나 문화, 사회적 관계들을 중심으로 공시적(共時的, synchroic)으로
성서를 해석한다고 할 수 있다.[50]

마가복음을 읽을 때에 사회 - 문학적 방법에 있어 상호 조화가
필요하다고 하겠다. 본문의 삶의 자리를 이해하는 사회적 방법과

---

47) 최근에 마가복음을 사회 - 문학적 관점에서 연구하려는 움직임이 활발하다. 이에 관하여는 다
음을 참조하라. Chad Myers, *Binding the Strong Man: A Political Reading of Mark's
Story of Jesus*(New York: Orbis. 1991); Vernon K. Robins. *Jesus the Teacher: A
Socio - Rhetorical Interpretation of Mark*(Philadelphia: Fortress, 1984).

48) 문상희, "성서해석의 방법과 과제", 「연신원 목회자 신학세미나 자료집」 8(1988): 24.

49) 문학비평은 공시적(synchronic) 비평방법인 데 반하여 사회비평은 통시적(diachronic) 비평
방법이다. 통시적 비평방법은 역사에서 의미를 추출하는 것이라면, 공시적 비평방법은 역사의
과정으로부터 분리되어 자체가 말하는 의미를 찾아내는 것이다. 공시적 분석(Synchronic
Analysis) 본문의 형성 과정 및 역사적 배경을 추구하는 역사적 비평 방법에 의한 통시적 분
석과는 달리, 공시적 분석은 본문을 독자적인 의미의 장으로 파악하고 본문의 의미 연관 구조
를 집중적으로 탐구한다. 본문 자체의 내적인 구조에 치중하는 것이 구조주의적 성서이해라면
본문을 전체 이야기의 구성 안에서 이해하는 것이 설화 비평(Narrative Criticism)이고, 그 밖
에 독자 반응 비평(Reader - Response Criticism)과 수사학적 분석(Rhetorical Analysis)이 공
시적 분석에 속한다. M. Kessler, "A Methodological Setting for Rhetorical Criticism",
Semitics 4(1974): 22 - 36, Reprinted in David J. S. Clines, David M. Gunn, and
Alan 1. Hauser, eds., "Art and Meaning: Rhetoric in Biblical literature", *OTSup*
19(Sheffield: JSOT, 1982): 1 - 19.

50) 권종선, 「해석과 비평」(대전: 침례신학대학교 출판부, 2002), 452.

본문의 통합적 메시지를 파악하는 문학적 이해에 관심을 동시에 지닐 수 있어야 한다. 귀신축출 연구에 있어서 마가복음의 본문을 입체적으로 읽을 수 있어야겠다.[51] 최근에 와서 양식비평은 사회학적인 접근에 의해 사회역사(Social History)를 추적하는 방법으로 크게 확대 발전되었고, 성서의 문학양식을 찾는 방법은 고전을 연구하는 학자들에 의해 더 세세한 방법으로 세분되었고, 수사학적인 연구의 결과들과 연결시켜 평행을 찾는 방법들이 많이 유행하고 있다.

한편 사회 수사학적(Socio - Rhetoric) 방법론은 사회 문학적 방법론으로 유용하다. 사회 수사학적 방법론으로 접근한 학자로는 위더링턴(Witherington Ⅲ)이 있다. 그는 사회, 수사방법론을 토대로 고대 전기물과 고대 수사학이라는 관점을 가지고 마가복음 주석을 집필하였다.[52] 또한 맥(Mack)은 사회 - 수사적(Socio - Rhetoric) 방법을 통하여 마가복음서를 연구하였다.[53] 맥은 마가복음에 접근하기 위해 스미스의 인류학적 통찰을 적용한다. 맥은 예수운동의 사회적 활동과 마가의 플롯을 마가복음서의 전승 자료로부터 도출하기 위

---

51) 먼저 한 사건을 단순히 역사적 측면에서 보는 데 그치지 않고 그 사건이 발생한 사회의 다양한 역학 관계 속에서 보려는 사회과학적 이해를 요한다. 여기에는 사회심리학과 문화인류학의 도움을 필요로 한다. 또한 본문을 전달하는 저자의 문학적 기교와 수사적 의도를 파악하는 것이다. 공관복음서 저자들은 같은 사건을 각각 다른 문맥과 다른 초점에 맞추어 진단한다. 따라서 귀신축출 사건이라도 마가는 그 나름대로의 수사적 의도를 따라 내용을 결정하고 문맥적 배열을 고려했다. 다음으로 본문은 해석자가 던지는 질문에 대하여 다양하게 대답한다. 따라서 해석자가 어떤 의도를 갖고 어떤 질문을 던지는가가 본문 이해에 있어서 중요한 요소로 작용한다. 입체적 해석학을 위한 개략적인 설명은 다음을 참고하라. Michael H. Crosby, *House of Disciples: Church, Economics & Justice in Matthew*(New York: Orbis Books, 1988), 5 - 10.

52) B. Witherington Ⅲ, *The Gospel of Mark: A Socio - Rhetorical Commentary*(Michigan: Will. B. Eerdmans, 2001).

53) B. L. Mack, *A Myth of Innocence: Mark and Christian Origins*(Philadelphia: Fortress Press, 1988).

해 편집 부분과 배열방식을 중심으로 의미부여가 확대되거나 과장
된 부분을 당시의 사회사적, 종교사적 배경에 의해서 설명하고 원
래의 예수 운동 과정을 연구하였다.

타이센(G. Theissen)에 의하면 복음서에 대한 사회-수사학적 시
각은 양식비평과 전승사, 다른 한편으로는 편집비평과 문학비평에
대한 통합이다.[54] 복음서를 기록할 때, 복음서 기자는 설교자이다.
마가는 청중들에게 영향을 주길 원하였다. 곧 마가는 수사학적 목
적을 가졌다.[55]

타이센이 생각하는 사회-수사학적 접근은 복음서를 공동체의
수집물로 혹은 독립된 작가로서 개인의 신학적 행위의 산물로서
생각하지 않는다. 오히려 사회-수사학적 접근은 복음서를 복음서
기자와 공동체 사이에서 일어난 상호작용의 표현이라고 본다. 이것
을 타이센은 다른 용어로 '교회정치학(Kirchenpolitik)'[56]이라 부른
다. 그는 복음서들이 속한 역사적 맥락에서 복음서들의 사회적 가
능을 증명하려고 하였다.[57]

이제까지 사회 문학적 방법론에 대해서 고찰하였다. 결론적으로

---

54) G. Theissen, *Gospel Writing and Church Politics*, 15.

55) G. Theissen, *Gospel Writing and Church Politics*, 21. 타이센은 다음과 같이 설명한다.
"우리는 복음서 기자를 자신이 가지고 있었던 자료에 어떤 부분은 첨가하고 또 어떤 부분은
삭제하는 편집자로 또는 일관성 있는 텍스트를 형성한 문학적 작가로 이해하는 데에 만족해
서는 안 된다. 대신에 우리는 그들이 문서를 가지고 의도했던 '텍스트 앞(before)'의 영향들
을 조사해야 한다. 넓은 의미에서 우리는 이 영향들을 '수사학적'이라고 명명할 수 있다. 복
음서 기자는 수사학적 방법으로 자신의 텍스트를 기록하였다."

56) 타이센이 말하는 '교회정치학'이라는 용어는 두 가지 전제를 가지고 있다. 첫째, 교회 규범에
따르면 교회의 생활은 반(反)정치적이어야 함에도 불구하고(막 10:42-44), 처음부터 교회
내에는 권력 구조들이 있었다는 것과, 둘째, 교회 내부에서 이루어지는 삶은, 교회 밖에 존재
하는 '세속적' 환경의 힘의 구조들과 분리될 수 없다는 것이다. 교회 지도자들이 교회를 이끌
기 위해 임의대로 폭력을 사용하지는 않았다. 이것이 전반적으로 사회 정치와 구별되는 중요
한 점이라고 주장한다. Ibid., 15.

57) Ibid., 18.

본서는 사회, 문학적 방법을 중심으로 예수의 귀신축출에 대해서
고찰하도록 하겠다.

3. 엑소시즘(Exorcism)에 관한 다양한 논의들

마가복음은 이적의 복음이라 불리는데, 이는 마가복음 전체에서
이적 이야기가 차지하는 비율이 복음서 가운데 가장 높기 때문이
다.[58] 그렇다면 마가에 의해 빈번하게 등장하는 귀신축출과 이적을
행한 예수의 모습을 신학자들은 어떻게 이해하고 있는 것일까? 본
연구사에서는 귀신축출 이적을 큰 틀에서의 기적으로 보고 연구사
를 살펴보고자 한다.

계몽주의의 거센 흐름 속에서 스스로 합리주의자라고 생각하는
사람들은 예수의 기적을 자연법의 파괴라고 보아 모든 기적 이야
기들에 대해서는 회의적인 냉소를 보냈다.[59] 18세기경부터 시작된
신학적 합리주의 물결은 복음서의 기적들을 합리적으로 이해하여
이성의 테두리에 두고자 하였다.

그러나 계몽주의 신학자인 바르트(C. F. Bahrdt, 1741 – 1792)는
기적 보도의 역사성을 의심하지는 않았다. 그는 이야기의 내용을
기적으로 해석하는 것은 그 시대의 한계를 안고 있는 해석이라고
보면서, 그것을 조금 나은 것으로 대치해 보려고 노력했다.[60]

---

58) 예수의 이적은 18회에 걸쳐 마가복음에 등장한다.

59) 특히 토마스 홉즈(T. Hobbes) 스피노자에 의해서 기록된 이적의 권위는 도전을 받게 되었
   다. R. M. Grant, 「성서해석의 역사」, 이상훈 역(서울: 대한기독교서회, 1992), 117 – 128.

60) A. Schweitzer, *The Quest of the Historical Jesus: A Critical Study of Its Progress*

또한 합리주의적 기적 해석의 좀 더 성숙한 형태는 하이델베르크의 신학자 파울루스(H. E. G. Paulus, 1761 – 1851)에게서 나타난다.[61] 시종일관 그는 텍스트에는 안 나와 있는 중간 원인(Zwische-nursache)을 찾아냄으로써 겉보기에 기적적으로 보이는 사건들이 이성과 조화될 수 있도록 하였다.[62] 파울루스의 합리주의적 해석은 축귀기사에 대한 그의 해석에서도 발견된다. 그는 가버나움 회당의 축귀기사 같은 경우도 부분적으로는 신경안정 약물을 다루어 치료한 것으로 본다.[63]

기적 본문들을 합리적인 해석에 종지부를 찍고 초기 기독교 사고 속의 신화적 해석을 한 사람이 슈트라우스(D. F. Straus)이다. 그는 기적 이야기를 진화적인 것으로 이해한다.[64] 다시 말해 기적은 하나의 이념, 즉 메시아적 이념을 표출하기 위한 문학적 요소(Dichtung)라는 것이다. 그는 복음서 이적사화 전승자들이 당시 시대의 이적 모티브들을 예수 전승에 삽입시킴으로써 예수의 중요성

---

from *Reimarus to Wrede*(London: Black, 1910), 「예수의 생애 연구사」, 허혁 역(서울: 대한기독교출판사, 1986), 59 – 64. 그는 예수가 호수 위를 거닐었다는 이야기는, 그 일이 일어난 장소인 게네사렛 호수에 떠다니던 건축용 목재를 가지고 설명한다. 폭풍을 잠잠하게 한 사건의 경우, 예수는 겁먹은 제자들에게 "조용하라!"고 명령했다. 그런데 그것이 우연히 그때 잠잠해진 바람과 파도를 향한 것으로 이해되었다는 것이다. 바르트의 마치 소설과도 같은 이런 묘사는 도무지 혼란스러울 때가 많았다.

61) R. E. G. Paulus, *Das Leben Jesu als Grundlage einer reinen Geschichte des Urchristentums*(Heidelberg: Black, 1828), 69 – 77.

62) 그는 마가복음 4장의 풍랑진압 이야기를 제자들의 주관적인 착각으로 풀이한다. 예수가 배 위에서 제자들에게 풍랑과 날씨에 대해서 말씀하시는 도중 우연히 바람이 일어났는데 배가 산 뒤쪽으로 방향을 돌림으로써 바람으로부터 벗어나게 됐다. 이것을 계기로 '제자들은 바람과 바다도 예수께 순종한다'는 착각을 했었다는 식으로 풀어 간다. 파울루스가 이적의 중요성을 평가 절하하는 데는 이유가 있었다. 계몽주의 강력한 영향을 받은 그는 예수의 기적들이 자연법칙에 위배되는 것들이기 때문에 사실로 받아들이기가 어려웠기 때문이었다.

63) A. Schweitzer, *The Quest of the Historical Jesus*, 72.

64) D. F. Straus, *The Life of Jesus Critically Examined*(London: SCM and Philadelphia: Fortress, 1972), 336.

을 강조하고자 했다고 보았다.

이러한 슈트라우스의 입장은 후에 불트만 학파의 케리그마 신학과 연결됨으로써 큰 영향력을 갖게 된다. 이 해석의 장점은 주석가로 하여금 본문의 역사적 문제로 고민하는 것을 해결해 주고 본문의 케리그마적인 의미에 초점을 맞추게 해 준다는 점이다. 슈트라우스의 견해보다 더 급진적인 학자들도 있다. 바우어(B. Bauer)에 의하면 나사렛 예수는 마가복음의 저자에 의하여 창작된 허구적 인물이라고 보았다.[65] 또한 드류(A. Drews)는 예수를 생존했던 역사적 인물로조차도 보지 않았고, 단지 모든 것은 주로 바울에 의하여 발전된 '그리스도 신화(Christ Myth)'라고 주장하였다.[66]

하지만 이러한 해석이 모든 공관복음서의 이적사화에 적용되기는 어렵다. 왜냐하면 공관복음서 안의 많은 이적사화들이 신화적인 요소를 지니지 않고 있고 또 이적사화 전승들이 자신의 과거의 실제적 사건을 전달하고 있다는 주관적 확신 속에서 이야기하고 있기 때문이다.

양식비평의 선구자인 루돌프 불트만은 1921년 출간된 <공관복음전승사>에서 고대의 기적 이야기와 신약성서의 기적 이야기 사이의 공통된 모티브를 발견하였다.[67] 불트만은 복음서를 크게 말씀전승과 설화자료 전승으로 구분하고 다시 말씀 전승을 아포프테그

---

65) B. Bauer, *Kritik der evangelischen Geschichte und der Synoptiker*(Leipzig: Wigand, 1841-1842; 제2판, 1846); *Kritik der Evangelien und Geschichte ihers Ursprungs*(Berlin: Hempel, 1850-1851); *Christ und die Casaren: der Ursprung des Christentums aus dem romischen Griechentum*(Berlin: Grosser, 1877; 제2판, 1879); Evans, "Life-of-Jesus Research and the Eclipse of My thology", 7의 각주 20, 21에서 재인용.

66) A. Drews, *The Christ Myth*(London: Unwin, 1910).

67) R. Bultmann, *History of the Synoptic Tradition*(New York: Harper & Row, 1963); 「공관복음전승사」, 허혁 역(서울: 대한기독교서회, 1983), 260-389.

마(Apophthegma)[68]와 주의 말씀으로, 설화자료 전승은 이적사화들과 역사 설화와 전설로 세분한다. 불트만에 따르면 예수의 기적은 설화자료 전승에 포함시켜 다시 치유기적과 자연기적으로 구분한다.[69] 예수의 이적설화를 통하여 그의 메시아적 능력 또는 신적 능력이 증거된다. 나아가 그는 개별적인 모티브들뿐만 아니라, 기적 이야기 전체가 헬라주의적 세계에서 유래했을 가능성까지도 밝혀냈다. 예를 들면, 가나의 포도주 기적은 디오니소스의 기적을 예수에게 전가한 결과라는 것이다.[70] 그 밖에 이적 사화에는 헬레니즘 영역에 근원을 가진 것이 압도적으로 많다.[71]

디벨리우스(M. Dibelius)는 '공관복음서의 양식사(Die Formgeschichte des Evangelium, 1919)'에서 기적 이야기의 대부분을, '비속한' 이야기 욕구가 작용하고 있는 '노벨레(Novelle)'로 분류했다. 그는 기적 이야기를 비그리스도교적 세상에 대한 동화현상이라고 평가했다. 그에 의하면 예수의 기적은 단편소설 안에 포함시키는데 이것은 특히 신들에 대해서 그리스도가 우월하다는 것을 나타내려 한 자리로 설정될 수 있다고 본다.[72]

또한 짐머만(H. Zimmermann)은 불트만이 예수의 기적을 치유기

---

68) 중요한 진리를 몇 마디로 간결하게 표현한 말(短話). 양식비평 연구에서 단화는 정확한 정의를 갖지 못했다. 디벨리우스는 단화를 1) 배경 없이 소개된 말씀, 2) 간결하게 또는 길게 설명된 구체적 상황 속에서 독특한 성격을 지닌 일종의 답변으로 보았지만 불트만은 단화를 간결한 문맥 속에 위치한 예수의 말씀으로 보았다. 「성서 비평사전」, 정태현 편역(서울: 성서와 함께, 1993), 45.

69) 불트만은 예수의 기적을 다시 치유기적과 자연기적으로 구분하는데, 그에 의하면 마가의 가버나움 회당에서의 축귀기사는 치유기적에 속하게 되는 것이다. 이것은 주로 예수의 메시아적 능력 혹은 신적 능력을 나타내는 목적을 가지게 된다. R. Bultmann, *History of the Synoptic Tradition*(New York: Harper & Row, 1963), 287 – 302.

70) R. Bultmann, *History of the Synoptic Tradition*, 295.

71) Ibid., 298.

72) M. Dibelius, *Die Formgeschichte des Evangelium*(Tübingen: Black, 1919), 95.

적과 자연기적으로 나눈 것을 세분화하여 치유기적, 부활기적, 귀신추방, 구원기적, 선물기적 등으로 구분한다.[73] 이러한 예수의 기적을 연구함으로써 일련의 구조를 발견할 수 있는데, 그것을 머켈(H. Merkel)은 네 단계, 즉 1단계(도입), 2단계(설명), 3단계(중심부분), 4단계(종결)로 정리하였다. 이들에 의하면 이적 이야기는 성서의 사유세계로부터 변방에 밀려나게 되었다. 기독교의 메시지는 이적 이야기를 이용할뿐 그 이상 관심을 두지 않았다. 기적 이야기는 케리그마적으로만 해석된 것이다.

편집사(Redaktionsgeschichte)라는 개념은 마가복음서 연구가인 맑센(W. Marxsen)에 의해서 최초로 형성되었다.[74] 맑센은 마가복음 연구에서 '제3의 자리'를 말하고 있다. '제1의 삶의 자리'는 지상의 예수이고, '제2의 삶의 자리'는 신앙공동체의 전(前) 문학적 개별전승이고 편집자로서의 마가복음서 저자가 기록할 때의 자리를, '제3의 삶의 자리'라고 한다.[75] 이런 관점에 의한 해석은 마가복음의 기적에 대한 비판적 견해와 긍정적 견해의 팽팽한 긴장 관계는 메시아적 비밀의 틀 속에서 설명된다. 마가는 침묵 명령과 제자들의 몰이해를 첨가하여 기적을 상대화하려고 했다. 기적을 통한 영광의 신학(theologia gloriae)에 십자가의 신학(theologia cruds)이 수정을 가했다. 예수의 인간됨과 행적은 기적이 아니라, 십자가와 부활로 이해되었다. 심지어 위든(T. J. Weeden)은, 마가가 복음서를 기록한 것은 신적 인간의 신앙을 가진 이단과 싸우기 위해서였다고 주장하기까지 한다.[76]

---

73) H. Zimmermann, *Neutestamentliche Methodenlehre*(Stuttgart: Black, 1982), 156.

74) W. Marxsen, *Der Evangelist Markus Studieren zur Redaktionsgeschichte des Evangeliums*(Götttingen: 1913), 1 - 6.

75) Ibid., 12.

부세(U. Busse)에 의하면, 마가복음에 비해 수적으로 더 많은 누가 복음의 기적 이야기는 예수의 행위에 내재한 구원을 보여 주려는 것이다. 기적은 구속사의 관점에서 해석되었고, 예수는 최후의 종말론적 예언자로서 가난한 사람, 포로가 된 사람, 이스라엘의 죄인들을 향한 성서의 약속(이사야 61:1 - 2; 58:6)을 성취하는 존재이다. 구원의 역사를 위한 하나님의 도구인 예수는 성령을 힘입어 그들을 치유하고, 자유롭게 하며, 메시아적 잔치에 초대한다. 누가에게 기적은 하나님의 구원 의지가 성취된 이야기다.[77]

타이센(G. Theissen)에 의하면 유대교 학자들은 기적 이야기에 대한 일반적인 신학적 해석에 반기를 들면서, 예수의 기적 행위를 다시금 구체적인 역사적 컨텍스트 속에 옮겨 놓으려고 했다.[78] 이들은 두 가지 가능성을 대표한다. 하나는 카리스마적 존재로서 예수의 모습이요, 다른 하나는 마술사로서의 모습이었다.

논쟁은 가열되었다. 베르메스(G. Vermes)는 예수를 마술사로 보고 접근을 시도한다. 그는 예수의 기적 행위를 유대교의 카리스마적 정황 속에 배치한다. 베르메스는 예수가 갈릴리 태생의 기적을 행하는 성인이라는 유형의 '탁월한 자'일 뿐, 단 하나의 예는 아니라고 주장하였다.[79] 베르메스는 예수를 갈릴리의 카리스마적 지도자 유형으로 생각했다. 예수와 같은 유형의 팔레스틴의 기우사 호니(주전 I세기)와 갈릴리의 랍비 하나나 벤 도사(주후 1세기)는 그

---

76) 위든은, 마가는 신인으로 가장 잘 요약되는 그리스도론을 가지고 있는 이단적 그리스도인들을 공격하려 했다고 주장했다. T. J. Weeden, *Mark: Traditions in Conflict*(Philadelphia: Fortress, 1971), 167.

77) U. Busse, *Die Wunder des Propheten Jesus*(Stuttgart: Pitman Press, 1977), 384 - 385.

78) G. Theissen, & A. Merz, *Der historische Jesus*, 421.

79) G. Vermes, *Jesus the Jew: Historian's Reading of the Gospels*(London: Collins, 1973), 58 - 82.

정황의 대표자들로 본다. 이 두 사람에게서 눈에 띄는 것은 예수의 경우와 마찬가지로 하나님에 대한 관계의 직접성이다. 이들 카리스마적 존재들은 율법의 울타리에서 벗어나 하나님과 만났으며, 그래서 제도화된 유대교의 비판의 대상이 되었고, 훗날 랍비 전승에서는 '바리새화'되었다.

베르메스(G. Vermes)에 의하면 예수는 이들과 다른 하시딤과 같은 유형에 속하는 사람이었다.[80] 예수는 그의 경건함과 하나님과의 친밀함으로 말미암아 귀신 들린 자들을 그 귀신으로부터, 병자들을 그 병으로부터 해방시킴으로써 공동체의 은혜 시여자(benefactor)로서 봉사할 수 있었던 그런 사람이다.

한편 스미스(M. Smith)는 예수의 기적을 완전히 적대자의 시각에서 접근하면서(막 3:20 - 30; 요한 8:48), 예수가 이집트에서 정규적인 마술사 수업을 이수했을 수도 있다는 주장을 내세웠다.[81] 예수에게 귀신 '바알세불'이 지폈고, 죽은 세례자의 영을 불러냈으며(막 6:16), 이 둘을 통해 마술적인 조력을 받아 기적을 행했다는 것이다. 그리고 스미스는 예수가 사회적 유형, 즉 마법사의 유형에 속한다고 주장했다.[82]

그는 복음서 전승에서 '하나님 아들' 칭호가 집중적으로 나타난다는 사실과 고대 그리스 기적 파피루스들에서 기적술사가 신적 존재로 받아들여졌다는 사실에는 어떤 연관성이 있다고 본다. 그는 이것이 예수가 대중들에게 메시아적 존재로 추앙되고 있었다는 사실을 시사하는 강력한 증거가 될 수 있음을 제시한다.[83] 스미스(M.

---

80) G. Vermes, Jesus the Jew, 72, 79, 80.

81) M. Smith, *Jesus the Magician*(London: Gollancz, 1978), 86 - 88.

82) M. Smith, *Clement of Alexandria and a Secret Gospel of Mark*(Cambridge: Harvard Univ Press, 1973), 227 - 229.

Smith)는 이러한 전제에서 예수의 처형도 그가 기적술사였기 때문이라고 주장한다.[84]

그러나 스미스(M. Smith)는 예수의 기적해석에 있어서 그리스마술 파피루스를 무비판적 관점에서 유비시킴으로써 예수의 기적의 맥락을 헬레니즘적 관점으로 치우쳤다는 비판을 면하기 어렵다. 그가 제시한 '마법사' 호칭은 예수의 기적과 동시대 기적술사들 간의 모호한 구별로 인하여 혼란을 가져왔다. 예수가 행한 기적과 실천에는 집중했지만 결과적으로는 예수가 선포했던 하나님 나라에 대한 관심은 멀어지게 했다. 예수는 자신의 기적과 하나님 나라를 분리시키지 않는 점을 소홀히 대하는 결과를 가져왔다.

사회학적 해석은 복음서의 이적 이해를 위해 당시의 사회학적 배경을 중심으로 함을 강조한다. 호슬리(R. A. Horsley)에 의하면 예수 시대의 다양한 민중 운동과 이적을 사회사적으로 기술하고 있다. 그는 특히 울프(Eric H. Wolf)의 전 산업 사회적 농경 사회에 관한 연구[85]와, 영국의 마르크스주의 역사가 홉스봄(Eric John Hobsbawm)의 의적 연구[86] 같은 전통 사회에 대한 사회사적 연구의 통찰들을 빌려 온다. 이런 연구들을 토대로 호슬리는 1세기 팔레스틴 사회를 통치 계급인 소수의 도시 엘리트들과 이에 대항하는 대다수, 즉 90%에 이르는 시골 농민들이 계급투쟁을 벌이던 식민지 사회라고 규정한다. 이러한 사회적 대립 구도 속에 나타난 무

---

83) M. Smith, *Jesus the Magician*, 96 - 101.

84) Ibid., 16 - 17.

85) Eric R. Wolf, *Peasants*(Englewood Cliffs: Prentice - Hall, 1996).

86) 영국의 지성계는 그를 정통 마르크스주의자로 분류하며, 그의 학문적 위업에 경의를 표하고 있다. 그는 여전히 영국 공산당 당원이다. Eric John Hobsbawm, *Bandits*(London: Weidenfeld and Nicolson, 1969).

수한 도적떼와 대중적 예언자 집단들, 연쇄적인 폭력 등이 예수 시대를 규정하는 사회적 상황이었다는 것이다.

호슬리는 이러한 1세기 팔레스틴의 문맥에 예수 운동과 이적을 위치시킨 채, 예수를 사회적 혁명가로 접근하고 있다.[87] 종말론적 기적행위자로서의 예수는 1세기 팔레스틴의 일반대중들의 일상적 삶을 변혁하려고 한 사회혁명가라는 것이다. 또한 그는 예수를 매우 종말론적 인물로 그린다. 그러나 그것은 이 세상의 끝 너머에 있는 종말이 아니라 철저히 현세적(this-worldly) 종말을 의미한다.[88]

존 도미닉 크로산(J. D. Crossan)은 예수전승을 층위학적으로 분류하고 1세기 유대사회의 구체적 정황 안에 놓고 관찰한다.[89] 그에 의하면 예수는 소작농들을 주된 청중으로 한 유대인 견유학파로 관찰한다.[90] 또한 예수는 여행하는 마술사로서 가는 곳마다 무상으로 식사대접을 받았다. 이렇게 마술적 치료와 급진적 식탁 교제를 함으로써 예수가 물질적, 정신적, 평등주의의 이상을 구현한 사람으로 관찰하고 있다.[91]

마커스 보그(Marcus J. Borg)는 비종말적 사회 예언자로서의 예수

---

87) Richard Horsley, *Bandits, Prophets, and Messiahs: Popular Movements at the Time of Jesus*(Minneapolis: Winston, 1985).

88) 예수 및 예수 운동에 관한 그의 연구로는 Richard A. Horsley, *Jesus and the Spiral of Violence*(San Francisco: Harper & Row, 1987); Idem., *Sociology and the Jesus Movement*(New York: Crossroad, 1989)을 보라. 1세기 팔레스틴의 사회사와 대중 운동에 대하여는 Richard A. Horsley, *Bandits, Prophets, and Messiahs, Popular Movements at the Times of Jesus*(Minneapolis: Winston Press, 1985); Idem., *Galilee: History, Politics, People*(Valley Forge, PA: Trinity Press International, 1995)을 보라.

89) J. D. Crossan, *The Historical Jesus: The Life of a Mediterranean Jewish Peasant* (New York: Harper Collins 1991); Idem., *Jesus: A Revolutionary Biography*(New York: Harper Collins 1994).

90) J. D. Crossan, *The Historical Jesus*, 153-175.

91) Ibid., 531.

라고 본다.92) 또한 예수를 카리스마적 치유자와 '전복적' 지혜 교사로서의 예수라고 생각한다. 종교사, 문화인류학, 종교심리학 등 비교문화론적 및 간학문적 유형론은 '거룩한 사람' 또는 초월과의 경험적 접촉을 가진 자를 성(聖)의 매개자로 규정한다. 이 유형에 속하는 예수는 영(靈)과의 경험적 관계를 가졌고, 이 깨달음이야말로 그의 역사적 정체성의 핵심에 해당한다. 그에 의하면 예수는 하나님의 실재에 대한 생생한 감각을 가진 카리스마적 치유자였다.93)

센더스(E. P. Sanders)는 예수를 유대교적 갱신의 신학 전통에 서 있는 종말론적 예언자라고 본다.94) 예를 들어, 예수의 성전 정화(막 11:15 - 19)는 유대교적 갱신의 종말론이라는 큰 해석의 틀 안에서 바라본다. 결국 예수의 성전 정화 행위는 기존 성전에 대한 상징적 파괴로서, 하나님께서 다시 지으실 회복된 이스라엘의 중심으로서의 새 성전에 대한 열망과 대조되는 행위라고 본다.95)

타이센(G. Theissen)은 예수의 이적사화를 특별히 '상징적인 행위(Symbolische Handlungen)'로 해석을 한다.96) 이러한 '상징적 행위'를 통해서 특정한 사회 계층인들의 부정적인 세상 체험이 거룩성의 계시라는 확신을 통해서 극복된다는 것이다. 그것은 한계 초월적 성향을 띠고 있고 이러한 이적사화들을 통해서 현존 상황의 극

---

92) Marcus J. Borg, *Jesus in Contemporary Scholarship*(Valley Forge, PA: Trinity Press International, 1994). 이 책은 최근 북미 대륙의 연구 동향을 비교적 상세히 소개하고 있다. 보그의 글은 한국에도 부분적으로 소개되었다: 김진호 편, 「예수 르네상스. 역사의 예수 연구의 새로운 지평」(천안: 한국신학연구소, 1996).

93) Marcus J. Borg, *Jesus a New Vision: Spritit, Culture, and The Life of Discipleship* (San Francisco: Harper & Row, 1987) 23 - 75, 77 - 189.

94) E. P. Sanders, *Jesus and Judaism*(Philadelphia: Fortress Press, 1985) 11; Idem., *The Historical Figure of Jesus*(London: Penguin, 1993) 3 - 22, 특히 11.

95) E. P. Sanders, *Jesus and Judaism*, 62 - 112.

96) G. Theissen & A. Merz, *Der historische Jesus*, 「역사적 예수」, 손성현 역(서울: 다산글방, 2001), 416.

복이 이루어진다는 것이다.

한편 사회 인류학적 연구는 기적 연구에 있어서 '무시간적'인 상황에 주목했다. 질병과 건강, 이상한 행동과 평범한 행동에 대한 정의는 사회에 따라 달라진다. 그 사회의 결정권을 가진 세력들의 결정에 따라 그 사회가 수용할 수 없는 것은 마술로, 수용할 수 있는 것은 기적으로 결정된다. 마술과 기적의 차이는 사회적인 라벨 붙이기의 문제이다.[97]

말리나(Bruce J. Malina)는 문화 인류학의 접근 방식으로 예수 시대의 사회적 접근으로 복원하고 있다. 즉 1세기 팔레스틴 사회를 현대 사회를 분석하는 틀로 볼 것이 아니라, 그 시대의 사람들이 지녔던 가치관이나 사회관을 기초로 내재적 입장에서 관찰해야 한다는 것이다.[98] 이러한 방식을 인류학자들은 '에믹(emic)' 접근법이라고 부른다.[99] 이는 인류학에서 사용하는 방법으로, 원시 부족을 관찰할 때 그들의 문화나 관습을 외부자의 가치관에서 판단하지 않고 내부자의 시각으로 살펴보자는 것이다. 말리나(B. J. Malina)는 이 시대에는 명예와 수치의 체제가 사람들의 의사 결정을 좌우하는 가장 중요한 요소였다.[100] 또한 말리나(B. J. Malina)에 따르면 1세기 팔레스틴 사회에서는 정결/부정의 세계 속에서 선악의 판단 기준이 생겨났으며 지배자와 피지배자 간의 사회 질서와 운용은

---

97) J. D. Crossan, *The Historical Jesus*, 502 - 509.

98) B. J. Malina, *The Social World of the Jesus and the Gospel*(London: Fortress Press, 1987).

99) 에믹(emic) 접근법과 반대되는 것이 에틱(etic) 접근법이다. 이는 외부자의 관점에서 한 사회를 바라보는 것을 말한다. 가령 현대 사회를 분석하는 방법으로 1세기 유대 사회의 계급과 구조를 설명하려는 시도 등이 에틱 접근법이라 할 수 있다. J. H. Elliott, *What Is Social Scientific Criticism?*(Minneapolis: Fortress Press, 1993).

100) B. J. Malina, *The New Testament World: Insights from Cultural Anthropology* (Louisville: Westminster/John Knox Press, 2001), 27 - 57.

‘후원자/의뢰인(patron/client)’이라는 고대 그레꼬-로만 문화의 습속에 의해서 작동되었다고 본다. 이와 같이 최근의 역사적 예수 연구에서는 구체적인 사회과학의 이론과 모델을 동원하여 역사적 예수의 이적을 조명하는 연구들이 활발하게 진행되고 있다.

지금까지 큰 틀에서 귀신축출을 이적으로 보고 시대적으로 정리하면서 학자들의 입장을 살펴보았다. 이제 복음서의 이적에 관한 사회학적 해석까지를 살펴보았다.

본서는 몇 가지 문제를 제기하고자 한다. 첫째, 예수의 귀신축출 이적은 하나님 나라와 어떤 관련이 있는가? 그 나라는 현재 임하는 나라인가? 그 나라는 비종말론적 나라인가? 종말론적 하나님 나라라면 어떤 특징이 있는가? 둘째, 예수의 귀신축출에는 어떤 특징이 보이는가? 동시대의 다른 축귀자들과의 차이점이 있는가? 있다면 어떤 점이며 그것이 의미하는 바는 무엇인가? 셋째, 마가공동체는 예수를 영광의 기독론으로 보았는가? 아니면 고난의 하나님 아들 기독론으로 보았는가?

위의 문제제기와 함께 예수가 행한 축귀가 종말론적인 하나님 나라의 임함의 의미를 밝히려 한다. 그리고 예수의 축귀의 권세를 이어받은 제자 공동체는 어떤 길을 걸어가야 하는지를 탐구하고자 한다.

Ⅱ_ 축귀(exorcism)의 역사적 배경

본 장에서는 구약성서와 축귀,[101] 유대교와 그레꼬 로마사회에서 나타나는 축귀와 그 배경 그리고 예수의 기적 이야기가 어떤 역사적 배경을 가졌는지를 살펴보고자 한다. 축귀의 이야기는 유대적 배경을 가지고 있을까? 아니면 그레꼬 로마적인 배경에서 온 것일까? 이 연구의 배경에 관하여 악테마이어의 공헌이 컸다.[102] 그는 이적 이야기는 이전에 이미 수집물 형태로 존재했다고 보았다. 그렇다면 예수가 행한 축귀의 진정한 배경은 무엇인가? 본서는 구약적 배경을 고찰해 가며 엘리야와 엘리사를 살펴보겠다. 또 유대적 배경에서는 과연 예수가 랍비적 기적 카리스마자들과 차이점이 있는가에 집중할 것이다. 이것을 위해서 유대교와 랍비 문헌들을 언

---

101) 필자는 축귀(exorcism)란 '귀신 들림'에 의해서 억압당하고 있는 사람을 자유롭게 하는 행위라고 정의 내리고자 한다. 그렇다면 귀신 들림이란 무엇인가? 귀신 들림이란 다이모나오(daimonao)와 다이모니코마이(daimonikomai)라는 용어로 이 뜻은 "어느 신 혹은 다이몬의 힘 아래에 있음."을 뜻한다. 이것은 '미쳐 있는 상태(to be insane)'를 뜻하기도 한다. 이것은 육체적인 질병이나 광기를 일으키는 '디몬에 의해 사로잡혀 있음'을 의미한다. 즉 귀신 들린 사람은 귀신의 행동을 수동적으로 받아들이는 자를 의미한다. 따라서 축귀란 이러한 귀신 들림의 억압적 상태에서 자유롭게 벗어나게 하는 행위를 의미한다. '귀신 들림'에 관하여는 다음을 참조하라. Fred Dickason, *Demon Possession and the christian* (Illinois: Cross Books, 1987).

102) 악테마이어에 의하면 마가복음 이전에 기적 이야기들이 하나의 수집물로 존재했었다고 하여 신학적으로 지대한 공헌을 했다. Paul J. Achtemeier, "Toward the Isolation of Pre－Markan Miracle Catenae", *JBL* 89(1970): 265－291.

급하도록 할 것이다. 마지막으로 그레꼬 로마세계의 배경에서는 당시의 유사한 주술자들의 특징이 있었는지 살피고 동시에 당시의 신인 사상과의 비교, 차이점을 검토해 보도록 할 것이다.

1. 구약성서와 축귀

1-1. 구약성서의 축귀(사무엘상 16:14-23)

사울이 악한 영(evil spirit)에게 괴롭힘을 당하는 모습을 살펴보도록 하자. 본문의 내용은 상징적인 축귀가 아니라 실제적인 상황에서의 축귀로 악한 영이 사울을 괴롭힌다. 다윗의 수금연주로 악한 영이 떠났다고 하는 축귀의 측면을 보이고 있다. 사무엘상 16장은 사울은 여호와의 부리신 악신이 들었다고 기록하고 있다.

> 여호와의 신이 사울에게서 떠나고 여호와의 부리신 악신이 그를 번뇌케 한지라 사울의 신하들이 그에게 이르되 보소서 하나님의 부리신 악신이 왕을 번뇌케 하온즉 원컨대 우리 주는 주의 앞에 모시는 신하에게 명하여 수금 잘 탈 줄 아는 사람을 구하게 하소서 하나님의 부리신 악신이 왕에게 이를 때에 그가 손으로 타면 왕이 나으시리이다 사울이 신하에게 이르되 나를 위하여 잘 타는 사람을 구하여 내게로 데려오라 하나님의 부리신 악신이 사울에게 이를 때에 다윗이 수금을 취하여 손으로 탄즉 사울이 상쾌하여 낫고 악신은 그에게서 떠나더라(사무엘상 16장 14-18, 23절)

이 이야기에서 사울이 다윗의 수금의 소리를 듣고 악신이 떠났다는 기록은 축귀의 한 형태로 보인다. 고대의 축귀의 방법에 음악적 요법이 등장한다는 사실은 흥미롭다. 여기에서 주목할 점은 '여호와의 부리신 악신'이라는 표현이다. 본문의 악신은 여호와의 수하에 둔 악한 영임을 알 수 있다. 구약에 나타난 사탄은 하나님의 종으로서의 역할을 했다.[103) 요세푸스에 의하면 유대 고대사(Jewish Antiquities)에서 축귀를 위해서 노래나 수금 연주자를 찾는 내용이 다음과 같이 기록되고 있다.

> "그러한 고통이 노래나 수금의 연주에 의하여 마력적으로 매혹(charm)될 수 있는지를 그 귀신들이 그[사울]에게 임할 때에 관찰하고자, 노래나 수금 연주를 할 수 있는 사람을 찾도록 그[사울]에게 조언하였다."[104)

이것은 축귀가 일어나는 방법으로 마력적인 매혹이 필요했다는 점에 주목한다. 다윗은 수금이라는 악기를 통해서 악신이 떠나게 한다. 축귀에 있어서 일정한 도구를 사용한 형태에 속한다고 보인다. 도구를 이용한 원시적 주술형태를 보여 주고 있다. 이러한 축귀의 방법은 다양하고도 점진적 발전을 통해서 유대교 사회에서도 등장하게 된다.

---

103) 사무엘하 24:1에서 야훼는 이스라엘에게 분노하여 다윗으로 하여금(세금 징수와 군대 징발을 위한) 인구조사를 하도록 유혹한다. 하지만 사무엘서와 열왕기서에 대한 포로기 이후의 개정판인 역대기에서는 똑같은 내용이 "사탄은 이스라엘을 괴롭히려고 다윗으로 하여금 이스라엘의 병적을 조사할 마음을 품게 하였다."(역대상 21:1)로 바뀐다. 곧 여기에서 사탄은 하나님의 진노를 집행하는 역할을 맡았다. 사탄은 인간의 정신에 억압적인 생각을 심는 유혹자(agent provocateur)다. 여기에서 그는 혼란과 무질서와 반역을 대변하기보다, 숨 막힐 듯한 관료주의적 명령(여기에서는 인구조사)을 내리도록 유혹하는 존재이다. 곧 사탄은 불순종하는 인간에게 하나님의 진노를 임하게 함으로써, 하나님의 뜻을 집행하는 자로 나타난다. Walter Wink, *Unmasking the Powers*, 「사탄의 가면을 벗겨라」, 박만 역(서울: 한국기독교연구소, 2005), 57.

104) Josephus, *Jewish Antiquities*, 6:166. Josephus, *The Works of Josephus*, Trans. W. Whiston(Peabody: Hendrickson, 1987), 214.

1-2. 엘리야의 이적(왕상 16장 이하)

예수의 축귀 이적은 구약적 배경에서 발견되고 있다. 특히 구약에서는 정치적인 예언과 대중적인 주술을 결합시킨 독특한 전통이 예언자들에게서 발견된다. 이들은 주로 주전 880년부터 840년 사이의 엘리야와 엘리사의 이야기에 나타난다(왕상 16 - 왕하 10장). 엘리야와 엘리사의 기적을 행하는 사람이라는 관점에서 살펴보도록 하겠다.

이 이야기들은 오므리 왕조의 말기, 특히 이스라엘 왕 여호람 시대에 이스라엘에서 일어난 정치적 사건들을 배경으로 하고 있다. 이 시기(주전 849 - 842년경)에는 모압이 이스라엘에 반기를 들었다. 그리고 이 이야기들의 대부분은 시리아와 이스라엘 사이에 끊임없이 일어났던 전쟁 상태를 반영하고 있다.[105] 그리고 이야기들은 모세의 기적 이야기들을 생각나게 한다. 비교해 보면 다음과 같다.

첫째, 엘리야가 "그 음식을 먹고 힘을 얻어 사십 일을 밤낮으로 걸어 하나님의 산 호렙에 이르렀다."(왕상 19:6, 8) 광야를 거쳐, 기적적인 음식을 먹고, 시내산, 즉 북방전승이 호렙산이라 부르는 산에서 하나님을 만나게 된 여행이었다. 그 유사성은 모세의 이야기와 연관된다. 각각 모세와 엘리야는 하나님을 만나게 되는데 다음과 같은 유사한 내용이다.

제삼일 아침에 우뢰와 번개와 빽빽한 구름이 산 위에 있고 나팔 소리가 심히 크니 진중 모든 백성이 다 떨더라 모세가 하나님을 맞으려고 백성을 거느리고 진에서 나오매 그들이 산기슭에 섰더니 시내산에 연기가 자욱하

---

105) B. W. Anderson, 「구약성서 이해」, 강성열 역(서울: 크리스챤다이제스트, 2001), 340.

니 여호와께서 불 가운데서 거기 강림하심이라 그 연기가 옹기점 연기같
이 떠오르고 온 산이 크게 진동하며 나팔 소리가 점점 커질 때에 모세가
말한즉 하나님이 음성으로 대답하시더라(출애굽기 19장 16 - 19절)

여호와께서 가라사대 너는 나가서 여호와의 앞에서 산에 섰으라 하시더니
여호와께서 지나가시는데 여호와의 앞에 크고 강한 바람이 산을 가르고
바위를 부수나 바람 가운데 여호와께서 계시지 아니하며 바람 후에 지진
이 있으나 지진 가운데도 여호와께서 계시지 아니하며 또 지진 후에 불이
있으나 불 가운데도 여호와께서 계시지 아니하더니 불 후에 세미한 소리
가 있는지라(열왕기상 19장 11 - 12절)

여기에서 서로 대조되는 내용이 있다. 엘리야의 '조용하고 세미
한 소리'는 모세의 '더욱 크게 울려 퍼지는' 나팔 소리에 대한 의
도적인 풍자에 가깝지만 무척 대조적인 모습을 보이고 있다.

열왕기상 19장의 엘리야 이야기는 모세를 많이 연상시킨다. 엘리
야도 모세처럼 힘에 겨워 죽고 싶어 했고(민 11:15), 모세가 밤낮
40일을 산 위에서 지내듯(출 24:18) 엘리야도 40일을 보행했다. 모
세는 하나님의 등을 보았지만(출 33:23) 엘리야는 하나님의 현현을
보지는 못했다. 그래도 엘리야는 모세와 더불어 구약을 대표하는
인물이 되었다(말 4:4 - 5). 엘리야와 모세는 예수의 변화산에서 나
타나 대화함으로써 마가의 기적 모티브를 뒷받침해 준다.

1 - 3. 엘리사의 이적(왕하 2장 - 10장)

엘리야의 뒤를 이어 엘리사가 등장한다. 엘리사는 예수와 유사한
이적 행위자로 보인다. 먼저 엘리사가 예언자가 되는 일은 요단 강
에서 일어났다(왕하 2:1 - 14). 그는 엘리야의 제자였다. 이야기를

살펴보면 모세는 약속의 땅에 들어가지도 못하고 모압 한복판에 묻혔지만, 엘리야는 에녹처럼 하늘로 올라간다. 그러나 그 전에, "엘리야가 겉옷을 벗어 말아 가지고 그것으로 물을 치자 물이 좌우로 갈라졌다. 그리하여 두 사람은 마른 땅을 밟고 강을 건넜다" 그 후에, 엘리사가 그 겉옷과 영검을 물려받아 "엘리야의 겉옷으로 … 물을 치자 물이 좌우로 갈라져 엘리사가 강을 건넜다" 하나님이 홍해에서 모세를 통해 이스라엘 백성에게 하셨고(출 14 – 15), 여호수아를 통해 요단 강에서 하셨던 여호수아 3장의 일이 여기서는 엘리야와 엘리사를 통해 이루어졌다.

이 이야기는 마가복음의 기적 이야기에도 등장하는데 마치 엘리사 이야기가 엘리야 이야기를 모범으로 하듯이 더욱이 두 번째 이야기는 바로 바다를 가로지르는 기적으로 시작하고 있다(막 6:45 – 51). 결과적으로는 모세와 출애굽의 전통이 엘리야 – 엘리사 이야기로 다시 마가복음 이전의 기적 연속물에 영향을 끼치고 있는 셈이다.106)

다음으로는 엘리사가 독을 없애고 국을 '무리에게 주어 먹게 하는' 기적(왕하 4:38 – 41) 이야기가 있다. 이 이야기(4:38 – 41)는 엘리야가 국솥 안에 든 독을 제거하여 사람들로 하여금 굶주림을 면케 한 것이다. 이야기의 배경은 흉년이 들어 먹을 것이 넉넉지 않은 때에, 예언자 수련생들이 큰 솥에 국을 끓이는데 어떤 사람이 집어넣은 것이다. 이야기의 플롯은, 흉년에 먹을 것이 없는데 모처럼 끓인 국마저 독 때문에 못 먹게 되었다는 문제가 제기되고, 그 다음 엘리사가 마술적인 행위를 통해 그 독을 제거함으로써 문제를 해결하게 되었다는 것이다.

____

106) 조태연, 「예수운동」(서울: 대한기독교서회, 1999), 196.

마지막으로 보리떡 20개와 채소로 백 명의 무리를 먹이고도 남기는 기적(왕하 4:42 – 44)으로 이어진다. 신약의 오병이어 기적설화와 마찬가지로 보리떡 스무 덩이와 자루에 가득 담은 햇곡식을 100여 명에게 먹였다는 것이다. 그러고도 사람들이 배불리 먹고 남았다고 말하는 것은, 모자람이 없는 풍성함을 보여 준다. 이야기는 "주께서 말씀하시기를, 먹고도 남을 것이라고 하셨다"(4: 43)는 예언자의 말이 그대로 실현된 것을 보여 준다.

이 국과 보리떡의 두 기적 이야기는 모두 '무리에게 주어 먹게 함'의 동기에 의해 지배된다.[107) 이 이야기는 마가복음의 예수가 무리를 먹인 사건에서 특별한 유사성을 맺는다. 바로 이 점에서 마가 이전의 기적 연속물은 엘리사의 기적 이야기로부터 가장 큰 영향을 받은 것이라 볼 수 있다. 이 이야기가 말하고 있듯이 엘리야의 기적보다는 엘리사의 기적과 더 큰 공통점을 보이는 것은, 어쩌면 엘리사가 엘리야보다 '갑절의 영'을 받았다는 점 때문일 것이다(왕하 2:9).

특히 엘리사는 시리아의 군사령관 나아만의 문둥병을 고친 이야기(왕하 5:1 – 19), 시리아 군대의 침공의 경로를 미리 예언한 일(왕하 6 – 7), 그리고 하사엘이 시리아의 왕위에 오를 것을 예언한 것(왕하 8:7 – 15) 등이 민족적 혹은 이방인들을 위한 기적임을 주목할 필요가 있다. 반면에 보다 제한된 성격의 기적들은 엘리사가 여리고에서 오염된 물을 깨끗하게 만든 것(왕하 2:15 – 22), 곰으로 하여금 자신을 조롱한 아이들을 죽이게 한 것(2:23, 25), 독이 든 국솥의 독을 없앤 것(4:38 – 41), 보리떡을 불어나게 한 것(4:42,

---

107) 국의 기적(왕하 4:38 – 41) 보리떡의 기적(왕하 4:42 – 44).
　　40. "우리에게 **주어 먹게** 하였더니" 42. "무리에게 **주어 먹게** 하라"
　　41. "우리에게 **주어 먹게** 하라" 43. "무리에게 **주어 먹게** 하라"

44), 요르단 강에서 도끼날을 건져 낸 것(6:1 – 7) 등이 있다.

끝으로 왕하 4장에 나오는 엘리사의 기적들은 왕상 17장의 엘리야의 기적들에 대한 변형이거나 발전된 것들로 생각할 수도 있다. 즉 엘리사는 가난한 과부의 남은 기름이 떨어지지 않게 불려 주며(4:1 – 7), 아이를 낳지 못하는 부유한 여인에게 아들을 약속하고(4:8 – 17), 그 늦둥이가 죽자 그를 살려 낸다(4:18 – 41).

따라서 엘리사의 행동은 민족적 차원과 국제적 차원, 혹은 공동체적 차원과 집단적 차원만이 아니라 사적이며 개인적인 차원에서도 작용된다. 크로산(J. D. Crossan)에 의하면 엘리야와 엘리사는 매우 부유한 사람들만이 아니라 가난한 사람들도 치유한다.[108] 그에 의하면 무엇보다도 그들은 주술과 예언을 결합시키며, 예언자적 주술사 혹은 주술적 예언자로서 그 원조(元祖)였던 모세의 모델 속에 이미 결합되어 있던 그 두 성격을 이어받고, 발전시키며 확대시킨다.

그렇다면 과연 예수는 크로산(J. D. Crossan)이 주장하는 '주술사'로서 활동한 것일까? 또 자신을 그렇게 이해했을까? 과연 구약적 배경으로 여겨진 기적 이야기들은 왜 그레꼬 로마적 배경에서도 나타나는 것일까? 본서는 계속해서 축귀의 배경을 찾고자 한다.

2. 유대교와 축귀

이방인이나 유대인 세계에 모두 있는 기이한 사건과 기적적인 치유에 관한 보도들의 다양함에도 불구하고 복음서가 예수에 대해

---

108) J. D. Crossan, *The Historical Jesus*, 250.

보도하는 그러한 행위들을 규칙적으로 행한 사람이나, 예수가 했던 방식과 같은 방식으로 기적이나 귀신축출을 행한 사람에 대한 1세기의 기록은 거의 없다.[109] 하지만 예수에 의하면 다른 사람들도 귀신축출을 행한다는 것을 전제하고 있다(마 12:27). 이것은 당시 유대교 내에서도 빈번한 귀신축출 행위가 있었을 것으로 추측할 수 있다. 그렇다면 유대교 내에서의 축귀자들과 예수의 축귀는 어떤 유사점과 차이점이 있는 것일까? 살펴보도록 하자.

2-1. 토빗서(The book of Tobit)

토빗서의 기록연대를 보통 주전 2세기경으로 추정한다.[110] 토빗서의 이야기는 다음과 같이 전개된다(6:13 – 17; 8:1 – 3). 토빗서에서의 축귀는 하나님이 라파엘(Raphael)이라고 불리는 그의 천사를 다른 지역에 있는 기도자 토빗(Tobit)과 사라(Sarah)에게 보낸다(토빗서 3:16 – 17). 라굴(Raguel)의 딸인 사라는 일곱 번씩이나 결혼했으나 그의 남편들은 모두 신혼 방에서 결혼 첫날에 죽었다. 이렇게 일곱 명의 신랑이 죽게 된다. 계속되는 죽음은 사악한 귀신 아스몬데우스(Asmodeaus)에 의한 것이다(토빗서 2:8; 3:17; 6:14).

토빗의 손자 토비아스(Tobias)가 티그리스 강에서 큰 고기를 낚았는데, 그의 안내자인 천사 라파엘은 그에게 고기의 쓸개와 심장과 간을 가지라고 말한다(토빗서 6:4 – 6). 라파엘(Raphael)은 토비아스

---

109) P. Achtemeier, "Gospel Miracle Tradition and the Divine Man", *Interpretation* 26(1972): 276.

110) I. Nowell, "Tobit", R. E. Brown et al.(eds.), *The New Jerome Biblical Commentary*, 568.

(Tobias)에게 7절에서 말하기를 "너는 귀신이나 악령에 공격을 받은 어떤 남자나 여자를 위한 소독으로 이 심장과 간을 사용할 수 있다. 그러면 그 공격은 중단될 것이며 더 이상 괴롭히지 못할 것이다."라고 한다.

라파엘(Raphael)은 그에게 신혼 방에서 귀신의 접근을 막고 그의 해를 저지할 수 있는 방법을 설명해 주었다(6:16). 마침내 토비아스(Tobias)는 고기의 간과 심장을 사라의 결혼 첫째 날 그의 신혼 방에 연기 내어 태웠다(8:2). 그 타는 냄새 때문에 귀신은 축출되고, 재미있는 것은 천사 라파엘이 귀신 축출자로 여기서 나오며, 토비아스를 통한 천사의 귀신축출은 토빗과 사라의 경건한 기도의 내용에서 나왔다는 사실이다.

천사적인 귀신축출의 기법은 연기와 함께 고기의 심장과 간을 태우는 것이다.[111] 그때 나는 냄새와 연기는 귀신을 넌더리나게 하고 귀신을 멀리 내쫓는 내용이다(토빗서 6:7, 8:2 - 3).

2 - 2. 유대 고대사(Jewish Antiquities)

요세푸스(Josephus, 주후 37 - 95년)는 유대고대사(Jewish Antiquities)에서 솔로몬의 축귀와 그 기술에 대해 언급을 했다. 여기에서 그는 자신이 엘리아자르(Eleazar)라는 사람이 베스파시안 황제 앞에서 귀신을 축출하는 것을 보았다면서 아래와 같이 기록하고 있다.

하나님은 그[솔로몬]로 하여금 귀신들을 쫓아낼 수 있는 법을 알게 하셨는

---

111) C. Perrot, 「예수와 역사」, 박상래 역(서울: 카톨릭 출판사, 1984), 225.

데, 그것은 모든 사람에게 유용하고 병을 고치는 힘이 있는 기술이다. 그는 심신의 병들을 완화시키는 **주문들(incantations)**을 만들었다. 그리고 그는 사람들이 귀신들을 쫓아내고 그것들이 다시는 돌아오지 않도록 하는 축귀 방법을 남겼으며, 그 치료의 방법은 지금까지도 큰 효능이 있다. 왜냐하면 베스파시안(Vespasian)과 그의 아들들, 그리고 그의 고관들과 모든 병사들의 앞에서 귀신에 사로잡힌 자들을 해방시켜 준 우리 엘리아자르라 이름 하는 우리 고장의 한 사람을 내가 보았기 때문이다. 그는 귀신 들린 자의 코 밑에 일찍이 솔로몬이 일러두었던 약초 뿌리 한 가지를 박아 넣은 반지를 들이대어 그 냄새를 맡게 하고, 콧구멍을 통하여 귀신들을 끌어내었다. 그리고 귀신 들린 사람이 즉시 쓰러지자, 엘리아자르는 **솔로몬의 이름과 그가 만든 주문들을 외우면서 귀신이 다시는 그 사람에게 돌아가지 말도록 엄명했다.** 그리고 엘리아자르는 자신이 그러한 권능을 갖고 있다는 것을 그 자리에 있는 사람들에게 설득하고 보이기 위하여, 얼마 떨어지지 않은 거리에 물이 가득 담긴 컵 또는 대야를 놓아두고, 그 귀신에게 명령하기를, 그[귀신]가 그 사람으로부터 나올 때에 그것을 뒤엎어서, 그곳에 있는 구경하는 사람들이 귀신이 그 사람으로부터 떠났다는 것을 알도록 하였다.[112]

이 이야기는 마가복음 5장 1 – 20절에 나타난 군대귀신축출 이적과 유사한 점이 있다. 요세푸스에 의하면 축귀자는 엘리아자르이다. 여기에 사용된 귀신축출의 방법을 살펴보면 다음과 같이 정리할 수 있다.

첫째, 솔로몬의 이름을 부른다는 것이다. 둘째, 일정한 공식적인 주문을 외운다. 셋째, 귀신에게 명령으로 축귀를 행한다. 넷째, 나간 것을 확인하기 위해서 물이 담긴 대야를 두고 뒤집히는 것을 확인한다.

이러한 축귀방법은 예수가 행한 축귀와 유사점을 보인다. 특히

---

112) Josephus, *Jewish Antiquities* 8:45 – 48; *Josephus, The Works of Josephus*, Trans. W. Whiston(Peabody: Hendrickson, 1987), 214.

예수가 행한 군대 귀신축출 시에 첫째, 명령으로 귀신을 내쫓는 형식은 동일하다. 둘째, 돼지 떼에게 보내어 몰살함으로 귀신의 처리 방법을 보인 점은 엘리아자르의 형식과 동일함을 보이고 있다.

그러나 차이점도 분명해 보인다. 먼저 예수에게는 일정한 주술적인 암송이나 주문을 외우는 형식이 없다. 그리고 예수는 어느 누구의 이름을 불러들인 경우가 없다. 이 점이 분명 다른 점이다.

2-3. 랍비들의 축귀

베르메스(G. Vermes)는 '카리스마적인 유대교' 안에서의 '거룩한 사람들' 또는 하시드 전통은 호니와 하니나뿐 아니라 나사렛 예수까지 포함시켜야 하는 전통이라고 강력하게 주장했다.[113) 따라서 본 장에서는 베르메스가 주장하는 랍비전통의 축귀는 어떤 형식이었을까를 먼저 살펴보고자 한다.

유대 랍비 문헌들에 등장하는 귀신축출 이야기들은 주로 바빌로니아 탈무드에 나오는 Sabbat 67a, Gittim 68a, Meila 17b, 51b, Qiddusin 29b, Pesahim 112b 등의 이야기들과 미드라시(Midrash)의 Tanhuma 4:118-19(비교. 민수기 19:1-13) 등을 들 수 있겠다. 본 장에서는 중요한 인물들의 기록들을 중심으로 설명하고자 한다. 먼저 랍비적 기적 카리스마자들의 특징들을 지녔던 사람으로 예수의 축귀와 비슷하게 행한 하니나 벤 도사에 관하여 살펴보도록 하겠다.

1) 하니나 벤 도사(Hanina ben Dosa)의 축귀: 랍비 하니나 벤 도

---

113) G. Vermes, *Jesus the Jew: Historian's Reading of the Gospels*(Philadelphia: Fortress Press, 1981), 58-82.

사(Hanina ben Dosa)는 유대 문헌에 기록되어 있다(Pesachim f. 112b, 113 a). 하니나는 마술의 원을 그림으로써 비를 내리게 하는 능력으로 유명해졌다. 요세푸스는 그를 긍정적으로 평가하기도 한다.[114] 하니나 벤 도사 축귀사역을 보면 그는 밤에 나타나는 악귀 아그라트(Igrath)를 축출한다. 하니나 벤 도사는 악귀 아그라트에게 사람들이 거주하는 지역을 통과하지 말 것을 명령한다. 그리고 그 명령이 효력을 갖게 하는 것은 '하늘(Heaven)에서의 그의 위상'을 말해 준다. 악귀 아그라트는 랍비 하니나 벤 도사를 만났을 때 하니나 벤 도사는 말한다. "만약 내가 하늘에 중요성이 있는 자라면, 내가 너에게 사람들의 거주지들을 통하여 다니지 말 것을 명령한다." 악귀 아그라트가 간청했다. "제발 내게 적은 공간이라도 남겨 달라(Pesahim 112b)." 그는 이 악귀에게 적어도 안식일 밤이나 수요일 밤까지 나갈 수 있게 허락한다.[115] 이것을 볼 때 하니나 벤 도사는 분명 탁월한 귀신 축출자였다.

2) 다른 랍비들의 축귀: 먼저 랍비 아합 벤 야곱(Ahab ben Jacob)의 귀신축출 이야기(Qiddusin 29b)에서는 그가 머리 일곱 달린 귀신을 기도를 함으로써 축출하고 있다.[116] 우리가 주목할 점은 축귀의 방법이 '기도'라는 점이다. 이것은 토빗서의 축귀 방법에서 볼 수 있듯이 기도가 귀신축출의 한 방법으로 보인다. 이 내용은 마가복음 9장 17-29절에서 예수가 말한 내용과 유사함을 알 수 있다. "기도하지 않고서는 그런 것을 쫓아낼 수 없다." 따라서 귀신축출

---

114) Josephus, *Jewish Antiquities*, 14, 22-24.

115) R. Bultmann, *History of the Synoptic Tradition*, 287.

116) 이 랍비들의 귀신축출이야기는 바빌로니아 탈무드에 나오는 이야기들 Sabbat 67a, Gittim 68a, Meila 17b, 51b, Qiddusin 29b, Pesahim 112b.41과 미드라시(Midrash)의 Tanhuma 4:118-19에 나온다.

에서 기도는 유대교 사이에서도 광범위하게 퍼져 있는 공통점임을 알 수 있다. 보통 랍비들은 축귀의 현장에서 기도를 했다. 그러나 분명한 차이점은 예수는 축귀의 현장에서는 기도를 하지 않았다는 점이다.

랍비 시므온(Simeon)의 축귀 이야기(Meila 51b)는 그가 황제의 귀신 들린 딸로부터 벤 테말리온(Ben Temalion)이라는 이름을 가진 귀신을 쫓아냈다는 내용이다. 이 이야기는 간단한 내용의 형식을 취하고 있다. 랍비 시므온이 그 귀신의 이름을 부르며 나가라고 명령하자 귀신은 떠났다고 기록하고 있다.[117] 여기에서는 귀신의 이름을 안다는 것은 상대를 제압하는 권세로 작용한다. 이것은 예수의 축귀에서도 같은 방식으로 나타난다. 예수는 귀신의 이름을 묻는데 상대의 이름을 물음으로써 제압하는 방법이 된다(막 5:9).[118]

정리하자면 이 이야기도 엘리아자르의 것처럼 귀신 들린 자에게서 귀신을 쫓아내는 분명한 축귀 이야기이다. 이 이야기에 나오는 축귀자는 랍비 시므온이며, 축귀 방법은 단순히 귀신의 이름을 부르며 나가라고 명령하고 있음을 알 수 있다.

랍비 요하난 벤 자카이(Yohanan ben Zakkai)는 Tanhuma 4:118 - 19의 한 '이교도(gentile)'와의 논쟁에서 유대의 정결 의식이 이방세계의 귀신축출 의식과 마찬가지 의미를 갖는 것이라고 말한다(비교. 민수기 19:1 - 13). 다음을 살펴보도록 하자.

---

117) C. K. Barrett, *The Holy Spirit and the Gospel Tradition*(New York: Macmillan, 1947), 71.

118) 예수께서 "네 이름이 무엇이냐?" 하고 물으시자 그는 "내 이름은 레기온입니다. 우리의 수효가 엄청나게 많기 때문입니다." 하고 대답하였다(막 5:9절). 예수는 귀신의 이름을 물음으로 주도권을 잡고 귀신축출을 행한다.

한 이교도가 랍비 요하난 벤 자카이에게 말했다. "당신들[유대인들]이 하는 특정일들은 어떤 일종의 마술 같다. 암송아지를 끌어오고, 죽이고, 불태운다. 그것을 잿가루로 만들고, 거둔다. 만약 당신들 유대인들 중 한 사람이 시체와 접촉하여 오염되었을 때, 그에게 두세 번 물[붉은 암송아지를 불사른 재를 탄 물]을 뿌리며 '당신은 깨끗하다'라고 선언한다." 랍비 요하난 벤 자카이가 대답하였다. "지금까지 미친 영(the spirit of madness)이 당신에게 들어갔던 적이 있었는가?" 이교도가 대답하였다. "그런 적 없다." "당신은 그러한 영이 들어간 사람을 지금까지 본 적이 있는가?" "본 적이 있다." "그[귀신 들린 자]에게 어떤 일이 행해지는가?" 그 랍비 요하난 벤 자카이가 물었다. 그 이교도는 대답하였다. **"뿌리들을 가져와서, 연기를 피운다. 물을 그에게 뿌리고, 그 영은 도망간다."** 랍비 요하난 벤 자카이가 말했다. "당신의 귀는 지금 당신의 입이 말하고 있는 것을 듣고 있지 않는가? 그 영[미친 영]은 또한 더러운 영(the spirit of uncleanness)이다. 그것은 경전(Scripture)에 나와 있는 다음의 말과 같다. '나는 미친 예언자들과 더러운 영(the spirit of uncleanness)을 이 땅에서 없애겠다.'"(슥 13:2)[119]

위의 귀신축출 이야기는 유대인의 정결의식을 잘 드러내 주고 있는데, 여기에서 사탄은 더러운 영으로 등장한다. '더러운 영'이란 마가복음에 등장하는 귀신의 명칭이다. 더럽다는 표현은 다분히 정결제의적인 표현 방법임을 알 수 있다. 당시 유대교에서는 사탄[120]은 더러운 곳에 거하는 존재로 생각하고 있듯이 '정결'과 '거룩'을 중요하게 여긴 사회였음을 알 수 있다.

---

119) G. Vermes, *Jesus the Jew*, 64, 65.

120) 사탄이라는 말은 satanas에 대한 영어 음역인 사탄(막 1:13; 눅 22:3)에서 나온 말이며 히브리어 Satan의 음역이기도 하다. 복음서에서 사탄은 마귀(참조 마 4:1, 10; 눅 13:16), 마가복음에서는 우두머리 귀신(arch-demon, 막 3:23, 26)의 동의어다. 신약에서 사탄이라는 단어는 36회 나타나는데 의미의 차이는 없는 것으로 여겨진다(마 4:1, 눅 4:2, 막 11:3, 요 13:2). 복음서에서 사탄은 예수의 적대자로 그의 사역을 방해하는 자(마 4:1-11, 눅 4:1-13), 또한 귀신들의 우두머리로(마 9:34, 12:24, 25:4) 마귀와는 달리 귀신은 자주 복수의 형태로 등장하는데 신약성경에 63회 나온다. 사탄은 사람들을 하나님으로부터 떼어 놓으려 한다는 의미뿐만 아니라(막 4:15; 8:33), 시험하는 대적이라는 의미로 사용된다(눅 22:31; 참조 욥 1장).

3) 랍비들과 예수가 행한 축귀와의 차이점:[121] 랍비적 축귀자들과 예수와는 어떤 차이점이 있는가? 먼저 랍비들의 정체성을 파악해 보자. 크로산(J. D. Crossan)에 의하면 랍비라 불리는 사람들은 원래는 주술자로 하층계급이었으며 기적에 유명한 몇몇 사람들을 랍비로 승격시켰다는 주장을 한다.[122] 축귀를 시행한 이들은 보통 기적을 일으키는 사람들로서 축귀의 능력을 특별하게 시행하는 곳인 예배, 기관 등의 정상적인 형태를 통하지 않고, 의존하지도 않은 채 축귀를 시행하는 사람들이라는 점이다. 다시 말하면 이들은 기존 유대 종교의 승인을 받지 않고 활동을 했던 자들이다. 이 점은 예수의 축귀행위와도 유사한 점이라 할 수 있다. 예수도 유대 종교의 승인을 받지 않았다.

크로산(J. D. Crossan)에 의하면 이들은 특히 당시의 공동체적이며 제의적인 권력을 행사하는 제사장 또는 랍비에 맞서는 주술사들이었다.[123] 이들은 성전에 맞서 대립적인 관계를 유지했던 것으로 보인다. 이들의 축귀는 불법적이었고 사회에 긴장을 조성했던 것이다.

그러나 라이트(N. T. Wright)의 지적처럼 예수의 축귀는 성전과 대립적 관계를 보이기는 하나 그 동기에서 종말론적 하나님 나라를 추구했다는 데서 엄연한 차이가 있다.[124] 대다수 학자들은 예수의 기적과 하나님의 나라 선포와의 긴밀한 연결이 드러나는 복음

---

121) 이에 관하여 다음을 참조하라. W. S. Green, "Palestinian Holy Men: Charismatic Leadership and Rabbinic Tradition", *ANRW* 2(1979): 619-647.

122) J. D. Crossan, *The Historical Jesus*, 274.

123) J. D. Crossan, *The Historical Jesus*, 274.

124) N. T. Wright, *Jesus and the Victory of God*, 「예수와 하나님의 승리」, 박문재 역(서울: 크리스천다이제스트, 2004), 303.

서 전승의 증거들을 인정하고 있다. 랍비적 기적 카리스마자들에게
는 종말론적 기적 활동이 발견되지 않는다. 그러나 예수는 분명하
게 종말론적인 차원에서 기적과 축귀를 행한다.[125] 예수가 그의 축
귀와 여타의 기적들을 하나님의 나라와 밀접하게 연관시켰다는 증
거는 복음서의 전승들에 광범위하게 드러난다.[126]

예를 들어 예수는 자신의 귀신축출 행위가 "하나님의 나라가 이
미 너희에게 임하였다."는 것을 증명한다고 선언한다(마 12:28). 그
는 세례요한이 보낸 사람들을 옥에 갇힌 그들의 지도자에게 다시
보내며 말하기를 소경, 앉은뱅이, 문둥병자, 귀머거리의 치유사건과
죽은 자들의 부활을 말함으로써 '오실 그이가'(마 11:4 - 6) 예수인
지 아닌지에 대한 요한의 질문에 답변한다. 곧 하나님 나라의 도래
와 자신의 치유사건을 연결시키고 있다. 복음서 전반의 여러 요약
적 진술들은, "하나님 나라가 가까이 왔으니"(막 1:15) 회개하라는
요청으로 요약되는 그의 사역의 중요한 두 초점으로서 치유와 하
나님 나라를 연결하고 있다(마 4:23; 9:35; 21:14).

이와 같은 복음서 전승들은 우리로 하여금 예수가 그의 치유와
축귀를 하나님 나라의 시작으로 간주했다. 따라서 예수의 기적이 여
타의 다른 랍비적 기적 행사자들과 별 차이점이 없다고 말하는 것
은 실수이다. 예수의 축귀에 있어서 하나님 나라와 연결시키고 있
다는 점이 예수와 유대 기적 카리스마자들과의 분명한 차이점이다.

---

125) 이에 대해서는 다음을 보라. A. E. Harvey, *Jesus and the Constraints of History*
(London and Philadelphia: 1982), 116 - 118.
126) B. L. Blackburn, *The Miracles of Jesus*(Leiden: E. J. Brill, 1994), 387 - 388.

3. 그레꼬 로마 사회와 축귀

그렇다면 그레꼬 로마시대의 축귀와 예수의 축귀는 어떤 관계가 있는 것일까? 이번 장에서는 그레꼬 로마사회에 나타나고 있는 축귀에 관한 배경들을 살펴보고자 한다. 먼저 로마와 주술에 관하여 살펴보고 다음에는 아스클레피오스(Asklepios)의 종교를 관찰하겠다. 이어서 그리스마술 파피루스를 살펴보고자 한다. 마지막으로 신인 사상과 비교해 보도록 할 것이다.

3-1. 로마사회와 주술

로마사회에서 주술이 확실하게 인식되기 시작한 때는 공화정 말기 무렵이었으며, 그 이후 제국의 성장과 함께 주술에 대한 관심도 부쩍 늘어난 것처럼 보인다. 아직 리비우스는 주술이라는 용어보다는 미신(superstitio)[127]이라는 용어로 대체하는 경향이 보이지만, 원수정 초기에 오면 주술에 관련한 기사가 빈번히 나타난다. 이는 상대적으로 주술에 대한 관심이 높아졌음을 의미하는데, 그 당시의 문학 작품, 베르길리우스나 호라티우스의 작품에서도 이를 엿볼 수 있다. 이때쯤 주술은 새로운 '현상'으로, 주술사들은 새로운 '사회적 명사'로 등장하게 된다.

로마는 주술에 점점 빠져 들어갔다. 주술이 로마에 필요했던 이

---

127) 미신은 그리스어의 deisidaimonia, 즉 daimon들을 두려워한다는 것이 원래의 의미인데, 오늘날의 미신의 개념과는 다르다. 가끔은 신들을 두려워한다는 의미로 오히려 칭찬의 뜻으로 쓰이기도 한다. 고대 그리스에서 종교와 미신의 차이는 질의 차이라기보다 정도의 차이였다. Xenophon, Agesil. XI.8

유는 정치적 적대자들을 제거하고, 질병에서 치료되고, 불길한 징조에서 탈출하기 위해서였다.[128] 로마인들은 위협적인 운명에 순응하지 않고자 마술사들을 절실히 필요로 했다. 주술은 사회 전체를 잠식했다. 철학과 종교는 점성술의 영향으로 무력화되었듯이 주술 앞에서도 무력했다.[129]

많은 주술 파피루스는 신비스러운 실체와의 연합에 대해서 언급하는데, 카우프만에 의하면 마술은 원하는 목적을 이루기 위하여 신비한 힘을 움직이는 하나의 기술이다. 이 '기술'의 시행과정은 legomena와 dromena 즉 말과 행동으로 구성되어 있다[130]. 이때 주술의 힘은 궁극적으로 신들과 신령들을 능가한다고 믿어졌다. 왜냐하면 주술적 제의는 '신들의 의지와 상관없이' 자동적으로 움직이는 수단들, 처방전들을 사용함으로써 보다 초월적인 힘을 일깨워 신들과 세계를 조종할 수 있다고 보았기 때문이다.[131]

노래나 악기를 이용한 특정한 소리나, 향료를 이용한 냄새, 특정한 식물 등도 주술적 효과를 도와준다고 생각하였다. 제의에서 악한 일을 도모할 때는 주로 개, 얼룩 염소, 때 이르게 죽은 처녀의 사체 일부를 태우며, 좋은 것에는 향료와 과일을 태우게 되어 있었다.[132] 아풀레이우스(Apuleius)는 십자가형에 처해진 사람들의 손가락이나 코는 큰 마력을 가진다고 말하며, 루키아누스는 십자가형에

128) H. Koester, *History, Culture, and Religion of the Hellenistic Age*(New York: Walter de Gruyter, 1982), 「신약성서 배경연구」, 이억부 역(서울: 은성출판사, 1996), 614.

129) Ibid., 614.

130) R. Turcan, *The Cults of the Roman Empire*(Oxford: Oxford University Press, 1999), 271.

131) Y. Kaufmann, *The Bible Age: Great Ages and Ideas of the Jewish People*, ed. L. W. Schwarz(New York: Black, 1956), 9 - 10.

132) Betz, H. D. *The Greek Magical Papyri in Translation*(Chicago: University of Chicago, 1986), 47.

쓰인 못도 마술적 잠재력을 가진다고 말한다.

의약용 식물과 주술과의 깊은 관련도 여러 곳에서 찾아볼 수 있다. 그리스 마술 문서에서는 식물을 뽑는 시각은 해 뜨기 전이 좋으며 다음과 같은 주문을 외울 것을 권유하고 있다.

"내가 널 뽑는다. 어떤 식물아 나의 다섯 손가락 손으로 널 우리 집으로 데리고 오는데 너는 이런 일을 할 것이다. …(주술적 말들이 계속된 후)… 나를 위해 완전한 마력을 완성해 주렴."133)

"너는 크로노스에 의해 씨 뿌려졌고, 헤라에 의해 임신되었고, 암몬에 의해 유지되었고, 이시스에 의해 태어났고, 雨의 신 제우스에 의해 길러졌고 … 너는 헤르메스의 심장이며, 모든 태고적 신들의 씨이며, 헬리오스의 눈이며, 셀레네의 빛이며, 오시리스의 열정이며, 우라노스의 아름다움과 영광이며, 오시리스의 신령의 영혼이며, 암몬의 영혼이다."134)

이 주문에서 특징은 모든 신들의 이름이 열거되고 있다는 점이다. 신들의 손길이 깃들어 있는 식물들은 인간의 유익을 위하여 그들의 힘을 내기 때문에 약이 되는 것이다. 약초를 모으는 것은 일종의 숭배 행위에 속하는 것이며 치료행위에 포함되는 것이다. 이러한 주술적인 치료 행위는 광범위하게 퍼져서 이집트의 파피루스 사본들에 있는 다음의 글은 마술에 나타나는 히브리어 이름들의 영향을 보여 준다.135)

귀신 들린 자들을 위해, 피베키스(Pibechis)가 작성한 인정한 주문. 유향 나무와 연꽃심과 함께, 미성숙한 올리브의 열매로 만든 기름을 취하여:

---

133) Ibid., 23.

134) Ibid., 10.

135) C. K. Barrett, *The Holy Spirit and the Gospel Tradition*(New York: Macmillan, 1947).

"Joel, Ossarthiomi, Emori, Theochipsoith, Sithemeoch, Sothe, Joe, Mimipsothiooph, Phersothi, Aeeioyo, Joe, Eochariphtha"를 주문하면서 그 기름을(매우 흐려지도록) 끓여라. 그러나 작은 주석판 위에 이 부적을 쓰라. "Jaeo, Abraothioch, Phtha, Mesentiniao, Pheoch, Jaeo, Charsoc" 그리고 그것을 고통당하는 자 둘레에 걸어라. 그가 떠는 것은 그를 떠나는 귀신이 하는 일이다. 맞은편에 서서 그에게 이렇게 탄원하라. "나는 히브리인 Jesu, Jaba, Jae, Abraoth; Aia, Thoth, EJe, EJo, Aeo, Eu, Jiibaech, Abarmas, Jabarau, Abelbel, Lona, Abra, Maroia 의 신을 의지하여 너에게 탄원한다."

여기에서도 확인할 수 있듯이 축귀자는 여러 사람의 이름을 불러 가며 축귀행위를 행하고 있음을 알 수 있다. 사람의 이름을 부른다는 것이 특징임을 확인할 수 있다.

3-2. 치유의 신, 아스클레피오스(Asklepios)[136]

헬라세계에는 치유와 관계된 신이 있었다. 그는 아스클레피오스(Asklepios)이다. 아스클레피오스(Asklepios)는 보통 영웅으로 불리지만 이전까지는 신전에서 신으로 예배되지는 않았다. 기원은 데살로니가 지방의 트렉카라고 알려져 있는데, 그는 헬라 세계의 다른 치료의 신들이나 영웅들과 함께 이 지방의 치료신이었다.[137]

아스클레피오스가 인기를 얻은 데에는 많은 요인이 기여했다. 아

---

136) 아스클레피오스에 관한 연구를 위해서는 다음을 참조하라. E. and J. Edelstein, *Asklepios: A Collection and Interpretaion of the Testimonies* 2 vols(Baltimore: Johns Hopkins University Press, 1945); Robert Garland, *Introducing New Gods: The Politics of Athenean Religion*(Ithaca, New York: Cornell University Press, 1992), 116-135.

137) Helmut Koester, *History, Culture, and Religion of the Hellenistic Age*(New York: Walter de Gruyter, 1982), 174-175.

스클레피오스 신전들은 과거부터 존재했던 지방 치료신들의 전통을 이어 갔다. 정규적으로, 또는 특별한 행사가 있을 때에는 그 신들에게 제물을 바쳤고, 사람들은 병이 들거나 재앙이 임했을 때에 이 신들에게 치료를 구했다.

또 치료에 성공한 사례들은 기록되었다. 치유의 기록은 원래는 신에게 봉헌된 목판에 기록되었지만, 후에는 높은 기둥에다가 명문의 형태나 돋을새김의 형태로 '출판'되었으므로 누구나 그것을 볼 수 있게 되었다. 규모가 큰 신전에서는 특별한 경우에는 이 신의 위대한 행위를 찬양하는 전문인들(aretalogists)을 고용했다. 이와 같은 기적 이야기들(aretalogies)은 널리 퍼져 있었으며 매우 인기가 있었다. 아테네 근처 암피아라온에서 발견된 부조에는 뱀의 모습을 한 아스클레피오스, 그리고 그가 의사로 등장하는 치료의 정면을 묘사한다. 포로스(Poras) 출신의 트라시에데스(Thrasymedes)가 지팡이를 짚고 뱀과 개를 거느린 아스클레피오스의 예배용 신상을 만들었다. 세계 도처에서 의사들은 지팡이와 뱀이 있는 아스클레피오스의 상징을 휴대하였다.[138]

치유는 꿈과 기적적 치유에서부터 심신의 치유(목욕, 운동, 강의, 독서를 병행함)와 의학적 치료에 이르기까지 광범위했다. 몇 개의 아스클레피오스의 신전 발굴에서는 수술용 기구들이 계속 발견되고 있으며, 몇몇 신전에는 의학 전문학교들이 연결되어 있기도 했다(고스 버가모). 물론, 환경과 관습들은 상이했고, 사제들은 의학적 방법보다는 신들의 치유 능력을 믿으라고 강조했을 것이다.

그리스의 신들 중, 아스클레피오스는 가장 자비로운 신이었다. 그

---

138) Savas Kasas and Reinhard Struckmann, *Important Medical Centers in Antiquity - Epidaurus and Corinth*(Athens: Black, 1990), 19 - 22.

는 인간의 '구원자($\sigma\omega\tau\eta\rho$: 소텔)'였으며 은혜를 베푸는 자였고 친구였다. 이 신의 자비로운 특징은 많은 신상에서 확연히 드러난다. 그의 연민, 오래 참음, 특별히 가난한 자들과 사회적으로 불리한 입장에 있는 사람들에 대한 선한 의지의 표현으로 나타내고 있다.

따라서 아스클레피오스의 이미지는 상당한 영향을 끼친 것으로 보인다.[139] 아스클레피오스가 반영하고 있는 박애의 이미지는 그 시대의 깊은 열망을 표현하고 있고 이 열망에 어느 정도 신적인 이미지에 영향을 준 것으로도 보인다.

3-3. 신적 인간($\Theta\epsilon\iota o\varsigma$ $\dot{\alpha}\nu\epsilon\rho$, divine man)[140]

위에서 살펴본 아스클레오피스를 그레꼬 로마 사회에서는 신인으로 보았다. 그렇다면 신인 사상을 자세히 살펴보도록 하도록 하자. 예수의 모습은 그레꼬 로마 사회의 신인 사상과 유사함을 보인다. 그레꼬 로마 세계에서는 대부분의 신들이 인간의 형태로 나타났는데 그들은 인간처럼 노예가 되거나 고통을 당하고 죽임을 당했다. 즉 신들이 인간의 형태로 나타나는 경우가 많았다. 그런가

---

139) H. Koester, *History, Culture, and Religion of the Hellenistic Age*, 292.

140) 신인 사상에 대해서는 다음 문서들을 참고하라. B. Blackburn, "Theios Aner and the Markan Miracle Traditions", *WUNT* 2.40(Tubingen: J. C. B, Mohr, 1991); G, Corrington, The "Divine Man" (New York: Peter Lang, 1986); E. Gallagher, "Divine Man or Magician?", *SBLDS* 64(Chico: Scholars, 1982); D, Georgi, *The Opponents of Paul in Second Corinthians*(Philadelphia: Fortress, 1986); C. Holladay, "Theios Aner in Hellenistic-judaism", *SBLDS* 40(Missoula: Scholars, 1977); J. D. Kingsbury, *The Christology of Mark's Gospel*(Philadelphia: Fortress, 1983); R. Reitzenstein, "Hellenistic Mystery-Religions", PTMS 15(Pittsburg: Pickwick, 1978); D. Tiede, "The Charismatic Figure As Miracle Worker", *SBLDS* 1(Missoula: SBL, 1972); T. Weeden, *Mark-Traditions in Conflict*(Pillladelphia: Fortress, 1971).

하면 반대로 인간이 신으로 여겨지기도 하였는데, 많은 역사적인 인물들이 신으로 추앙되었고 그들은 '인간으로 변장한 신'으로 여겨졌다. 아리스토텔레스에 의하면 아레테(αρετη: 미덕, 덕망, 기적)가 탁월하면 신이 될 수 있다고 주장하였다.[141] 이렇게 발달한 신인 개념은 이러한 그리스 사상을 토대로 한 것으로 헬레니즘 시대에는 여러 가지 형태의 신인이 있었다.

이러한 신인 개념은 위대한 봉사자 특별히 통치자를 기념하기 위해 제의를 드리면서 그 개념이 더욱 복잡하게 되었다. 기원전 5세기 말과 4세기 초, 그리스의 도시국가가 위기에 처했을 때 철학자들은 신적인 은사를 받은 인물만이 평화와 질서와 번영을 재건할 수 있다는 생각을 불어넣었다. 기원전 5세기와 4세기에 시라쿠사에서는 죽은 통치자들을 숭상했고 나중에는 살아 있는 통치자들을 은인으로 숭배했다.

철학자들은 왕이 가장 훌륭한 사람이며 신의 혈족으로 신적 권리를 주장할 수 있다고 가르쳤다. 스토아 철학은 왕이야말로 사실 최고의 인간으로서 신적인 권력을 갖는 신과 같은 존재라고 가르쳤다. 황제들에게는 '주', '신', '신의 아들' 그리고 '구세주'와 같은 지고의 호칭들이 부여되었다.[142]

이후에 신인 개념은 점점 더 확장되었는데 이 범주 안에는 모든 왕들, 황제들, 군사적 정복자들, 정치인들, 철학자들, 의사들과 병치유자들, 시인들 그리고 운동선수들까지도 포함되었다. 타이드(D. Tiede)에 의하면 특히 이들 중에는 선견자, 무당, 영웅적인 의사들이 포함되어 있었다.[143] 이들은 예언자적 성격도 강했다. 2세기 후반

---

141) 조태연, 「예수운동, 그리스도교 기원의 탐구」(서울: 대한기독교서회, 1996), 189.
142) H. Koester, *History, Culture, and Religion of the Hellenistic Age*, 31 - 34.

셀수스(Cèlsus)는 팔레스틴과 시리아에 성전과 도시 안팎으로 예언을 구실로 구걸하며 돌아다니는 사람들이 많이 있었다고 한다.[144]

악테마이어(P. Achtemeier)는 신인에 대해서 비교적 자세히 다루는데, 그에 의하면 신인으로 불리는 자들은 기적을 행하는 자, 즉 마술사들이었다.[145] 마술사를 신인으로 보는 이러한 신인 사상은 헬레니즘 세계에 널리 퍼져 있던 일반적인 개념이었다. 그러므로 헬레니즘 세계나 헬레니즘화된 사회에서 예수가 귀신축출로 얻은 명성으로 인해 신인 중 한 사람으로 인식되는 것은 자연스러운 일이었을 것이다. 비록 엄청난 오해를 가져왔을지라도 말이다.

3-4. 신인 사상과 예수

그러나 신인을 신약시대의 전형적인 헬라적 인물로 보는 것은 재고되어야 한다. 헬라시대에 유명한 신인 이적 행사자들은 엄청나게 다양했다. 이들이 행한 것으로 알려진 이적(기적)과 이들의 사회

---

143) D. Tiede, "The Charismatic Figure As Miracle Worker", *SBLDS* 1(Missoula: SBL, 1972): 30-36.

144) "나는 신 또는 신의 아들, 신적인 영이다. 세상은 이미 파멸의 지점에 와 있다. 너와 사람들은 불의 대문에서 멸망당할 것이다. 그러나 내가 너를 구할 것이고 너희들은 내가 하늘의 능력을 가지고 돌아오는 것을 볼 것이다. 나에게 경배하는 자는 복이 있다. 이 도시와 나라에 있는 모든 사람들은 영원한 불에 던져질 것이다. 그러나 그들을 기다리고 있는 형벌을 모르고 있는 자들은 헛되이 회개하고 슬퍼한다. 그러나 내가 설득한 자들은 영원히 구원을 받을 것이다." M. Smith, *Clement of Alexandria and a Secret Gospel of Mark*, 180.

145) 헬레니즘 시대에는 많은 신들이 놀라운 비율로 증가하고 있었는데 특별히 인간들이 자신을 신격화하려고 노력한 예들이 있었다. 이러한 것은 옛 영웅들과 마찬가지로 당대의 사람들도 신적인 능력을 부여받을 수 있었고 또 이미 부여받았으며, 궁극적으로는 그들 자신이 신이 될 수 있다는 데서 비롯된 것이었다. 그리고 그러한 사람들에게서 나타나는 신적인 특성은 예지에 더해서 그들은 자주 비범한 출생과 죽음으로 구별되었다. 따라서 신인은 어떤 바람직한 능력으로 뛰어나게 된 사람으로서, 헬레니즘적인 신인 개념에서는 현인들과 예언자들이 신인이 되었으며 거기에는 기적을 행할 수 있는 능력이 필수적이었다. P. Achtemeier, "Gospel Miracle Tradition and the Divine man", *Interpretation* 26(1972), 187.

적 역할(왕, 선견자, 무당, 영웅적인 의사) 또한 다양했다. 조태연은 예수의 기적 이야기와 신인 사상 사이에 동일한 구조가 확인된다고 주장한다.146)

그러나 사실 헬라자료들이 신적인 이적 능력을 부여하는 온갖 인물들 사이에는 주목할 만한 동질성이 거의 없다. 오히려 유대 전승에서 이적에 대한 전승이 풍부하다는 것에 비춰 볼 때147) 소위 신인(Theios Aner)은 정경 이전이나 정경적 전승의 그리스도론적 방향을 평가하는 데 유익한 도구를 거의 제공하지 않는 것으로 보인다.

그렇다면 복음서의 이적 전승들이 그들의 그리스도론적 주제와 모티브 또는 구조에 있어 헬라적 개념의 영향을 받았을까? 어느 쪽이든 이적 행사자들(신들이나 신인들)과 관련이 있었다고 보인다. 하지만 초기 유대교회의 문화 및 종교적 감각이 다른 헬라적 개념의 영향을 받았는가? 그에 대해서는 어느 정도 동화가 일어났을 것이라고 기대해 볼 수도 있으나 이러한 동화가 일어났다고 확신 있게 결론 내릴 만한 증거를 찾기란 매우 힘들다.

윤철원에 의하면 초기 기독교는 그레꼬 로마 종교들이 위협적이었으나 기독교의 입장은 신화를 조롱하거나 우습게 여겼다.148) 물론 초기 기독교는 당시의 문화가 긍정적일 경우는 과감하게 수용하고 활용하였다. 반대로 부정적일 때에는 과감하게 거부하였다.149) 따라서 무조건 수용했다고는 보기 어렵다.

---

146) 조태연, 「예수운동」(서울: 대한기독교서회, 1996), 186 – 194.

147) 모세와 출애굽의 기적은 예수의 사역을 생각나게 하는데 풍랑을 잔잔케 하고 바다 위로 걷는 바다에서의 두 기적 이야기와 유사하다. 또한 엘리야(왕상 17 – 19장)와 엘리사의 이야기(왕하 2 – 8, 9, 13장)는 예수의 급식이적(막 6:34 – 44)과 유사하다.

148) 윤철원, "유대교와 신약성서에 드러난 문화의 거부와 수용문제", 「신약논단」 9권 4호 (2002): 970.

149) Ibid., 987.

특별히 팔레스틴 유대교에는 '헬라적'이라고 평가되어 온 모든 주제와 모티프(motif)들이 이미 유대교에서도 다양하게 존재하고 있었기 때문이다. 구약적 배경에서 살펴본 대로 이미 모세, 엘리야, 엘리사의 이야기들이 존재했었다. 그리고 예수는 모세처럼 그리고 엘리야나 엘리사처럼 나타난다. 그는 모세같이 위대한 지도자이고 엘리야같이 만물을 회복할 능력의 인물이다.[150] 즉 기적 이야기는 유대교적 배경에 더 일치함을 보여 준다. 따라서 이적 이야기의 양식은 헬라적 문화의 고유한 독단적인 패턴이 말할 수 없다. 오히려 유대적 배경을 짙게 깔고 있음이 확실해 보인다.

3-5. 주술과 축귀자들

1) 그리스 마술 파피루스(Papyri Graecae Magicae): 그리스 마술 파피루스(Papyri Graecae Magicae)에는 헬라세계의 귀신축출의 이야기들이 기록되어 있다.[151] 하지만 여기에는 귀신축출의 방법이 기록되어 있지 구체적인 축귀 이야기는 존재하지 않는다. 이 기록에 의하면 귀신을 축출하는 기술적이면서도 실제적인 것에 대해서 기록하고 있다. 그리스 마술 파피루스가 귀신들을 다루는 것과 축귀에 대하여 얼마나 큰 관심을 갖는지는 그 내용 속에서도 확인하게 된다.

이것에 의하면 귀신축출의 방법으로는 첫째, 여러 가지 처방들,

---

150) B. Mack, *Who Wrote the New Testament? The Making of the Christian Myth*(New York: Harper Collins, 1995), 66.

151) H. D. Betz, *The Greek Magical Papyri in Translation*(Chicago: University of Chicago, 1986), 6-25장.

귀신을 위협하는 부적을 사용한다. 둘째, "나는 누구에 의해 너에게 명령한다(I adjure you by …)."는 공식을 가진 신적 호소이다. 셋째, "나는 누구다(I am …)."라는 문장을 사용한 귀신 축출자의 동일시이다. 넷째, 나오라는 명령을 한다. 다섯째, 귀신축출 후에 사용하는 보호적인 부적(protective phylactery)들이 등장한다.[152]

시술 시 말하는 부분을 지칭하는 용어는 주문 공식(logos formula)이다. 예컨대 저주의 주술 제의 도중에는 저주의 대상을 '지정하여 결박하는(katadesmo, defigo)' 동사가 큰 소리로 외워졌던 것 같다. 그 형식은 다음과 같다. 우선 도입부에서는 직접적인 구속하는 공식을 말한다. "나는(원수) 누구를 결박한다." 다음에는 기원 공식의 단계로서 이 단계에서는 도움을 줄 만한 신들이나 신령들이 불린다. "(신 혹은 신령 누구여) 누구(원수)를 결박하시오." 이때 주로 마술과 관련한 여러 신들 헤르메스나, 헤카테, 페르세포네, 기타 여러 신령이 불린다. 이것에 의하면 귀신을 축출할 때에 축귀자는 많은 신들의 이름을 연이어서 부른다. 또한 초자연적인 소리를 내는 신적인 이름들이 사용되었다.

2) 거짓을 사랑하는 자들(Philopseudes): 다음으로는 귀신축출을 기적이라는 측면에서 바라본 다른 축귀자들의 이야기들을 살펴볼 수 있다. 먼저 사모사타의 루시안(Lucian of Samosata, 약 주후 120 – 80년)은 그의 글 Philopseudes 11장에서, 자신이 목격한 팔레스틴으로부터 온 한 시리아인 귀신 축출자에 대해서 기록하고 있다. Philostr. vit. Apoll 38에 의하면 어떤 부인이 귀신 들린 자기 아들 때문에 인도의 현인과 상의한다. 그는 그 부인으로부터 아들의 병의 내력을 들은 후 '위협과 공갈을 적은' (ξὺν ἀπειλῇ καὶ ἐκπλήξει) 것

을 귀신에게 보내는 쪽지를 부인에게 써 주었다(Lucian of Samosata, Philopseudes, 11장).

> "귀신 들린 사람들을 사단으로부터 벗어나게 하고 유령들을 쫓아낸 사람들에 관해 너는 어떻게 생각하는지 알고 싶다. 그들에 관해 내가 더 자세히 말할 필요가 없을 줄 안다. 물론 팔레스틴에서 온 시리아 사람을 모르는 사람이 없는데 그는 이 일에 전통하다. 그가 달빛에 쓰러지고 그는 몽유병자, **눈을 뒤집고, 입에 거품을 가득히 문** 모든 사람에게 와서 많은 보상을 받고 정말로 이들을 일으키고 고통에서 놓여나게 하고 건강하게 그들을 돌려보냈다. 그것은 얼마나 전문가인지를 알고 있다. 그가 누운 병자에게 다가가서 귀신에게 어디서 와서 그 사람에게 들어갔느냐고 물으면 병자 자신은 침묵하고 귀신이 대답하는데, 그리스 말 아니면 이방 언어 그것도 아니면 각기 그들의 고향 말로 어디서 와서 어떻게 그 사람에게 들어갔는지를 말하기 때문이다. 그러면 그는 귀신을 내쫓는데 그 영은 주문에 의해서 그리고 만일 귀신이 복종하지 않으면 귀신을 위협함으로써 그를 내쫓는다. 나 자신도 쫓겨 가는 귀신을 보았는데 그 색이 검고 어두웠다."[153]

여기에 사용된 축귀를 살펴보면 이 귀신축출이야기에는 마가복음 9장 17 – 29절에 나타나는 벙어리 귀신 들린 어린아이의 축출기사와 유사하다. 이 이야기에 등장하는 귀신 들린 사람의 행태는 흡사 벙어리 귀신 들린 아이의 모습과 유사하다.

여기에는 축귀자의 특별한 기술은 소개되지 않고 있다. 단지 축귀자는 주문을 외운다. 그리고 협박의 방법을 사용함을 알 수 있다. 또한 귀신을 축출하기 위해서 사용된 기술은 귀신의 이름을 묻는 것이었다. 당시 사람들에게 귀신의 이름을 아는 것은 귀신을 지배하는 것이라는 관념은 이미 널리 알려진 기술이었다.[154]

---

153) Rudolf Bultmann, *Die Gescbichte der synoptischen Tradition*, 「공관복음전승사」, 허혁 역(서울: 대한기독교서회, 1994), 288. 재인용.

154) Ibid., 288.

축귀자들이 시술 시 신성, 초자연적인 존재나 영웅의 이름들을 사용하는 것은 그러한 이름을 가지는 것은 그 힘을 갖는 것으로 생각하였다.[155] 전통적으로 알아들을 수 없는 말, 다른 비밀스럽고 신성한 의식에서 사용되는 '알아듣기 힘든 말'은 신들의 언어를 재생산해 내는 것이라고 하였다.[156] 축귀자에게 신령의 이름을 안다는 것은 그의 힘을 줄이고 축소하는 것을 의미하였는데, 이러한 것을 아는 것이 최고의 지식(gnosis)이다.[157] 축귀자는 사물의 본질을 그 사물의 이름에 의해 인식하는데, 올바른 이름으로 그 이름에 의해 기호화된 사물을 지배할 수 있기 때문이다. 축귀자는 주문과 협박으로 쫓아냈다.

3) 아폴로니우스(Apollonius)의 축귀: 『티야나의 아폴로니우스의 생애』(The Life of Apollonius of Tyana)의 기록에 축귀에 대한 기록이 남아 있다. 필로스트라투스(Philostratus)가 쓴 The Life of Apollonius of Tyana는 주후 1세기의 아폴로니우스[158]라는 사람의 전기(傳記)이다. 기원후 1세기 방랑 금욕주의자인 아폴로니우스(Apollonius)는 귀신을 쫓아내며 기적을 행하는 거룩한 자이며 선생으로 기억되고 있다. 필로스트라투스(Philostratus)가 쓴 티야나의 아폴로니우스의 생애에 나오는 다음과 같은 이야기는 종종 마가복음 5:1-20과 비교된다.[159] 먼저 귀신 들린 16세의 미소년에 대한 이야기가 나온다.

---

155) B. Jacob, *Im Namen Gottes*(Berlin: Black, 1903), 72, 75.

156) Rudolf Bultmann, *Die Gescbichte der synoptischen Tradition*, 262.

157) E. Bevan, *Hellenism and Christianity*, 79.

158) 그는 피타고라스를 추종하는 방랑철학자이기도 했다. 그는 이집트의 신, 프로테우스(Proteus)에게서 출생했고, 추종자들을 모아 가르쳤다. 또한 가난한 자들을 도왔고, 병든 자들을 고쳤으며, 죽은 자들을 다시 살렸고, 사탄들을 내쫓았으며, 그리고 죽은 후에는 불멸성에 관해 이야기하기 위해 그의 추종자들에게 나타났다고 전해진다. 그는 그리스도교의 1세기 전반에 걸쳐 살았다고 전해진다. N. Perrin, "The Literary Gattung 'Gospel' Some Observations", *Expository Times* 82(1970): 4-7.

이 이야기에서 귀신은 전쟁에서 죽은 남자의 유령이라고 나오는데, 그 유령은 자신의 사랑하는 아내가 그의 죽음 후 고작 3일 만에 다른 남자와 재혼한 것에 대한 배신감으로 그 미소년의 미모를 보고 그를 사로잡았다고 나온다. 그 미소년의 어머니는 아폴로니우스에게 다음과 같이 말한다.

그 어머니는 아들을 돌이키고자 온갖 것을 다 해 보았지만, 아들은 심지어 제 어머니조차도 알아보지 못했다. 그런데 그 귀신이 그녀의 아들을 죽여 버리겠다고 협박을 하자 깜짝 놀라서 아들을 아폴로니우스에게 데리고 온 것이다. 이에 대하여 아폴로니우스는 "용기를 가지시오. 왜냐하면 그 귀신은 이것을 읽으면 그를 죽이지 않을 것입니다."라고 이야기하며 주머니에서 편지 하나를 꺼내 준다. 그 편지는 경고하는 종류의 협박을 포함하여, 귀신에게 전하는 말이 적힌 것이었다. 그러나 이 편지의 효능, 즉 축귀의 성공 여부에 대한 이야기는 나와 있지 않고 이야기는 여기에서 끝난다.
이것은 아마도 아폴로니우스가 그 소년으로부터 축귀를 행했음

---

159) P. J. Achtemeier, *Introducing The New Testament*, 167.
160) Philostratus, *The Life of Apollonius of Tyana*, trans., F. C. Conybear(New York: Macmillan Co, 1912), 3:38.

을 이야기하고자 기록되었을 것이므로, 이 이야기를 '귀신 들린 자에게서 귀신을 쫓아내는' 축귀 이야기로 볼 수 있다.

이 이야기에서는 몇 가지 주목할 만한 점들이 있다.[161] 첫째, 귀신의 정체를 죽은 병사의 유령이라고 소개하고 있으며, 그 귀신이 소년에게 반하여 사랑에 빠졌다고 설명한다. 둘째, 귀신은 소년을 원래 자아가 아닌, 전혀 다른 사람처럼 말하고 행동하게 만든다. 셋째, 축귀의 방법으로서 축귀자가 귀신을 직접 대면하는 것이 아니라, 협박 편지를 보내어 원거리(遠距離)에서 축귀를 행한다. 원거리 축귀는 예수에게서도 나타나는데 이 점은 아폴로니우스와 축귀에 있어서 유사점을 지닌다.

다음은 아폴로니우스가 귀신 들린 남자에 관한 또 다른 축귀의 이야기다. 이 이야기 내용은 다음과 같다.[162]

그가 헌주(獻酒)에 관한 문제에 관하여 토론하는 동안, 그의 청중 가운데 아주 악하여 방탕하기로 소문난 젊은 멋쟁이 한 사람이 있었다. 그의 행동은 오랫동안 길거리 모퉁이의 거친 노래들의 주제가 되어 왔다. 그의 집은 코르키라(Corcyra)였고 그의 혈통은 오디세우스(Odysseus)를 즐겁게 하던 파에아 사람 알커노우스(Alcinous)에 이른다. 아폴로니우스는 헌주에 대해서 말을 하면서 정중들에게 어떤 특정한 잔으로는 마시지 말고 신들을 위해서 따로 보관한 그것을 절대로 만지거나 그것으로 마시지 말라고 권면했다. 그는 또한 그 한 손잡이를 만들고 술은 그 손잡이 위로 부으라고 강권했다. 왜냐하면 사람들이 손잡이 위로는 마시려 하지 않을 것이기 때문이다. 그때에 그 젊은이가 크고 거친 웃음소리를 내어 그의 목소리는 거의 들리지 않게 되었다. 아폴로니우스가 아테네에서 신에게 바치는 술에 대하여 설교하고 있을 때 한 젊은이가 그것을 조롱하였다. 그러자 아폴로니우스는 그를 노려보며, "너는 스스로 거드름 부리는 것이 아니라. 너도

---

161) Ibid., 55.

162) P. J. Achtemeier, *Introducing The New Testament*, 167.

모르게 너를 그렇게 몰아세우는 것은 귀신이다."라고 말하였다. 왜냐하면 다른 사람들은 아무도 비웃지 않는 일들을 그는 비웃고, 걸핏하면 아무런 이유도 없이 울고, 또한 곧잘 혼자 지껄이거나 노래하곤 했기 때문이다. 많은 사람들은 이 젊은이의 광포하리만큼 쾌활한 성정이 그렇게 폭발한 것이라고 생각했다. 그러나 실제로 그는 귀신의 나발 노릇을 했다. 아폴로니우스가 그를 노려보자 그 속에 숨은 귀신은 공포와 분노의 비명을 내지르기 시작했다. 마치 낙인찍히는 사람이 괴로워하는 것같이 들렸다. 그리고 그 귀신은 그 젊은 남자로부터 떠날 것이며, 다시는 그에게로 들어가지 않겠다고 맹세했다. 그러나 아폴로니우스는 마치 주인이 농간을 부리는 악랄하며 뻔뻔스러운 종을 대하듯 화를 내며 그에게 말했다. 그리고 그는 그 [귀신]에게 그 젊은 남자를 떠날 때 눈에 보이는 표징을 보이라고 명령했다. "나는 저 조각 입상을 넘어뜨리겠다." 귀신이 말했다. 그리고 대회당 안에 있는 조각 입상 하나를 가리켰다. 그 조각 입상이 조용하게 흔들리기 시작하고 넘어지자, 그때 놀라움으로 박수를 치는 등 왁자지껄한 소동이 일어났다. 그러나 그 젊은 남자는 마치 잠에서 방금 깨어난 것처럼 그의 눈을 비비고 햇빛을 바라보았다. 그 자리에 있던 모든 사람들의 주의가 그에게로 쏠렸다. 왜냐하면 그는 더 이상 방자하지도 않고, 광기 어리게 응시하지도 않았으며, 마치 그가 지금까지 약으로 치료받아 온 것처럼 온전한 그 자신으로 되돌아왔기 때문이다. 그리고 그는 그의 화사하고 여름옷 같은 의복과 사치스러운 삶을 포기하고, 철학자의 간소한 삶과 사랑에 빠졌다. 그리고 그의 옷을 기증하고, 그의 옛 자아를 벗어 버리고, 아폴로니우스를 그의 삶의 미래의 모델로 삼았다.

이 이야기는 '귀신 들린 자로부터 귀신을 쫓아내는' 분명한 축귀 이야기이다. 이것은 복음서들에 기록된 이야기들이 다른 문헌들에 기록된 이적 이야기들과 어느 정도로 똑같은 것인지를 보여 준다. 복음서들에 기록된 이적 설화들보다 더 문학적인 특성을 갖고 있다. 즉 더 기다란, 그리고 더 복잡한 문장 구성을 보이고 있으며, 저자들은 상세하고 박진감 있는 표현에 주의를 기울인다. 하지만 귀신들이 자기의 주인을 알아보며 축사 행위는 외적인 표지에 의해 입증되고 있다는 점에서 그 기본적인 고안들은 복음서들의 이적 설화들과 동일하다.[163] 게다가 아폴로니우스에 의해 고침을 받은 청년의 경우에는 도덕적인 개정이 치료의 결과로 나타나 있다. 여기에서 축귀자 아폴로니우스는 귀신의 정체를 밝힌다. 축귀자 아폴로니우스는 귀신을 노려봄으로써 축귀를 행한다. 귀신은 자신의 정체를 밝힌 아폴로니우스의 노려봄에 괴로워하며 나간다.

이 축귀 이야기에서는 알 수 있는 정보가 있다. 첫째는 귀신은 떠날 때에 괴로워하며 소리 지른다는 것이다. 둘째는 축귀자의 명령에 따라 떠나가는 귀신은 나가면서 그 증거로 흔적을 남긴다. 셋째는, 귀신 들린 사람은 온전하여진 뒤에 옛 삶을 버리고 새로운 삶을 산다. 이렇게 아폴로니우스의 축귀는 축귀자의 모습을 보이고 있는데 흡사 예수의 축귀의 형식과도 유사함을 보이고 있다. 그렇다면 예수는 단지 마술을 행하는 축귀자였는가?

3-6. 마술적 축귀자들과의 차이점

위에서 살펴본 그레꼬 로마시대의 축귀자들과 예수의 축귀와 치유 사이에는 유사점이 있다.[164] 헐(J. M. Hull)은 예수의 이적들에 대한 마가복음의 진술은 '헬레니즘의 마술적인 사본들'에 나오는 마술에 대한 진술과 보다 밀착되어 있다고 주장한다.[165] 치유의 전

---

163) E. P. Sanders and Margaret Davies, *Studying the Synoptic Gospels*(London: SCM Press and Trinity Press International, 1999), 253.

164) 축귀활동을 하는 자들은 당시 그리스 - 로마 사회에서는 '마술(magic)'의 이름으로 행해지던 활동의 한 국면이었고 마술사는 영의 세계의 권세들을 조종할 수 있는 사람들로 여겨졌다. 이에 대해서는 다음을 참조하라. M. Smith, *Jesus the Magician*(San Francisco: Harper & Row, 1978); William L. Lane, *The Gospel of Mark*(Grand Rapids: Wm. B. Eerdmans, 1974), 141.

문적인 기법에 초점을 둔 마태복음과 같이 마가복음도 이방지역에서 귀신을 내쫓는 예수에 대해 상술하고 있다(마가 5:1 - 20).

이 이야기는 앞에서 살펴본 필로스트라투스의 『타야나의 아폴로니우스』에 나오는 귀신축출에 대한 진술과 유사점을 보인다.[166] 치유이적에서 보여 준 야이로의 딸을 살린 마가의 이야기 안에서도 마술적인 아람어 명령이 들어 있다고 주장한다.[167] 그 소녀의 손을 잡고, 예수가 "달리다굼(Talitha cumi)" 하고 말했다. 번역하면 "소녀야, 내가 네게 말한다. 일어나라."라는 말이다(5:41). 이 말은 주술적인 뉘앙스가 짙게 배어 있다는 것이다.

예수를 마술사와 같다는 주장은 모튼 스미스(M. Smith)에 의해서 계속 제기된다. 그는 마술사라는 이러한 비난이 역사적 실재와 다양한 연관을 맺고 있다고 주장한다. 예수는 마술적인 행동과 예식을 보여 주었을 뿐 아니라, 마술적인 가르침을 펼쳤고 자기 자신에 대해서도 마술적인 이해를 갖고 있었다는 것이다.[168] 복음서의 기적 사화들에서는 접촉을 통한 치료, 큰 숨, 외국어 공식구들의 사용된 기법들 등 사소한 마법적 특징들처럼 묘사되어 있다.[169]

---

165) J. M. Hull, Hellenistic "Magic and the Synoptic Tradition", *SBT Second Series* 28(London: Allenson, 1974): 제6장.

166) 헐(Hull)은 치유와 관련하여 비교 설명한다. 마가복음 7장 32 - 37절에 나오는 귀먹은 벙어리의 치유 기사가 이에 대한 가장 훌륭한 실례가 된다고 제안한다. 여기에서 예수의 치유 장면을 상세하게 묘사하고 있는데, 예수는 그 환자를 자기 옆으로 데리고 나와 손가락을 그의 두 귀에 넣고 침을 뱉으며 그의 혀를 만지고 나서 하늘을 우러러 탄식하며 특별한 언어인 '에바다(Ephphatha)'를 사용해 명령을 내린다. 이러한 묘사는 치유 이적들에 대한 이교적 자료들 안에서, 특히 마술적인 사본들 안에서 발견될 수 있다는 것이 그의 주장이다. J. M. Hull, *Hellenistic Magic and the Synoptic Tradition*, 76 - 82.

167) E. P. Sanders, *Studying the Synoptic Gospels*, 392. 마술사들은 주술 시에 특별한 주문을 외우곤 했다. 이것은 예수의 축귀와 유사성을 보인다.

168) G. Theissen, & A. Merz, *Der historische Jesus*, 444.

169) M. Smith, *Clement of Alexandria and a Secret Gospel of Mark*, 223 - 224.

그러나 스미스(M. Smith)도 동의하듯이 예수는 주문들, 마법적 공식 문구들,[170] 혹은 특별한 제의들을 사용했다고 묘사하지 않았다. 이것은 기적 수행의 매 경우마다 그리스 마술 파피루스에 실린 정교한 의식들을 사용했던 마술사들과는 다르다.[171]

그에 의하면 복음서에 나타나는 '하나님의 아들' 기독론은 예수의 마술적인 자기이해의 표현이다.[172] 예수는 그리스의 마술 파피루스(magical papyri)의 의미에서 자신을 신의 아들로 생각했다는 것이다.

그러나 예수의 "네 믿음이 너를 구원했다."는 약속의 말씀은 마술적 조작이라는 것과는 다른 어떤 자의식을 가리키고 있다.[173] 예수는 자신을 마술사가 아니라 예언자로 이해했다. 여기에서 분명한 것은 예수는 자신을 마술사가 아니라 예언자로 이해했다는 것이다.[174] 이런 차원에서 예수는 그레꼬 로마의 마술사와 유사한 것이 아니라 오히려 유대의 기적 카리스마자들과 아주 유사하다고 하겠다.

예수가 자신을 믿게 하기 위한 기적을 거부한 것을 보아도 마술사의 이미지와는 거리가 멀다. 사실 자기를 믿게 하는 기적 시범을 보이는 것은 마술사들의 레퍼토리였다. 스미스(M. Smith)는 헬라문화권의 마술사들과 예수가 비슷하다고 주장하지만 이것은 피상적인 차원에 불과하다. 특히 기적을 종말적인 하나님 나라의 도래와

---

170) 예를 들면, 다음과 같이 마술사는 이야기한다. 열려라 하늘! … Phre가 탄 범선이 오르내림을 보게 하라. … 나는 Geb신들의 후계자이다. 나는 내 아버지 Phre 앞에서 중재할 것이다. M. Smith, Jesus the Magician, 102 - 104.

171) Ibid., 222.

172) Ibid., 227 - 228 스미스는 '이교도이지만 경건한' 이방인들에게 예수는 신인이었을 것이고 기독교인들에게는 '하나님의 아들(son of god)'이었을 것이라고 말한다.

173) G. Theissen, & A. Merz, Der historische Jesus, 445.

174) 스미스는 예수의 예언자적 특성들이 모두 후기 전승에서 나온 것이라고 주장한다. 그러나 이러한 주장에는 설득력이 없어 보인다. M. Smith, Jesus the Magician, 268 - 275.

연결시킨 예수의 기적 이해와 예수의 예언자적 – 지혜적 설교는[175] 스미스의 주장과 전혀 걸맞지 않는다.

오히려 샌더스(E. P. Sanders)가 주장하고 있듯이 예수가 행한 기적을 마술적인 술수를 행했다고 해도 그 가능성을 가지고 마술사였다고 결론지을 수는 없다.[176] 예수의 이적은 하나님과의 직접적 관계, 예언자를 뒤따름을 특징으로 하고 있는데 이것은 유대의 기적 카리스마를 구성하는 핵심 요소이기도 하다.[177] 따라서 예수의 이적과 축귀는 유대적 배경을 하고 있다고 보인다. 특히 예수의 축귀는 종말론적 하나님 나라와의 관계에서 시행된다.[178] 이것은 유대 표징 예언자들의 활동과 유사하다. 드다와 이집트인의 약속표징은 출애굽과 가나안 정복을 회상케 하는 표징의 시도였다.[179] 그들은 하나님 나라 표징을 제공하고 있고 특히 종말론적이다. 따라서 예수는 자신의 축귀를 하나님 나라와 관련시키고 있고 이것은 유대 표징 예언자들이나 유대 선지자들 중 모세, 엘리야, 엘리사의 이적을 배경으로 하고 있다는 것이 확실해 보인다.

---

175) 예수의 가르침에 대한 스미스의 마술적 해석은 전승사적 문제설정, 내용상 매우 가까운 유대의 평행구문들, 그리고 예수 선포의 전체적 틀을 배제한 상태에서 마술적 텍스트를 끌어들이는 데만 의존하고 있는데, 이것은 방법론적으로 신뢰할 수 없는 접근법이다. 스미스의 글에 의하면, 인간들을 갈라서게 하려고 왔다는 예수의 말씀(마태 10:35)은 예수가 마법의 주문을 통해 사람들에게 증오를 심었음을 보여 주는 증거로 평가되어야 한다. H. Twelftree, *Exorcist*, 190 – 207.

176) E. P. Sanders, *Jesus and Judaism*(Philadelphia: Fortress Press, 1985), 「예수운동과 하나님 나라」, 이정희 역(천안: 한국신학연구소, 1997), 314.

177) G. Theissen, & A. Merz, *Der historische Jesus*, 445.

178) E. P. Sanders, *Jesus and Judaism*, 315.

179) P. Josephus, *Jewish Antiquities*, 20, 97 – 99.

3-7. 예수와 축귀 이적

예수의 축귀의 특징을 말하라면 한마디로 '카리스마적' 기적이라고 할 수 있다. '카리스마'란 무엇을 의미하는가? '카리스마'라는 말은 개인의 인격과 관련된 어떤 자질을 의미한다. 베버(Max Weber)에 의하면 흔히 그것은 신적 능력을 직접적으로 받음으로써 얻게 되는 것으로 간주된다.[180] '권위'를 강제가 아닌 확신에 의해 다른 사람이 동의하도록 만드는 힘으로 이해하고 있다.[181] 이것은 신비적이지만 결정적으로 어떤 분명한 결과가 있는 능력의 행위를 '카리스마적인 사역'이라고 할 수 있다.

서중석에 의하면 그것은 '일반인이 접근하기 쉬운 것이 아니라, 신적 능력의 수여에 의한 분명한 특징적인 개인적 자질'이다.[182]

---

180) 베버의 카리스마라는 정의를 살펴보면 다음과 같다. 카리스마는 일상 외적인 것으로 여겨지는 어느 인물의 자질을 뜻한다고 하겠다. 이 자질 때문에 그 인물은 초자연적이거나 초인적인 또는 적어도 특별히 일상 외적인, 다른 누구도 얻을 수 없는 역량이나 특성을 신이 보낸 것으로 또는 모범적인 것으로 그리고 그 때문에 '지도자'로 평가된다. 카리스마의 타당성에 대하여 판결을 내리는 것은 입증을 통해서 - 원래는 언제나 기적을 통해서 - 보장되는, 피지배자의 자유로운 인정이며, 이러한 인정은 계시에의 헌신, 영웅 숭배, 지도자에 대한 신뢰로부터 생겨난다. 이러한 '인정'은 심리학적으로 열광이나 고난 그리고 희망에서 생겨난 믿음 깊은, 아주 개인적인 헌신이다. '고용'이나 '해고'가 있을 수 없으며, '경력'이나 '승진'이 있을 수 없다. 다만 지도자가 부름을 받은 자들의 카리스마적 자질을 근거로 자신의 영감에 따라 그들을 부를 따름이다. '봉급'과 '녹봉'은 존재하지 않는다. 카리스마적으로 위임을 받은 사자(使者)가 존재할 따름이다. 규정은 존재하지 않고, 추상적인 법규도 존재하지 않으며, 이에 지향된 합리적인 입법도 없고, 전통적인 선례에 지향된 지혜나 판결도 없다. Max Weber, *The Theology of Social and Economic Organization*(New York: Free Press, 1947), 359.

181) C. Osiek, *What Are They Saying About the Social Setting of the New Testament* (Macarthur: Paulist Press, 1995); 「신약의 사회적 상황」, 김경진 역(서울: 기독교문서선교회, 1996), 108. 오시에크는 합법적 지배를 '카리스마적 권위(charistmatic authority)'에 의한 사역의 독특성을 설명하고자 하는 것으로 풀이할 수 있다. 이 사역에 대한 유형의 특징은, 그 사역을 가진 사람의 예외적인 특성들이나 초자연적 계시의 주장에 근거하는 것이다.

182) Joong-Suk. Suh, *Discipleship and Community. Mark's Gospel in Sociological Perspective*(Claremont, CA: CAAM, School of Theology at Claremont, 1991), 109.

이렇듯 '카리스마'에 의한 '사역'은 일반인과는 구별되는 독특한 자질에서 기인하는 행위이기도 하다. 예수는 카리스마적 기적 행위자였다.

그렇다면 마술사의 기적과 카리스마적 기적의 특징을 어떻게 구별할 수 있을까? 카리스마적 기적의 특징은 첫째, 기적 행위자와 도움을 구하는 이의 인격적인 만남 속에서 일어난다. 적극적인 소망과 신뢰, 즉 '믿음'이 없다면 기적도 불가능하다(막 6:5 - 6 참조). 둘째, 카리스마적 기적은 공동체를 위한 것이다. 기적에 의한 치유는 인간에게 정상적인 삶을 되돌려 준다. 카리스마적 기적 행위지는 새로운 공동체를 이루어 낼 때가 많다. 셋째, 기적 행위자의 권위에 근거하여 기적이 일어난다. 최소한의 예식적인 행위에, 기적 행위자의 말씀만으로 기적이 일어날 때가 많다. 이것을 마술사와 비교해서 표시하면 아래의 도표와 같다.[183]

〈표 1〉 마술과 카리스마적 기적 비교

마술적 기적	카리스마적 기적
마술사와 마술의 수혜자 사이에 아무런 인격적 관계가 없다. 따라서 그 마술이 '작용되는' 사람이 알지도 못하고, 의도하지도 않은 상태에서 마술이 일어날 때가 많다.	기적 행위자와 도움을 구하는 이의 인격적인 만남 속에서 일어난다. 적극적인 소망과 신뢰, 즉 '믿음'이 없다면 기적도 불가능하다(막 6:5 - 6 참조).
적은 공동체와는 무관하게, 개별적인 목적을 이루기 위한 것이다. 검은 마술이나, 피해를 입히는 마법처럼 공동체의 이익에 반대되는 경우도 자주 있다.	카리스마적 기적은 공동체를 위한 것이다. 기적에 의한 치유는 인간에게 정상적인 삶을 되돌려 준다. 카리스마적 기적 행위지는 새로운 공동체를 이루어 낼 때가 많다.
예식화된 행위들(주문, 마법 공식, 마술도구)을 수반한다. 극단적인 경우에는, 마술사가 없어도 그 행위만으로(ex opere operata) 기적이 일어난다.	기적 행위자의 권위에 근거하여 기적이 일어난다. 최소한의 예식적인 행위에, 기적 행위자의 말씀만으로 기적이 일어날 때가 많다.

---

183) G. Theissen & A. Merz, *Der historische Jesus*, 446.

이렇게 볼 때 예수의 축귀는 일반 마술사들의 축귀와는 분명한 대조를 이루고 있음을 보여 준다. 예수는 다른 축귀자들과는 달리 카리스마적 축귀자였음을 확인할 수 있다.

Ⅲ_ 예수의 선교에 나타난 축귀

　본 장에서는 예수의 귀신축출에 관한 내용들을 다루려고 한다. 주석은 세 가지 본문을 중심으로 전개해 나갈 것이다. 벙어리 귀신축출(마가복음 9장 17 – 29절) 기사는 주석의 분량관계로 생략하도록 하겠다. 특히 벙어리 귀신축출 기사는 이방인 지역의 축귀기사로 수로보니게의 딸, 군대귀신축출기사와 겹치는 부분이 있기에 생략하고자 한다. 본 장에서는 먼저 주석을 하고 이어서 마가가 의도하는 축귀의 의미와 종말론적 하나님 나라와의 관계를 탐구할 것이다.

1. 가버나움 회당에서의 축귀

1 – 1. 본문(마가복음 1장 21 – 28절)

21 Καὶ εἰσπορεύονται εἰς Καφαρναούμ· καὶ εὐθὺς τοῖς σάββασιν εἰσελθὼν εἰς τὴν συναγωγὴν ἐδίδασκεν. 22 καὶ ἐξεπλήσσοντο ἐπὶ τῇ διδαχῇ αὐτοῦ· ἦν γὰρ διδάσκων αὐτοὺς

ὡς ἐξουσίαν ἔχων καὶ οὐχ ὡς οἱ γραμματεῖς. 23 καὶ εὐθὺς ἦν ἐν τῇσυναγωγῇαὐτῶν ἄνθρωπος ἐν πνεύματι ἀκαθάρτῳ καὶ ἀνέκραξεν 24 λέγων, Τί ἡμῖν καὶ σοί, Ἰησοῦ Ναζαρηνέ ἦλθες ἀπολέσαι ἡμᾶς οἶδά σε τίς εἶ, ὁ ἅγιος τοῦ θεοῦ. 25 καὶ ἐπετίμησεν αὐτῷὁ Ἰησοῦς λέγων, Φιμώθητι καὶ ἔξελθε ἐξ αὐτοῦ. 26 καὶ σπαράξαν αὐτὸν τὸ πνεῦμα τὸ ἀκάθαρτον καὶ φωνῆσαν φωνῇμεγάλῃ ἐξῆλθεν ἐξ αὐτοῦ. 27 καὶ ἐθαμβήθησαν ἅπαντες ὥστε συζητεῖν πρὸς ἑαυτοὺς λέγοντας, Τί ἐστιν τοῦτο διδαχὴ καινὴ κατ᾽ ἐξουσίαν· καὶ τοῖς πνεύμασι τοῖς ἀκαθάρτοις ἐπιτάσσει, καὶ ὑπακούουσιν αὐτῷ. 28 καὶ ἐξῆλθεν ἡ ἀκοὴ αὐτοῦ εὐθὺς πανταχοῦ εἰς ὅλην τὴν περίχωρον τῆς Γαλιλαίας.

21 예수와 그 일행은 가버나움으로 갔다. 안식일에 예수께서는 회당에 들어가 가르치셨는데 22 사람들은 그 가르침을 듣고 경탄하였다. 그 가르치시는 것이 율법학자들과는 달리 권위가 있었기 때문이다. 23 그때에 회당에 더러운 귀신 들린 사람이 하나 있었는데. 24 그가 큰 소리로 이렇게 말하였다. "나사렛 사람 예수여. 우리가 당신과 무슨 상관이 있습니까? 우리를 없애려고 오셨습니까? 나는 당신이 누구인지 압니다. 하나님께서 보내신 거룩한 분입니다." 25 그래서 예수께서 "입을 다물고 이 사람에게서 나가거라." 하고 꾸짖으시자 26 더러운 귀신은 그 사람에게 발작을 일으켜 놓고 큰 소리를 지르며 떠나갔다. 27 사람들이 모두 흥분하여 "이게 어찌된 일이냐? 권위 있는 새로운 가르침이다! 그의 명령에는 더러운 귀신들도 굴복하는구나!" 하며 서로 수군거렸다. 28 예수의 소문은 삽시간에 온 갈릴리와 그 근방에 두루 퍼졌다(개인사역).

1-2. 본문의 위치와 구조

마가복음 1:21 - 22은 1:23 - 28의 귀신축출 기사의 무대와 장소를 설치하는 예수의 교훈에 대한 요약 보도로 시작된다. 귀신축출 기사

그 자체는 만남(1:23), 항변(1:23b - 24), 떠나라는 명령(1:25), 귀신축출(1:23), 구경꾼들의 반응(1:27)으로 형성되는 전형적인 귀신축출 기사의 양식을 반영한다. 예수의 가르침에 대한 그들의 반응까지 포함하며, 1:21 - 22, 23 - 28을 하나의 문학적인 단락으로 이해하게 할 수 있다.[184] 본문의 구조를 살펴보면 다음과 같이 나눌 수 있다.

서언(21a): 일반적 자리(가버나움)

Ⅰ. 예수의 가르침(21b - 22): 구체적인 자리(안식일, 회당)

    A. 행동(21b): 예수의 권위 있는 가르침

    B. 반응(22): 놀람

Ⅱ. 축귀(23 - 26)

    A. 도입(23): 더러운 영에 들린 사람의 출현

    B. 설명(24): 더러운 영의 저항

    C. 중심(25): 치유적 언어

    D. 종결(26): 경련, 큰 소리, 나감

Ⅲ. 사람들의 반응(27)

    A. 반응(27a): 놀람

    B. 이유(27b): 예수의 가르침과 권위

결언(28): 명성의 전파(가버나움)

본문에 나타난 예수의 축귀 기사는 전형적인 예수의 기적 양식을 나타내고 있다.[185] 기적 이야기는 틀을 설명할 때 광의의 범주에서

---

184) G. Theissen, *The Miracle Stories of the Early Christian Tradition*, 163 - 164.

185) J. Gnilka, *Mark 1*, 「국제성서주석: 마르코복음」, 한국신학연구소 번역실(서울: 한국신학연구소, 1993), 94. 이적 이야기들이 다음의 틀을 지닌 것을 발견하게 된다. 살펴보면 다음과 같다. 1) 질병의 상태의 심각성 제시(막 5:3 - 5; 9:18 - 22; 질병 들린 연수 명시:

는 배경적인 설명, 치유의 과정 제시, 결론적인 증명이라는 구조로
되어 있다는 것이다. 본문의 구조는 마가가 어떠한 편집을 의도로
했는지를 생각해 볼 때 마가의 기독론에 대한 생각을 엿볼 수 있
다. 마가는 예수를 귀신을 제어할 수 있는 능력을 가진 강한 축귀
자로 묘사하고 있지만 한편으로는 조심스런 귀신 축출자의 모습을
드러내려고 접근하고 있다. 그렇다면 예수의 귀신축출을 직접 살펴
보도록 하자.

1-3. 본문 주석

1) 배경, 가버나움(21-22절): 마가복음의 저자는 예수와 추종자
들이 가버나움에 들어갔다고 묘사한다. "그리고 그들이 가버나움으
로 들어간다(Καὶ εἰσπορεύονται εἰς Καφαρναούμ 21a)."라고 보도하고
있다. 예수는 "가버나움 속으로(εἰς Καφαρναούμ)" 들어갔고, 안식일
이 되자 "회당 속으로(εἰς την συναγωγην)" 들어갔다(1:21). 더러
운 영(귀신)이 한 사람 속으로 들어가듯, 예수가 갈릴리 '속으로',
가버나움 '속으로', 그리고 회당 '속으로' 들어왔다.[186]

가버나움은 갈릴리 바다 북쪽에 위치한 호반의 도시였다. 예수의
고향 나사렛에서 북동쪽으로 약 40km 되는 곳에 있는, 꼬박 하룻
길 되는 거리에 있다. 복음서 전승에 따르면, 예수는 가버나움에서

막 9:21; 마 9:20; 눅 13:11; 요 5:5). 2) 공식적인 의료행위의 실패(막 5:26). 3) 치
유자에 대한 회중의 조소(막 5:40). 4) 치료의 어려움(치유과정의 복잡성 제시 막 7:33;
8:23). 5) 치유자와 치유 대상자와의 만남(눅 4:39; 눅 7:11). 6) 치유처방(만짐/말씀:
마 9:2; 9:22/침을 바름). 7) 병 치유를 받은 증거(막 1:31; 시중듦; 막 1:44; 2:12;
눅 5:25; 요 5:9; 막 5:43). 8) '곧'이라는 상황전이 부사가 등장. 9) 귀신들의 간청과
반격(막 1:24; 5:7, 12). 10) 회중들의 반응(막 6:51, 52; 눅 6:11; 요 2:11).

186) 조태연, 「예수 이야기 마가」(서울: 대한기독교서회, 2002), 54.

능력의 일들을 많이 행했는데(마 11:23. 눅 10:15). 그런 점에서 그 곳은 예수의 갈릴리 사역의 중심지들 중의 하나였던 것으로 보인 다(마 4:13).[187]

저자는 예수가 안식일에 회당에 들어가서 가르치자 사람들이 그 가르침에 놀랐다고 보도한다.[188] '가르침'은 마가의 문학적 전략으 로 보아야 할 것이다. 그것은 첫째는 마가는 예수의 가르침을 '행 동'의 차원에서 이해시키려 하고 있다. 마가는 목격자들의 반응에 서 '새로운 가르침'이라는 찬탄에서 그 증거가 드러난다. 예수는 가르침과 하나님 나라의 선포를 행동을 통해서 실천하고 있음을 이야기하고 있다. 둘째, 마가는 도입부분에서 귀신 추출사건의 공 간적 시간적 배경을 '회당'과 '안식일'이라고 함으로써 옛 질서에 속한 것으로 묘사하고 있음에 주목하게 된다.[189] 23절의 "그리고 그 즉시 그들의 회당 안에 … 있었다."는 표현은 분명히 21절의 "안식일에 예수가 회당 안에 들어가서 가르쳤다."는 서술과 문학적 으로 연결된다. 이 같은 배경적 서술에서 단순히 회당은 회중이 안 식일에 정규적으로 모여 기도하고 성서를 읽고 해석하는 곳이었다 고 보도한다. 예수도 그곳에 있었다. 그는 당시의 정상적인 종교 생활을 따라 시행하였다고 보인다.[190]

마가가 의도한 축귀사건과 연결시켜 볼 때 분명히 하나님 나라 를 대조시키고 있으며 특별히 귀신에 사로잡힘과 그 추방을 안식

---

187) 가버나움에서 예수는 백부장의 종을 치유했다(마 8:5 - 13; 눅 7:1 - 10). 또한 치유와 설 교 귀신축출을 감당한 곳이기도 하다(마 17:24, 막 2:1, 눅 4:23).

188) Richard J. Dillon, "As One Having Authority(Mark 1:22): The Controversial Distinction of Jesus' Teaching", *Catholic Biblical Quarterly* vol.57(1995): 92 - 94.

189) 강요섭, 「복음의 시작」(서울: 한국신학연구소, 1991), 41.

190) E. Schweizer, *The Good News According to Mark*, 51.

일과 회당이라고 시간과 공간을 강조한다. 안식일과 회당은 유대교의 사회적 질서와 가치체계의 핵심적 요소이기도 한다. 안식일은 거룩한 날이며 회당은 안식일을 지키기 위해서 사용된 중요한 장소다.[191] 저자는 축귀가 일어난 장소가 회당이며 그날은 시간적으로 안식일이었다는 점에 주목하게 한다.

저자에 의하면 예수는 회당 안에서 사람들을 가르쳤다(21절). 그의 가르침에 사람들은 놀랐다. 예수의 가르침에 권세가 있기 때문이었다. 그분의 가르침은 서기관들의 가르침과 같지 않았다. 여기에서 가르침의 내용을 추측할 수는 있다. 이 사건 이전에 예수는 무리들에게 하나님의 나라를 선포했었다(1:14 - 15, 21 - 22). 예수의 관심은 하나님의 나라에 있었다. 이제 예수는 무리들에게 하나님 나라의 권능을 '행위'로써 보이게 된다(1:23 - 28).

저자는 교훈의 내용을 밝히기보다는 오히려 청중의 반응을 언급함으로써 문제를 제기한다. 기적에 대한 사람들의 반응으로 "권위 있는 새로운 가르침"(27절)이라는 평가를 듣게 된다. 즉 예수의 가르침과 권위가 새로운 형태로 언급되고 있는 것이다.

2) 반(反)서기관적 내용: 저자는 예수의 가르침을 접한 사람들의 반응을 '놀람'으로 보도한다. 이 놀람은 예사로운 놀람이 아니다. 사람들이 놀라게 되는 이유로 제시되는 것은 'ἦν γὰρ διδάσκων αὐτοὺς ὡς ἐξουσίαν'이다. 율법학자들의 가르침을[192] 능가하는 예수

---

191) 안식일과 회당에 관하여는 다음을 참조하라. Emil Schuerer, *The History of the Jewish People in the Age of Jesus Christ*, vol.2, rev ed(London: T. & T. Clark, 1979), 467 - 475, 423 - 454.

192) 율법학자들은 직업적으로 율법을 연구했던 독자적인 신분을 형성했다. '모세의 율법에 조예가 깊었던' 에스라가 첫 '율법학자'로 여겨진다(칠십인역 에스라 8, 3). 에스라는 사제이면서 율법 교사였다. 특히 마카비 시대 이래 사제들이 이방인과 타협하려는 경향을 보였기 때문에 비사제적인 신분의 율법학자들이 대두되었다.

의 권위 있는 가르침193)은 율법학자들이 율법과 전승을 해설하는데 반하여 예수는 직접 자기의 권위로 말한다는 점에 근거한 것이다.194) 마가는 가르친다는 동사 διδάσκειν은 17회 나타내고 있고 11회를 예수와 관련하여 διδάσκαλος로 기술하고 있다. 마가의 관심은 그가 가르쳤다는 사실 자체에 있음을 보여 준다.

예수와 서기관들 사이의 대결 구도를 반영하는 저자는 문학적 틀은 서기관들의 권세와 예수의 권세 사이의 대결을 나타내는 상징성을 보이고 있다.

저자는 예수의 가르침에 대한 표현을 당시의 서기관들과 같지 않다고 하면서 갈등관계임을 암시한다. 따라서 저자에 의하면 예수의 가르침은 반서기관적인 내용을 보도한다. 저자는 서기관들은 빛나는 옷(16:5)을 입고 돌아다니기를 좋아하고, 권세를 갖고 있지 못하면서도(1:22) 회당과 연회에서 상석과 인정받는 것을 원하는 점에서(12:38 - 39) 제자들과(3:15; 6:7; 8:29; 9:35; 10:31, 4:3 - 44) 대조시키고 있다. 서기관들은 그들의 종교를 지원하기 위해(12:40; 11:17 - 18) 가난한 사람들을 착취하기도 했다.195) 서기관들은 대략 기원전 1세기경에 유대교 사회의 새로운 상류 계층으로 자리를 잡은 것으로 보인다.196) 마가는 서기관들이 제자들과도 싸운 것을 보

---

193) 권세는 랍비 전통에서는 '영의 입'으로 말한다는 의미를 가지고 있다. 예수의 가르침의 권위는 직업적인 훈련이나 공식적으로 위임이나 전통을 계승한 권위가 아니라 그의 인격의 영적 역동성에서 비롯된 것이다. 이에 관하여는 다음을 참조하라. H. Anderson, "Jesus: Aspects of the Question of Authority", *The Social World of Formative Christianity and Judaism*, in Tribute to H. C. Kee, ed. J. Neusner, H. Clark and R. Horsley (Philadelphia: Fortress, 1988).

194) J. Gnilka, *Mark 1*, 98.

195) Howard Marshall, *Dictionary of Jesus and the Gospels*, 553.

196) Joachim Jeremias, *Jerusalem in the Time of Jesus*(London: SCM, 1969), 233. 유대교 사회에서의 서기관의 역할과 지위에 대한 연구는 다음을 참조하라. Christine Schams, *Jewish Scribes in the Second - Temple Period*(Sheffield: Sheffield

이면서(9:14), 제자들도 예수와 같은 반대에 계속 부딪힐 것이라는 암시를 하고 있다.

저자는 무엇을 설명하기 위하여 예수의 가르침과 서기관들의 것과 비교하고 있는 것일까? 율법학자들 즉 서기관들은 유대교 사회의 종교체계와 규범을 세우는 일에 종사했던 사람들이다. 서기관들은 율법을 일상생활에 적용하였고 부주의한 위반에 대해서는 안전장치를 만들기를 원했다. 따라서 율법은 자꾸 확대되어 갔다. 주로, 절기, 기도, 정결과 부정, 성전과 관계된 연구를 맡았다.[197] 문제는 그들이 만들어 낸 규범체계가 곧 행동 원리이며 세계관이 되었다는 데 있다. 그들의 규범적 가치가 대중에게는 억눌림이 되었다는 데에 있다. 대중들은 율법을 지킬 수 없었고 그들은 오히려 율법을 모르는 이방인과 동일시되어 갔다.[198] 아마도 귀신 들린 사람은 이러한 이유로 하여금 소외당한 사람이라는 추측이 가능하다.[199]

그는 사회적으로는 비인간화되었다. 예수는 한 서기관과 그들에 의해서 체계화된 정결체계에 대한 직접적이며 근본적인 도전으로 보이기도 한다.[200] 가르침은 반성전(반회당)적[201] 권세를 동반하고

Academic Press, 1998); Stephen Westerholm, *Jesus and Scribal Authority*(Lund: CWK Gleerup, 1978).

197) Howard Marshall, *Dictionary of Jesus and the Gospels*, 551.

198) M. J. Borg, *Jesus in Contemporary Scholarship*(Valley Forge PA: Trinity Press International, 1994), 108.

199) M. Douglas, *Purity and Danger: An Analysis of the Concepts of Pollution and Taboo*(New York: Ark paperbacks, 1984), 114 - 128. 유대교에서의 정·부정의 체계가 실질적으로 발전할수록 대중들의 삶은 우열적인 계급화된 사회에서 소외되어 갈 수밖에 없었다. 정·부정의 체계를 지킬 수 있는 사람들은 적은 수에 불과할 수밖에 없는 상황이었다.

200) P. W. Hollenbach, "Jesus, Demoniacs, and Public Authorities: A Sociological Study", *Journal of American Academy of Religion* 49/4(1980): 582 - 583.

201) 마가가 사용한 엑수시아(ἐξουσία)는 반성전(반회당)적 맥락에서 나온다. 제자직과 관련하여 나올 경우(3:15; 6:7; 13:34)에는 예수의 권세를 제자들에게 위임의 형식을 취한다.

있다고 보인다. 그러나 무엇보다도 저자는 예수를 권위 있는 선생으로 묘사했다고 볼 수 있다.[202]

결론적으로 회당 안에서의 예수의 축귀는 무거운 규범체계에 적응하지 못하고 있는 사람에게 새로운 구원을 선포한 사건이다. 오래되고 옛것이 되어 버린 구원의 조직을 파기하고 새로운 구원을 선포한 하나님의 나라가 현재적으로 임한 사건이 되었다.[203]

3) 더러운 영[204]: 저자는 23절에서는 "그리고 즉시(καὶ εὐθὺς)"로 시작하고 있다. 이어서 더러운 영에 사로잡힌 사람을 등장시킨다. 여기서 말하는 '더러운 영(πνεύματι ἀκαθάρτω)'은 복수로 기록하고 있다. 이것은 귀신을 무리로 표현하고 있는 것이다. 여기에 표현된 "더러운 영에 들려 있는 자(ἄνθρωπος ἐν πνεύματι ἀκαθάρτω)"란 표현은 유대교의 세계관을 형성했던 서기관들의 편견을 드러내고 있다. '더러운'이라는 표현은 위생적인 개념보다는 서기관들을 중심으로 형성시켜 온 정결 체계를 바탕으로 한 규범적 개념에 가깝다.[205]

---

202) 김득중, 「복음서의 이적해석」(서울: 컨콜디아사, 1996), 79 - 80. 헨드릭스는 여기에 동의하면서 본문이 쉐마의 문학형태를 따르고 있음을 지적한다. H. Hendrickx, *The Miracle Stories of the Synoptic Gospels*(San Francisco: Harper & Row, 1987), 48.

203) Michael Grant, *Jesus: An Historical Review of Gospels*(New York: Charles Scribner's Son, 1977), 7.

204) 이 표현은 마가복음에는 보통은 귀신이라는 용어로 약 35회 등장한다. 마가복음은 귀신이라는 용어를 '귀신', '더러운 귀신', '벙어리 귀신', '벙어리 되고 귀먹은 귀신'으로 표현하고 있다. 공관 복음에서 귀신들은 '더러운 영들'(막 1:23, 3:11), '악한 영들'(눅 7:21), '벙어리 영'(막 9:7) '귀신 들림의 영들'(계 16:13)로 불린다. 마가복음에 사용된 귀신의 명칭을 헬라어로 살펴본다면 귀신(δαιμόνιον), 벙어리 귀신(πνευμα αλαλον), 벙어리 되고 귀먹은 귀신(ἀλαλον καὶ κωΦον πνευμα)으로 사용되고 있다. 특히 δαιμόνιον이라는 표현은 후기 유대교에서는 흔하지 않은 표현방식이다. H. van der Loos, *The Miacles of Jesus*(Leiden: E. J. Brill, 1965), 372. 또한 더러운 귀신(πνευμα ἀκάθαρτον)은 유대적 표현으로 보인다. H. Bietenhard, "δαιμων" in Theologisches Begriffslexikon zum Neue Testament(Wuppertal: 1967), 168.

205) Bruce J. Malina and Richard L. Rohrbaugh, *Social - Science Commentary on the Synoptic Gospels*(Philadelphia: Fortress. 1992), 182.

따라서 마가가 말하는 '더러운 영'은 성령과는 반대의 개념으로 사용된다. 더러운 영은 하나님의 거룩한 영과 의지적으로 반대편에서 작용하는 영적 개념으로 등장한다. 앞에서도 언급했듯이 더러운 영이 회당 안에 존재하고 있다는 것은 유대교 사회의 종교 제도와 밀접하게 관계가 있어 보인다.

저자는 예수를 보자 그 더러운 영은 스스로 말한다고 묘사한다. 그 더러운 귀신 들린 사람을 통해 말한다. "나는 당신이 누구인지 압니다. 하나님의 거룩한 자입니다(οἶδά σε τίς εἶ, ὁ ἅγιος τοῦ θεοῦ.)"(24절). 저자는 24절에서 더러운 귀신 들린 자의 입을 통하여 예수의 카리스마적 사역의 특성을 설명하기 위하여 하나님의 거룩한 자라는 말로 드러낸다. 이 '하나님의 거룩한 자(ὁ ἅγιος τοῦ θεοῦ)'라는 말은 앞선 23절의 '더러운 귀신 들린 사람(τά πνεύματα τά ἀκάθαρτα)'과는 좋은 대조를 이룬다.[206]

그렇다면 저자는 '더러움'과 '거룩함'이라는 대조가 나타내는 의도는 무엇인가? 회당 안에 그 더러운 귀신 들린 자가 있다는 마가의 기록은, 당시의 유대교 사회를 향한 자신의 부정적 시각을 던지고 있음을 알 수 있다. 마가는 예수를 거룩한 자로 그리고 있는 것은 더러운 귀신 들린 자에 대한 상대적인 표현이다. 이것은 마가의 '정결(purity)'에 대한 의지의 표명으로 볼 수 있으며, 1세기적 팔레스틴의 유대 사회를 향한 편집적인 의도성을 볼 수 있게 한다.[207]

이어서 모든 사람들이 예수의 가르침을 당시의 서기관과 같지 않다고 기록하는 마가의 의도는 하나님의 거룩한 자라는 표현과

---

206) Morna D. Hooker, *The Gospel According to Saint Mark*(London: A&C Black, 1991), 61 - 62.

207) David Rhoads, *Social Criticism: Crossing Boundaries*(Minneapolis: Augsburg Fortress, 1992), 144.

함께 생각해야 한다. 왜냐면 당시 사회적인 지배계급인 서기관들이 추구하는 것이 '정결'이라는 것이었다.[208] 따라서 "우리를 멸하러 왔나이까?"라는 항변은 서기관들과 예수 사이의 갈등이라는 사회적 측면에서 접근할 수 있다.[209] 마가는 이미 1:8 – 10의 '성령(Holy Spirit)'과 '하나님의 거룩한 자(Holy One of God)'인 예수를 하나님이 창조하신 세상 속에서 활동하는 숨겨진 카리스마적 사역의 힘으로 설명하고 있다.[210] 마가는 사람들의 놀람의 고백을 통하여 서기관들이 오히려 더러운 존재이며 예수가 거룩한 존재임을 역으로 보여 주려 하고 있다.

4) 예수의 축귀($\epsilon\pi\iota\tau\iota\mu\dot{\alpha}\omega$): 저자에 의하면 더러운 귀신의 고백은 예수의 메시아성을 드러내 주고 있다고 볼 수 있다(막 1:24). 더러운 귀신에 의하면 예수는 오시는 분이다. 마가는 더러운 귀신은 이미 거기에 있던($\mathring{\eta}\nu$) 존재로 묘사하고 예수는 오신($\mathring{\eta}\lambda\theta\epsilon\varsigma$) 분으로 묘사한다. 그런 의미에서 더러운 영은 옛적부터 있던 존재이고 예수는 새로운 존재이다. 이것은 율법학자들의 가르침이 옛것이었고 예수의 가르침이 새것이라는 것과 유비를 이룬다. 이렇게 함으로써 예수의 가르침에 대한 보도와 예수의 축귀기적은 하나임을 암시한다.

옛것과 새것은 공존할 수 없다. 새것이 오면 옛것은 떠나야 한다. 예수가 계신 곳에 더러운 귀신은 떠날 수밖에 없다. 더러운 귀신이 예수에게 질문한 내용은 자신을 멸하러 왔냐는 물음이었다. 예수는

---

208) 미셸 끌레브노, 「예루살렘에서 로마로」, 이오갑 역(서울: 한국신학연구소, 1993) 33 – 34. 끌로브노는 '더러움에 대한 공포'라고까지 말하며, 이것이 유대 사회의 분열과 폐쇄적인 그룹들을 만들었다고까지 한다.

209) C. Myers, *Binding the Strong Man*, 142.

210) David Rhoads, *Social Criticism: Crossing Boundaries*, 154. 로즈는 '우주론적인 경계들(cosmological boundaries)'에서 마가는 하나님의 거룩함이 사단의 경계 안으로까지 뻗어 나가는 것으로 보고 있다.

"꾸짖었다(ἐπετίμησεν)"고 단순히 묘사한다.[211] 예수는 직접화법으로 명령한다. "조용히 하고 그 사람에게서 나가라(Φιμώθητι καὶ ἔξελθε ἐξ αὐτοῦ)."

저자가 묘사하는 예수의 꾸짖음에는 어떤 마술적인 주문이나 기원이 없다. 동시대의 축귀자들과는 달리 간단한 명령으로만 선포하고 있다. 키(H. C. Kee)에 의하면 예수가 꾸짖었다는 것은 하나님의 대행자가 그의 원수들을 물리치고, 또 그렇게 함으로써 하나님의 나라의 도래를 준비하는 명령의 말씀으로서 하나님을 대항하는 세력의 대표자인 귀신들과 그들의 지배하는 활동이 마감된 것을 가리킨다.[212]

5) 새 교훈과 하나님 나라의 도래: 저자에 의하면 예수는 귀신에게 "잠잠하고 그 사람에게서 나오라(Φιμώθητι καὶ ἔξελθε ἐξ αὐτοῦ)."(25절)고 명했다. 결국 나가라는 명령에 대해서 더러운 귀신은 소리를 내고 떠나간다. "더러운 귀신이 그 사람으로 하여금 경련을 일으키게 하고 큰 소리를 지르며 나오는지라(καὶ σπαράξαν αὐτὸν τὸ πνεῦμα τὸ ἀκάθαρτον καὶ φωνῆσαν φωνῆμεγάλη ἐξῆλθεν ἐξ αὐτοῦ)."(막 1:26). 저자는 경련을 일으키게 하고 큰 소리를 지르게 한 주체가 '더러운 영' 때문이었음을 밝힌다. 악의 세력은 반드시 축출된다는 것을 저자는 암시하고 있다.

---

211) 여기서 '꾸짖다'로 번역된 헬라어 '에피티마오(ἐπιτιμάω)'는 스승이 제자를 꾸짖거나 부모가 자식을 나무라는 것과는 다른 말이다. 이 단어는 마가복음 안에서 반드시, 여러 가지 형태로 나타나는 더러운 영 사탄과 하나님의 아들 예수 간의 치명적인 공격과 저주를 가리키는 말이다(1:25, 3:12, 4:39, 8:30, 32, 33, 9:25, 10:13, 48 등). 또한 꾸짖다(ἐπιτιμάω)라는 말은 하나님의 능력 있는 꾸짖음을 나타내기 위해 사용한 말이다. 또한 조용히 하라는 명령은 풍랑을 잠잠케 한 사건과 비슷한 모습을 보여 준다. 예수는 우선적으로 더러운 영이 날뛰는 것에 대해 제어한다. 그리고 이내 그 더러운 영은 추방을 당한다. 칠십인역은 동사형 외에도 신약성서에 나타나지 않는 명사형 '꾸짖음'을 사용한다. 칠십인역 시편 105:9; 118:21; 스가랴 3:2; 욥기 26:11; 열하 22:16 등.

212) H. C. Kee, *The Terminology of Mark's Exorcism Stories*, 232 – 246.

저자 마가는 귀신축출의 모범적인 양식인 축출의 결과를 목격자
들의 반응을 통해서 밝힌다. 귀신을 복종시키는 예수의 권세를 목
격한 회중은 모두 놀라 "이는 어찜이뇨 권세 있는 새 교훈이로다
(Τί ἐστιν τοῦτο διδαχὴ καινὴ κατ' ἐξουσίαν· καὶ τοῖς πνεύμασι τοῖς
ἀκαθάρτοις ἐπιτάσσει)."(27절)라고 입을 모았다. 사람들의 반응은 22
절의 기록처럼 놀람(ἐθαμβήθησαν)에 있었다. 신적인 권위가 있음을
체험한 그들은 다 놀라서 말하기를 "권세 있는 새 교훈이로다."라
고 고백한다.

테일러(V. Taylor)에 의하면 귀신축출이 유대인들에게 낯선 것이
아니었음에도 놀란 것은 예수가 마술적인 기술 없이도 말씀만으로
축출한 것뿐만 아니라 예수의 교훈의 새로움과 그 초월적 능력에
따른 것이다.[213] 예수의 축귀가 다른 축귀자와 다르듯이 예수의 교
훈도 새로운 것이었다.

여기에서 말하는 "권세 있는 새 교훈"이란 서기관들이 가르쳤던
옛 질서에 속한 교훈이 아니라 하나님의 새로운 교훈으로 종말론
적인 성격을 의미한다.[214] 예수의 새 교훈은 서기관들이 가르쳤던
인습적인 삶의 교훈이 아니었다. 그들이 지켜 온 정결 체계와 그
체계에서 만들어진 계급적인 사회 인습과는 근본적으로 달랐다. 예
수의 새로운 교훈(가르침)은 억압적 권위에 희생당한 사람을 진정
으로 해방시키는 것으로 더러운 영에 의해서 비인간화된 사람에게
서 더러운 세력을 몰아내는 것이었다. 예수의 귀신축출은 종말론적
하나님 나라의 도래를 두 눈으로 확인하게 하려는 한 사건이다.

---

213) V. Taylor, *Mark*, 176.

214) R. J. Dillon, "'As One Having Authority'(Mark 1:22), The Controversial Distinction
of Jesus' Teaching", *Catholic Biblical Quarterly* 57(1995): 92 – 113.

6) 마가가 의도한 새로운 가르침: 마가는 예수의 축귀 기적을 예수의 권위와 **가르침**이 감싸고(Inclusion) 있는 형태로 서술한다. 특이한 점은 예수가 회당에서 가르쳤다는 언급은 있으되 가르침의 내용은 수록되지 않고 있다는 점이다.[215] 대신에 그 자리에 예수의 축귀가 자리하고 있다. 본문에서 볼 수 있듯이 샌드위치 모양의 문학적 형식을 갖추고 있다.[216] 도식으로 설명하면 다음과 같다.

21 – 22절: 가르침에 대한 사람들의 반응: **"권세** 있는 자와 같다"

23 – 26절: **귀신축출 사건**

27 – 28절: 귀신축출에 대한 사람들의 반응: **"권세** 있는 새 가르침"

본문의 구성은 [가르침 – 귀신축출 – 가르침]의 도식이 되도록 구성한 것은 다름 아닌 마가의 탁월한 의도다. 마가가 21절 이하와 23절 이하의 두 예수 전승을 자료로 접수하여 [가르침—귀신축출 – 가르침]의 도식으로 조합한 것을 살펴본다면 귀신축출의 기적에 대한 마가의 이해를 발견할 수 있다. 전승의 단계(23절 이하)에서 예수는 귀신 축출자(Exorcist) 혹은 기적 행사자(miracle – worker)로 이해되고 있었다. 그러나 편집의 단계 즉 자신의 의미 세계 안에서, 마가는 새로운 예수의 이미지를 창출하고자 귀신 축출자 예수의 모습을 해소시키고 있다. 그 새로운 예수의 모습이란 무엇이었을까?

물론 이런 평가도 가능하다. 가르침은 현장에서 이루어진다. 예수

---

215) L. Williamson, *Mark: Interpretation*(Atlanta: John Knox Press, 1983). 이것은 마태나 누가와 비교해 볼 때 마가만의 특징이라고 할 수 있다.

216) 조태연, 「예수 이야기 마가」 60.

는 말씀하실 때 악령이 쫓긴다(1:21 - 28; 3:20 - 35; 7:24 - 30). 그가 명령하실 때 풍랑이 잔잔케 된다(4:35 - 40). 그가 명하시면 죽은 자가 일어난다(5:35 - 43; 9:17 - 25). 그가 연민할 때 병자가 나음을 입는다(5:21 - 34). 그의 말씀에 의하여 적들이 굴복되고(7:1 - 23), 그의 가르침에 '그 열둘'이 두려워한다(8:13 - 21; 9:32; 10:32). 그가 말씀하실 때 무리가 놀란다(1:22, 27; 6:2; 7:37; 10:24, 26, 32; 11:18; 9:15). 예수의 기적에는 말로 그치는 것이 아니라 현장에서 사건이 된다는 데에 있다. 그것은 하나님 나라의 임함의 표징이었다. 예수의 하나님 나라의 임함을 보여 준 실천은 진정 "권세 있는 새로운 가르침"이었다.

그러나 저자 마가는 교회 안에서 귀신축출의 기적이 지나치게 확대되거나 과장되는 것을 경계하였다. 그는 귀신축출의 기적(23 - 26절)을 가르침의 맥락(21 - 22, 27 - 28절)으로 둘러쌈으로써 최소화하고 있다. 즉 예수를 가르치는 권세 있는 자로 그리고 있다. 하지만 능력만 강조하면 복음의 본질을 곡해할 수 있었다. 마가는 바로 이러한 점을 경계하였다.

서용원에 의하면 마가공동체는 어려운 상황 속에서 예수의 표상을 신적 인간으로 이해하기를 원치 않았던 것 같다.[217] 예수의 진정한 모습을 이해하기까지는 이적의 복음을 최소화시키고 있다. 예수의 축귀자로서의 모습은 제자들에게 오해를 불러일으킬 수 있었다.[218] 따라서 저자 마가는 오히려 예수의 정체성에 대한 진실한 이해는 십자가의 수난을 통해서 이루어진다고 주장하고 있는 것이다(15:39).

---

217) 서용원, 「마가복음과 생존의 수사학」(서울: 대한기독교서회, 2003), 210 - 218.
218) 6:34 - 45와 8:1 - 9에 있는 두 차례 먹이심의 기적 및 이들과 관련된 논쟁 및 오해들 8:11 - 33과 비교해 보라.

2. 거라사 광인의 군대귀신 축귀

2-1. 본문의 위치와 구조(5장 1-20절)

본문을 구조적으로 볼 때, 예수와 귀신 들린 사람(5:1-10), 돼지 (5:11-13), 도시 사람들(5:14-17) 그리고 자유롭게 된 사람(5:18-20)을 묘사하는 장면에서 4막으로 이뤄진 연극적 구조를 발견할 수 있다. 페쉬(R. Pesch)에 의하면 배경과 질병에 대한 묘사(5:1-5), 예수와 귀신(6:6-13), 증언(5:14-17), 고침을 받은 사람(5:18-20)으로 나눈다. 현재의 번역은 배경(5:1-5)을 언급하고 난 다음에 예수와 귀신들(5:6-10), 돼지들(5:11-13), 증언(5:14-17), 고침을 받은 사람의 반응(5:18-20)의 순서로 언급하고 있다.[219] 그러나 5:2은 5:6에서 재현되고 있는 귀신 들린 사람과 예수와의 최초의 만남을 묘사하고 있기 때문에 기사를 별개의 부분들로 나눌 만한 적절한 구조는 어렵다.

이 군대 귀신 축귀에 관한 이야기는 모든 축귀 행위의 구성요소들을 포함하는 표준적인 순서를 갖고 있다는 사실을 알 수 있다. 이 이야기는 많은 축귀 이야기를 대표하는 모범적인 형식을 띠고 있다. 이것을 알기 쉽게 표현한다면 다음과 같다.

표준적인 축귀의 형식	본문의 축귀 형식[220]
A. 귀신들을 만남	귀신 들린 자가 무덤에서 나와 예

---

219) R. Pesch, "The Markan Version of the Healing of the Gerasene Demoniac", *ER* 23(1971): 349-376.

220) E. P. Sanders, *Studying the Synoptic Gospels*, 251.

	수를 만남(2절)
B. 귀신 들린 상태의 위험한 특성에	아무도 그 길을 지나갈 수 없음(4절)에 대한 묘사
C. 축사자(exorcist)를 알아봄	"하나님의 아들이여, 우리를 어떻게 하려 하는가?"(7절)
D. 귀신을 쫓아냄	"가라"(13절)
귀신이 나간 것에 대한 증명	돼지 떼가 바닷물 속에 빠져 죽음(13절)

이 이야기는 전형적인 귀신축출의 이야기 형식을 가지고 있음을 알 수 있다. 이 본문은 귀신 들린 자의 증상의 묘사, 귀신의 자기방어, 귀신축출과 명령, 그리고 귀신의 떠남과 이것을 증명하는 형식을 갖추고 있다.

이제 장면은 바뀌고 예수는 갈릴리 바다 맞은편 거라사 지방(이방인 지역)에 도착하셨다. 이곳에서 예수는 무덤에 사는 아무도 제어할 수 없는 더러운 귀신 들린 자학과 광란의 난폭한 광인을 만나셨다. 이 만남은 귀신과의 대면으로 이어지며 예수는 그에게서 귀신을 쫓아내심으로써 그를 고쳐 주셨다. 이 이야기를 갈등 구조로 분석을 시도해 본다면 다음과 같이 나타낼 수 있다.

A. 거라사에 오신 예수(5:1)

  B. 예수와 거라사 광인과의 만남: 배에서 내리심(5:2)

   C. 무덤가의 난폭한 거라사 광인의 모습(5:3 – 5)

    D. 예수께로 달려와 부르짖는 군대 귀신(5:6 – 7)

     E. 예수와 군대 귀신과의 문답(5:8 – 12)

    D´. 바다로 달려가 몰사한 돼지 떼들[군대 귀신](5:13)

   C´. 온전해진 거라사 광인과 마을 사람들(5:14 – 17)

B′. 예수와 거라사 광인과의 문답: 배에 오르심(5:18 - 20)

A′. 거라사를 떠나시는 예수(5:21)

이 사건은 예수께서 유대지역을 넘어 이방지역으로 가서 이적(더러운 '군대' 귀신을 쫓아내심)을 베푸신 첫 번째 사건이었다. 마치 유대지역에서 처음 행한 것이 귀신축출이었듯이 이방인의 지역에서도 동일하게 귀신을 내쫓음으로써 사역은 시작된다.[221]

2-2. 해석의 관점들

거라사의 광인의 축귀에 관한 해석은 많은 학자들에 의해서 여러 각도에서 시도되어 온 주제이다. 슈미탈스(Schmithals)는 이 이야기를 귀신 축출자보다 오히려 하나의 민담(a tale)으로 보았다.[222] 왜냐하면 이 이야기는 귀신에 의한 간청양식이 사용되고 있고, 어색한 축출명령의 위치, 그리고 '이야기의 굴곡' 등이 단순한 귀신축출 이상의 이야기임을 보여 주기 때문이라고 주장한다. 또한 불트만(R. Bultmann)은 본문은 민속적인 이적기사와 이적의 동기가 구전전승에 들어왔을 가능성이 더욱 짙다고 주장한다.[223] 그에 의하면 이적기사 자체의 역사성을 부인하는 입장에 서 있다. 불트만의 이러한 축귀이야기가 헬라적 영향 아래 있다고 보았다.

이와는 반대로 베츠(O. Betz)는 구약성서의 전통과 유대교 성서 석의의 빛 아래에서 마가의 기적을 보아야 한다고 주장한다.[224] 그

___

221) W. Kelber, *The Kingdom in Mark*, 51.

222) R. A. Guelich, *Mark 1*, 273.

223) R. Bultmann, *History of the Synoptic Tradition*, 284.

에 의하면 거라사의 귀신이 물에 빠져 죽은 것처럼, 모세가 홍해의 바다를 가르고 이스라엘을 안전하게 건너편에 인도한 것과 비슷한 행위로 이스라엘의 압제자인 애굽 군대에게 파멸이 임하듯 같은 일이 거라사에서 일어나고 있다고 본다. 여기서는 예수는 사람의 영원한 적인 사탄을 물에 빠뜨린다는 해석이다.

최근 경향으로 크로산(J. D. Crossan)에 의하면 거라사의 군대(legion) 귀신 들린 자의 경우가 바로 제국주의라는 억압적인 악령에 사로잡힌 것이며, 예수의 귀신축출은 즉각적인 개인화된 상징적 혁명이라고 설명하였다.[225]

나인햄(D. E. Nineham)은 이 사건이 복음서에서 처음으로 예수께서 이방인 지역에 들어가신 것을 전하고 있다고 본다. 그 길은 바로 '기독교화되는 준비'였다고 보는 것이다.[226] 나인햄에 의하면 마가의 의도는 이방인에게도 복음 선교가 이루어져야 함을 분명히 제시하고 있는 것이다. 이러한 다양한 해석들은 결국 복음서가 지닌 의미에 주의를 기울일 것을 성서학은 요구하고 있다.

필자는 군대 귀신축출의 기사는 나인햄(D. E. Nineham)의 주장에 동의한다. 물론 이 사건은 예수의 종말론적인 하나님 나라의 도래이기도 하다. 또한 그 나라의 임함은 억압에 갇힌 자들을 해방시키는 해방의 요소를 포함하고 있다고 본다. 그러나 해방의 요소는 종말론적 하나님 나라의 임함이라는 특성에서 온 것이지 해방이 곧 하나님의 나라는 아니다. 이러한 다양한 견해들을 전제로 본 장에는 복음서의 군대 귀신축출의 의미를 파악하기 위해서 위의 해

---

224) O. Betz, 「역사적 예수의 진실」, 전경연 역(서울: 복음주의 신학총서, 1978), 29.

225) J. D. Crossan, *The Historical Jesus*, 509.

226) D. E. Nineham, *Saint Mark: The Pelian N. T. Commentaries*(Harmondsworth: Penguin Books, 1969), 151.

석들을 먼저 이해하고 살펴보고자 한다.

2-3. 본문 주석

1) 배경, 거라사 지방: 예수는 호수 동편에 위치한 거라사 지방에 당도한다. '거라사인의 지방(Gerasenes, 다른 고대 사본에서는 'Gergesenes'으로도 표기함)' 갈릴리 호수 동편 혹은 동남 편에 위치한 이 방지역이다. 이곳은 무덤으로 사용되는 동굴들이 있고, 물가로 향하는 아주 가파른 비탈이 있는 곳이라고 알려져 있다. 그러나 이러한 묘사는 거라사(Gerasa)에는 적합하지 않다. 왜냐하면 이 마을은 갈릴리 바다로부터 최소한 30마일이나 남동쪽에 위치하고 있기 때문이다. 동쪽 해안에 있으며 가버나움으로부터 남동쪽으로 약 6마일 떨어진 케르사(Khersa)에는 실제로 바다로 향하는 가파른 언덕이 있다.

이 이적을 마가는 그곳이 데가볼리(Decapolis)였다고 밝힌다.[227] 데가볼리라는 지명의 이름 뜻은 열 개의 도시들이라는 것이다. 이것은 분명한 마가의 문학적 전략이 숨어 있다고 보아야 할 것이다.[228] 유대에 속했던 이 지방은 마카베오 항쟁 이후에 로마에 의해서 이방인의 땅으로 할양되었다. 땅이 이미 유대의 영역에서 로

---

227) 요단 강 가까이에 주로 그 강의 동편 쪽에 열 개의 도시들이 운집해 있었다. 서쪽에는 스키토폴리스(Scythopolis) 하나밖에 없었고 나머지 아홉 도시는 모두 동편에 있었다. 펠라(Pella), 디온(Dion), 거라사(Gerasa), 필라델피아(Philadelphia), 가다라(Gadara), 라파나(Rapbana), 카나타(Kanatba), 힙포스(Hippos), 그리고 다마스쿠스(Damascus). 이 도시들은 주로 희랍적인 도시들이었고, 알렉산더 대왕의 원정 이후에 세워진 것들이었다. W. Barclay, *And He had Compassion*(Saint Andrew Press: 1995), 「예수의 치유 이적 해석」, 김득중·김영봉 역(서울: 컨콜디아사, 1991), 62.
228) 강요섭, 「복음의 시작」 98.

마의 힘에 의해서 강제로 분리된 지방이라는 사실은 이곳이 이미 이방문화에 오염된 지역이라는 것을 추측할 수 있다. 유대적 율법 의식에서 볼 때 이 지방은 불결한 곳이다. 이 지방의 사람들은 유대인들이었으나, 헬레니즘 문명에 익숙한 지방민들이 섞여 살고 있었으므로 예루살렘에서 볼 때에는 동족들마저 경멸의 대상이었을 것이다. 따라서 마가는 예수의 축귀 사건이 데가볼리 지역에서 있었다고 서술함으로써 이교적 환경과의 관련성을 제시하려고 했을 것이다.

2) 무덤과 더러운 영: 저자 마가는 예수가 건너편에 당도하자 묘지에서 악한 영에 사로잡혀 사는 한 남성이 그에게 나아온 것을 보고하고 곧바로 유대적 시점에서 그 사람의 부정한 삶을 장황하게 묘사한다.[229] 귀신 들린 자가 나온 '무덤'은 고대 이야기들 속에서 귀신들이 가장 잘 출몰하는 장소이기도 했다. 귀신 들린 사람이 무덤에 거처를 정하고 있다는 사실은 당시에는 널리 알려진 신념이기도 했다.[230] 랍비 전통에 의하면 무덤 사이에 살며 묘지 사이를 배회한다는 것은 '미쳤다'는 표시이기도 했다.[231]

저자는 무덤가를 배회하는 귀신 들린 자가 죽은 자와 다를 바 없는 철저한 소외를 당하고 있는 모습을 그리고 있다.[232] 여기에서 말하는 무덤의 상징성이 사태의 심각성을 암시한다. 이곳의 무덤은 사회와 유리된 장소일 뿐만 아니라, 종교적으로도 불결한 곳이다.

---

229) 귀신들, 돼지, 이방인의 땅, 무덤 등을 유대인들은 부정한 관점에서 보고 있다. Juel, *A Master of Surprise*, 66.

230) V. Taylor, *The Gospel According to St. Mark*(New York: St. Martin's, 1963), 279.

231) John R. Donahue and Daniel J. Harrington, *The Gospel of Mark*(Collegeville: Lithurgical Press, 2002), 163.

232) H. Anderson, *The Gospel of Mark*, 149.

하나님의 사람들이 거주하는 곳이 아니다. 더러운 영에 사로잡혀 있다는 말은 산 사람들과의 관계가 끊어져 있고. 죽은 자들과 어울려 살고 있다는 의미이다. 이 사람은 정결체계 안에는 속할 수 없는 사람임을 의미한다.

저자는 그가 "무덤 사이에 거처하는데"라는 표현에서 팔레스틴에서는 죽은 자의 무덤으로 자연 동굴이나 석회암을 깎아 만든 무덤을 사용하였다는 것을 알 수 있다. "멜 수 없게 되었으니(ἐδύνατο)"라는 말이 모두 미완료 시제를 이루고 있다. 이것은 최악의 상태가 계속되고 있음을 알려 준다.

마가는 그들을 제어할 힘을 가진 사람은 아무도 없다는 것을 말한다. 이러한 귀신 들린 자들은 마음대로 돌아다니며 고함을 질렀다. "여러 번 … 매였어도(διὰ τὸ αὐτὸν πολλάκις πέδαις καὶ ἀλύσεσιν δεδέσθαι)"는 완료 수동태 부정사 구조로 되어 있어 그가 과거에 완벽한 상태로 묶여 있었던 것이 사실이었다는 것과 동시에 지금은 그렇지 않다는 것을 암시하고 있다.

"밤낮 무덤 사이에서나 산에서나(καὶ διὰ παντὸς νυκτὸς καὶ ἡμέρας ἐν τοῖς μνήμασιν καὶ ἐν τοῖς ὄρεσιν ἦν κράζων καὶ κατακόπτων ἑαυτὸν λίθοις)"(막 5:5절) 광인의 발작은 시간과 장소에 전혀 구애됨이 없이 계속되었다. "늘 소리 지르며 돌로 제 몸을 상하고"는 자기 파괴적 성향을 지니고 있음을 단적으로 보여 주고 있다. "제 몸을 상하고 있었다." 여기서 '상하다'는 말은 완료적 의미로 사용되어 마치 부수기라도 하듯 자기를 짓이겨 깊은 상처를 입혔음을 보여 준다. 이 사람의 특징을 네 가지로 볼 수 있다. 첫째, 밤에 돌아다님(5:5), 둘째, 무덤에서 밤을 보냄(5:5), 셋째, 자신의 의복을 찢음(5:4), 넷째, 자신이 지닌 것을 파괴함(5:4). 그리고 나중에 언급된 돼지 떼에 의존하는 것은 이 사람의 상태가 이방인들과 우상숭배자들에 대해 말하는 이사야 65장 1절부터 7절까지와 일맥상통한다. 이방인들은 "무덤 속에 들어가 살며, 굴속에서 밤을 지내는 것들, 돼지고기를 먹고 부정한 음식을 그릇에 담는 것들", "산들 위에서 언덕 위에서 나를 모욕한 것들"(4:7)이라 불린다.

저자는 이 모든 것이 그가 종말론적인 상황에 거하고 있음을 보여 준다. 곧 새로운 구원의 질서가 도래하고 낡은 질서와 대결해야 함을 상징적으로 보여 주고 있다.

3) 귀신 들림의 원인: 거라사의 광인은 더러운 영에 사로잡혔다. 저자가 사용한 '더러운'이라는 의미는 불결함을 뜻하며 동시에 하나님과의 관계가 없거나 끊어진 상태를 묘사한다. 그가 무덤 속에서 나온다는 말이 더욱 이러한 사실을 잘 드러내 준다. 이 단어는 이야기에서 중요한 의미를 주고자 한다. 그는 왜 더러운 영에 사로잡힌 것일까? 귀신 들림의 원인은 무엇일까?

파농(F. Fanon)에 의하면 이런 정신분열 현상은 식민 지배하의 정치적 억압과 밀접한 관련이 있음을 밝혔다. 즉 식민지 원주민은 식민 지배자에 대해 적대감을 갖고 있으면서도 동시에 그들의 세계를 선망하는데, 여기서 일종의 정신분열 현상이 나타난다고 보았다.[233]

예수시대에 로마의 지배와 여기에 결탁한 성전 체제의 착취 구조가 유대 사회에서 부익부 빈익빈의 불평등을 야기했다. 정승우에 의하면 유대인들은 밀려드는 그레꼬-로만 문화로 인해 사회적, 종교적 정체성의 혼란을 겪어야 했다.[234] 복음서에는 집도 절도 없이 예수를 따라 정처 없이 유랑생활을 하는 무리들이 등장한다. 날품

---

233) F. Fanon, 「대지의 저주받은 자들」, 박종렬 옮김(서울: 광민사, 1979), 45.
234) 정승우, 「예수, 역사인가 신화인가」(서울: 책세상, 2005), 141.

팔이꾼, 거지, 병자, 여성 등 그야말로 종교적, 사회적, 문화적으로 소외된 유대 사회의 구성원이었다는 것에서 유추해 볼 수 있다.

문제는 한 사람의 정신적 병듦이 자신의 문제이지만 나아가 사회적 상황과 관련이 있다는 데 있다.[235] 정신 질환은 경제적 수탈에 기초한 계급 간의 불화와 믿고 있던 전통의 붕괴 그리고 식민지배와 그것에 항거하는 혁명 같은 사회적 긴장들에 의해서 발생하거나 더 악화된다는 것이다.[236] 루이스(I. M. Lewis)에 의하면 여자들이 가정이나 사회에서 남자들에 의하여 받는 신체적 그리고 심리적 억압 혹은 한 민족이 다른 민족에 의하여 받는 인종 차별적 그리고 식민주의적 억압이 귀신 들림의 주요한 요인이 된다고 보았다.[237]

귀신 들림의 원인 중에 하나는 사회적 억압과 밀접한 관련이 있다. 베리 레이놀즈(Banie Reynolds)에는 교차문화적 연구를 통해 북로데지아의 룬다-루발레 부족에게는 마함바(mahamba)라는 '조상들의 영에 사로잡혀 생긴 질병'과 빈델레(bindele)라는 '다른 영에 사로잡힌 질병'을 보고한 적이 있는데, 후자의 경우는 그 병에 걸린 사람이 살고 있는 사회와 그 영을 대표하는 집단 사이의 긴장상태를 반영하는 질병이라고 하였다.[238] 또한 아이오안 루이스(Ioan Lewis)는 주변부 사람들이 귀신 들리는 것은 중심부로부터의 억압에 대한 도피적 산물이라고 본다. 여자들이 귀신 들린 것에 대한

---

235) William A. Rushing, *Deviant Behavior and Social Process*(Chicago: Rand McNally & Co., 1969), 359-411.

236) P. W. Hollenbach, *Jesus*, 573; Borg, *Jesus*, 64; J. D. Crossan, *Jesus*, 88. 91.

237) I. M. Lewis, *Ecstatic Religion: An Anthropological Study of Spirit Possession and Shamanism*(Baltimore: Penguin Books, 1971), 31. 32. 35. 88.

238) J. D. Crossan, *The Historical Jesus*, 506.

제의는 지배적 남성을 향한 저항운동을 내포한 것으로 본다. 이런 상황에서 귀신축출은 중심부에 대한 저항적 제의로서 제의적 반란의 성격을 띠고 있다고 분석하였다.[239]

이런 현상은 귀신 들림이 문화적 갈등과 긴장에서 나타난다고 본다. 타이센(G. Theissen)은 수로보니게 여인의 딸 치유 기적을 이런 식으로 분석하고 있다. 그 여인은 헬라화된 시리아 사람이며, 낮은 계층이 아니라 상류 계층에 속한 사람이다. 그의 간청을 냉혹하게 거절하는 데서, 또 그가 당한 굴욕에서 평범한 유대 사람과 헬라화된 시리아 사람 사이의 긴장이 뚜렷이 나타난다는 것이다.[240] 타이센(G. Theissen)은 예수가 그 여인의 딸을 치유해 준 데서 다른 민족에 대한 선입견의 마귀가 쫓겨났으며, 편견이 극복되었다고 본다.

한편 강일상에 의하면 이러한 귀신 들림은 로마에 대항한 혁명적 투사로서 로마에 저항하다가 들린 귀신 들림의 현상으로 보고 있다. 인민을 해방하고 구원하노라 하면서 인민의 이름으로 인민을 처단하기도 하고, 독재에 항거하여 투쟁하노라 하면서 실제로는 반민주적인 횡포를 서슴지 않는 경우가 허다하다. 사탄적인 세력과 싸우면서 그 스스로 사탄이 되어 버리는 것과 같다. 집단적인 힘의 대결 속에서 흔히 나타나는 현상이다. 그렇다면 이런 모순된 현상은 왜 생기는 것일까?[241]

강일상은 이러한 귀신 들림의 현상은 혁명적 인간들은 옳냐 그르냐를 따질 겨를도 없이 강함만을 추구한다고 본다.[242] 혁명적 인

---

239) Ibid., 506.
240) G. Theissen, "시로페니키아 여인 이야기", 「신학사상」(1985, 겨울): 825 - 830.
241) 강일상, "거라사 지방에서 귀신을 쫓아내신 이야기", 「기독교 사상」 6(2003): 159.
242) Ibid., 159.

간은 자기 성찰이나 반성이 어렵다. 따라서 집단적인 힘이라는 것
은 자칫 맹목적이고 충동적이기 쉽기 때문에 아무리 고상한 명분
이나 이념을 내세워도, 집단을 휘몰아 가는 힘이 맹목적이고 충동
적일 때 그것은 사탄적인 힘으로 변질되기 십상이라고 보고 있다.

필자의 견해에 의하면 귀신 들린 자는 한 혁명적 인간의 정신
착란적 형태보다는 로마의 지배에 의한 식민지 백성의 고난을 상
징하는 것으로 보인다. 그리고 잘못된 사회적, 종교적 편견이 그
사람을 더욱 황폐케 하였다고 보인다. 이 이야기는 살아 있되 죽은
인간과 비인간화된 종말론적인 상황이 예수로 말미암아 찾아온 하
나님 나라의 도래를 다루고 있다고 볼 수 있다.

4) 절을 하는 사람: 저자는 귀신에 사로잡힌 사람이 예수를 "멀
찍이에서 보고 달려왔다(καὶ ἰδὼν τὸν Ἰησοῦν ἀπὸ μακρόθεν
ἔδραμεν)."고 묘사한다. 그는 예수를 보고 달려와서 무릎을 꿇고 절
을 한다(προσκυνέω). 여기에서 무릎을 꿇는다는 행동은 예수의 유
혹사화를 생각나게 한다(마 4:1 – 11). 성령에 이끌려 광야로 나간
예수는 사탄의 유혹(시험)을 받는다. 사탄은 세상 왕국의 영광을 보
여 주고 자기에게 엎드려 절을(προσκυνέω) 하면 이 모든 것을 주
겠다고 약속했다. 그러나 예수는 절할 존재는 사탄이 아니라 오직
하나님이라고 거절한다. 절을 한다는 것은 곧 그를 예배하는 행위
다. 이것은 예수의 권위에 압도된 더러운 영의 모습을 보여 준다.

저자에 의하면 예수에게 달려온 악령에 사로잡힌 사람은 "지극
히 높으신 하나님의 아들 예수여, 당신과 내가 무슨 상관이 있소.
하나님의 이름으로 간청하는데 제발 마시오."라고 울부짖는다. 귀
신 들린 자는 말하기를 "하나님의 아들이여, 우리가 당신과 무슨
상관이 있나이까?"라고 고백한다. 예수를 "가장 높으신 하나님의

아들('Iησοῦ υἱὲ τοῦ θεοῦ τοῦ ὑψίστου)"이라 칭함으로써 귀신들이 예수의 존귀함을 알고 있었다는 것을 나타낸다. 이때 내포 독자는 하나님의 아들이라는 칭호를 악한 세력을 정복하는 메시아 사역을 말하는 일종의 풍자적 아이러니로 이해한다.[243] 귀신들은 예수와 자기들 사이에 친화력이 없음을 인정했다. 예수는 그들과는 전혀 다른, 이질적인 분으로 서 계셨다.

5) 내 이름은 레기온: 저자는 귀신이 먼저 예수의 이름을 불렀다고 묘사한다. 때문에 예수에 대한 지배권을 얻으려는 것처럼 보일 수 있을 것이다.[244] 고대에는 사람의 이름을 부름으로써 이름이 불린 사람의 행위를 이름을 부른 사람이 소유할 수 있었다.[245]

예수는 "악한 영아, 그 사람에게서 당장 나와라!('Εξελθε τὸ πνεῦμα τὸ ἀκάθαρτον ἐκ τοῦ ἀνθρώπου)"고 명령적 말씀을 한다. 저자는 그 결과를 즉시 서술하지 않고, 그 전에 있었을 이름에 대한 대화의 발언을 사후 제시한다. 예수의 질문에 "내 이름은 레기온입니다. 우리의 수가 많기 때문입니다(Λεγιὼν ὄνομά μοι, ὅτι πολλοί ἐσμεν)."라고 대답한다. 그 더러운 귀신의 정체를 밝힌다. 그것은 자신을 인격체가 아닌 집단적인 로마의 군사적 단위로 밝히고 있다.[246] 귀신에 사로잡힌 자는 바로 로마 제국에 의한 군사적, 경제적, 정치적 억압이 가져온 비인간화된 삶을 상징함을 알게 된다.

마이어(C. Myers)에 의하면 마가복음이 기록되던 당시 로마가 팔

---

243) Van Iersel, *Mark*, 199.

244) J. Gnilka, Mark 1, 261.

245) Ibid., 261. 고대의 주술문헌에서 특히 귀신 축출자가 신적인 성질을 지니고 있을 경우에 귀신이 귀신 축출자의 이름을 부르는 경우는 아주 드물다. 귀신이 한 말은 이야기를 청중에게 알리는 말로 이해가 된다.

246) R. Bultmann, *History of the Synoptic Tradition*, 210.

레스틴을 군사적으로 점령하고 있던 사실을 상기하면서 '군대(Legion)'라는 귀신의 용어는 마가의 사회적 상황에서 오직 한 가지의 의미, 즉 바로 로마를 가리킨다고 보아야 한다고 주장한다. 고대 로마 군대에서는 '레기온'이라 하면 보병이 6,000명, 기병이 120명 그리고 보조병들이 첨가되었다. 어떤 경우에는 대대 병력을 가리켜서 '레기온'이라고 할 때가 있었다. 그런 경우의 병력은 2,048명이었다.[247]

퍼킨스(Pheme Perkins)의 말에 의하면 로마의 제10 연대가 주후 6년부터 거라사에 주둔하고 있었다는 것이고 그 연대기의 문장(紋章)이 돼지였다고 한다.[248] 윈터(P. Winter)에 의하면 70 - 135년 동안에 팔레스틴에 주둔한 로마 제10군단(The Legia Decima Fretensis)의 깃발 표장이 바로 야생 수퇘지였다고 한다.[249] 여기에 사용된 '군대'라는 것이 하나의 이름[250]인지 아니면 집합명사인지는 아직 불명확하다. 귀신이 로마 군단의 행진을 보고 수가 많음을 나타내어 자기 자랑을 하느라고 혹은 자기 본명을 드러내지 않으려고 사용한 이름일 수도 있다.[251]

저자에 의하면 그는 쇠사슬을 끊고 고랑을 깨뜨렸으며 아무도 제어할 수 없었다(5:3 - 4절)는 것은 로마 군대의 막강한 힘을 상징적으로 묘사한다. 따라서 군대귀신 축귀는 '레기온들(군사력)'의 추방을 추측하게 한다. 군단이란 이름은 당시의 정치체제를 의미하는

---

247) Pheme Perkins, *The Gospel of Mark*, *The New Interpreter's Bible*, vol. Ⅷ (Nashville: Abingdon Press, 1995), 584.

248) Ibid., 584.

249) P. Winter, *On the Trial of Jesu*(Berlin: de Gruyter, 1961), 129.

250) R. Pesch, "The Markan Version of the Healing of the Gerasene Demoniac", *ER* 23(1971): 288.

251) J. Jeremias, *Jesus' Promise the Nations*(London: SCM, 1958), 30.

데 군사력에 의해서 유지되는 사회체제를 상징적으로 말하고 있다. 이 축귀 이야기는 군사적이고 폭력적이며 통제할 수 없는 모든 것을 무력화시키는 거대한 로마제국이 지닌 악에 대한 승리를 선포하고 있다.[252] 필자는 이 사람이 나타내는 상징성은 식민지 백성이 당하는 로마제국의 불의한 지배와 폭력에 의한 희생자임을 나타내고 있다고 보인다. 종말론적 하나님 나라의 도래는 이 억압에서 자유를 주는 새 시대의 도래를 의미한다.

6) 귀신들의 간청: 저자에 의하면 귀신들은 "자기를 이 지방에서 내어보내지 마시기를 간절히 구했다(καὶ παρεκάλει αὐτὸν πολλὰ ἵνα μὴ αὐτὰ ἀποστείλῃ ἔξω τῆς χώρας)." 이것은 고대의 민담에서 귀신들이 위치를 옮기는 것을 두려워하는 것도 그들이 원래의 보내진 장소로 돌아가는 것에 대한 두려움의 표현이라고도 한다.[253]

저자는 그 귀신들이 예수에게 간절한 부탁(παρεκάλει)을 하고 있다고 묘사한다. 어쩔 수 없이 예수의 지배를 받아야 한다는 것을 알고 있다는 말이다. 마가가 사용한 '간청하다(παρεκάλει)'라는 단어는 병자들이 예수께 와서 간청할 때 쓰는 단어다(1:40; 7:32; 8:32). 이 단어는 지극히 어려운 상황에서 예수께 요청하는 단어이기에 레기온은 현재 너무도 어려운 상황에 처해 있음을 보여 주고 있다.

귀신들은 예수께 간청하였다는 사실의 배후 의미를 이렇게 볼 수 있을 것이다. 로마 정부는 주전 63년에 팔레스틴을 점령한 이래 착취와 압박의 학정을 서슴지 않았다. 주후 6년에 생긴 젤롯당의 반발을 계기로 데가볼리 지방에 식민을 하고 특히 거라사에는 연

---

252) Antoinette Wire, *The Women of the Emerging Christanity*, 「원시 그리스도교의 잊혀진 여성」, 조태연 역(서울: 대한기독교서회, 2001), 175.

253) 귀신이 한정되어 존재한다는 명백한 관념은 고대세계에서는 널리 알려진 사실이었다. 귀신들은 특별한 지역과 연관되어 있으며, 그곳에서 이동하는 것을 싫어한다(참조 눅 11:24).

대 병력을 주둔시켜서 팔레스틴 사람들, 특히 유대인들을 탄압하는 정치를 했던 것이다. 로마군은 그 지역에서 착취를 일삼았다. 따라서 그 로마군의 배후에 있던 더러운 영들은 제발 그곳을 떠나지 말게 해 달라고 간청하는 의미로도 될 수 있다. 더러운 영들은 식민지에서 오래 주둔하려는 로마 군대의 염원과도 같다고 보인다. 따라서 더러운 영들은 그 지역을 떠나기를 거부하고 지역에 계속해서 머물기를 원하는 존재들이었다.

7) 더러운 영의 종말: 저자는 더러운 영들은 예수께 돼지들에게로 들어가게 하기를 간구했다고 보도한다. 왜 더러운 영들은 돼지 떼에게 들어가길 원했을까? 마가는 이 점에 대해서 로마군이 더러운 영들임을 암시하고 있다. 왜냐면 돼지가 유대인들에게 율법적 불결을 가리키고 있는가 하면, 어법상 돼지의 떼를 가리키는 아겔레(ἀγέλη)(11절)는 로마 군대의 이미지를 가지고 있는 용어이기 때문이다. 이 용어는 떼를 지어 이동하지 않는 돼지에게 적용하기 어려운 표현이며 오히려 일단의 군인 집단을 가리키는 용어로 의미가 있을 뿐이기 때문이다.[254] 여기서 더러운 영들은 그 돼지들에게로 가겠다는 것은 아주 자연스러운 일이라고 추측할 수 있다.

저자는 돼지 떼가 호수로 치달려 물에 빠져 죽었다는 것은 군대가 전쟁을 치른다는 이미지를 상기시킨다.[255] 이러한 이미지는 유대인들로 하여금 이집트의 파라오 군대가 자신들의 조상을 뒤쫓아 홍해를 가로지르며 위협을 가하다가 결국은 바닷물 속에 쓸려 간 역사적 사건을 생각나게 한다. 돼지 떼의 레기온이 죽는 장소가 물인 것은 이러한 상징적 암호를 제공해 주고 있다. 여기 13절에서는

---

254) John Keenan, *The Gospel of Mark*(New York: Orbis, 1995), 141.
255) Ibid., 141.

바다를 θάλασσα로 표현하는 것으로 나타난다. 이것은 마가의 은유적 표현이다. 칠십인역이 홍해바다를 θάλασσα로 이해한 것처럼, 저자는 동일한 용어를 사용함으로써 상징적 의미를 제공하고 있다고 보인다.

예수는 귀신에게 돼지에게로 갈 것을 허락하신다. 저자는 예수가 명령을 내리는 것 대신에(참고 5:8; 1:25; 9:25), 악한 영들의 요청을 받아들임으로써 그 사람을 구원했다고 묘사한다. 그 이유는 예수의 목적은 귀신 들린 거라사인을 구출하는 데 있었다. 천하보다 귀하고 하나님의 형상을 지닌 인간을 회복하게 하시는 구원을 이룩하시려는 것이 그의 목적이기에 어떤 대가를 치르고라도 그 목적을 달성하시려고 하였다.

이런 의미에서 돼지 떼는 속죄양이 된 것으로 보이기도 한다.256) 돼지 떼가 더러운 영을 받아들임으로써 한 인간을 살렸기 때문이다. 결국 이천 마리의 돼지가 익사할 수밖에 없었다. 이것은 더러운 영은 악하다는 것을 보여 주고 있다. 더러운 영의 행위는 인간에게 손해를 주고, 돼지를 만드신 하나님의 뜻에도 어긋난 결과를 가져오는 존재였다.

8) 그의 사명: 저자는 귀신 들려 인간성을 상실했던 사람이 이제는 온전한 제정신으로 회복되었다고 보도한다. 그는 이제 온전하여졌다. 여기 마가의 의도가 귀신축출의 이야기 주제가 자유의 회복이라고 말할 수 있다. 즉 어떤 종류의 억압, 즉 종교적, 정치적, 사회적 억압과 눌림에서 원래의 하나님의 자유를 회복하게 하시는 분이 예수라는 것을 주장하고 있다. 이 이야기는 귀신 들림이라는 사건이 개인적인 차원의 문제만이 아니라 사회적이며 구조적인 차원에서 이해되어야 한다.257)

---

256) 루돌프 슈테르텐브린크, 「낫기를 원하느냐?」, 김선태 역(서울: 바오로딸, 2002), 167.

저자는 그가 예수와 함께 있기를 간구했다고 보도한다(18절). 이 사람의 요청은 주민들의 요청과 뚜렷한 대조를 보인다(5:17절). 주민들은 예수를 두려워하여 거절하였다. 그리고 떠나 주길 간구한다. 주민들이 예수를 분명히 어떤 분인지 알았지만 그들은 예수께 가기를 거절했다. 오히려 예수가 떠나가길 바랐다. 그들은 피지배자이면서도 오히려 로마인의 눈으로 예수를 바라보고 있었다.

예수는 그에게 "주(ὁ κύριός)께서 네게 하신 것들을 말하라."고 명령하였다(19절). 여기 '주'는 분명 전능하신 야훼 하나님을 가리킨다. 이 말씀은 다음과 같이 20절과 긴밀하게 병행을 이룬다.

ὅσα ὁ κύριός σοι πεποίηκεν (주께서 네게 행하신 것들)

ὅσα ἐποίησεν αὐτῷ ὁ Ἰησοῦς (예수께서 자기에게 행하신 것들)

하나님께서 그에게 하신 일을 말하라고 명령을 받은 그는 오히려 예수께서(ὁ Ἰησοῦς) 자기에게 베푸신 것들을 선포하였다. "그가 가서 예수께서 자기에게 어떻게 큰 일 행하신 것을 데가볼리에 선포하니라."(20절). 저자는 치유를 받은 그 사람의 활동을 보고할 때, 특별한 동사 Κηρύσσω(선포하다)를 사용해서 그를 선포자로 부각시킨다.[258] 이것은 완전한 동의적 병행구이다. 그는 예수의 축귀와 치유 안에서 야훼의 일, 해방과 구원을 발견한 것이다.

저자에 의하면 예수는 그에게 이방인을 향한 하나님의 사역을 위임한다. 예수는 자신의 귀신축출 활동을 주 하나님의 자비 활동

---

257) P. Berger & T. Luckmann, *The Social Construction of Reality*(New York: Anchor Book, 1967), 175–176.

258) 김광모, 「마가의 서사적 기독론」(서울: 한들 출판사, 2005), 171.

으로 간주하는 인식적으로 말하지만, 곧바로 저자는 이것을 예수의
활동으로 논평한다. 따라서 독자는 순간 긴장하면서 주 하나님과
예수의 관계를 하나님과 예수의 관계가 부자지간으로 제시된 것을
근거로 '예수를 통한 하나님의 자비 활동'으로 인식하고 이해한다.

2-4. 하나님 나라와 이방세계

　예수의 군대 귀신축출의 사역은 하나님 나라 선포와 관련하여 매
우 중요한 부분이다. 크로산(J. D. Crossan)의 주장과 같이 축귀는
사회적 저항의 기능을 포함한다고도 할 수 있다.[259] 그러나 하나님
의 나라는 단순히 하나님의 통치라는 막연한 추상적 개념이 아니라
하나님이 갈등(conflict)의 상황에서 활동하는 것이라는 페린(Norman
Perrin)의 말과 같이 귀신축출은 하나님의 나라를 이루기 위해 하나
님과 사탄의 대결(confrontation)의 행위를 나타낸다고 할 수 있
다.[260] 필자의 견해에 의하면 사회적 저항의 기능보다는 하나님 나
라의 성취를 위한 사탄과의 갈등이라는 견해가 더 크게 부각되는
것으로 본다.

　한편, 다른 면에서 살펴보면 저자는 이 사건을 서술하면서 이야
기의 속도를 아주 늦추고 있고, 발화를 통한 긴장적 대화의 양식을
사용해서 스토리 사건을 극적으로 제시하고 있다. 독자는 등장인물

---

259) J. D. Crossan, *Jesus*, 93. 크로산에 의하면 예수가 병자들을 치유하고 성전의 권위를 대
　　신하여 '깨끗하게 되었음'을 선포함으로써, 성전종교를 부정하였다고 본다. 그뿐 아니라, 식
　　사는 같은 계층의 사람들끼리 인간관계를 맺는 수단이었기 때문에, 예수는 누구나 참석할
　　수 있는 개방적 공동식사를 통해, 로마제국의 친분관계에 기초한 후견인 - 의뢰인 체제를
　　부정하고, 불평등한 사회에 대한 대안으로 평등주의를 실현하였다고 본다.
260) N. Perrin, *Rediscovering the Teaching of Jesus*, 21.

들과의 거리를 좁히게 된다.

마가의 요점은, 예수께서 악마적 권력을 깨뜨리셨다는 사실과 함께, 그가 인식의 경계를 허물고 이방인의 경계를 허물었다는 데 있다. 또한 주엘(D. Juel)에 의하면 유대인은 물론 심지어 이방인의 관점에서 보아도 유대적 정결의 경계를 넘어 강자를 진압하는 메시아 예수의 상을 구성한다.[261]

또한 이 이야기는 이방 선교에 대한 결정적 분수령이 된다. 전승 단계의 그 기적이 바다와는 상관없는 현현적 특성을 가졌음에 비하여, 이 기적을 마가는 바다를 가로지르는[262] 하나님 나라의 확장에 대한 그의 보다 포괄적인 구도 안에 편성하는 것이다. 따라서 4:35에서 "우리가 저편으로 건너가자."는 예수 말씀의 의도는 바람과 물을 지배하는 야훼 하나님과 통일한 예수의 권위와 권능을 알린다.

예수께서 자연과 더러운 귀신으로 나타나는 사탄의 세력을 지배하고 또 이방 땅을 정화시킴으로써, 하나님 나라의 공동체는 이제 이방세계를 향하여 나아가며 그 나라는 새로운 정체성을 지향하고 있다. 해방과 치유의 복음은 가정과 도시의 경계를 넘고 있다. 또 복음의 빛은 문화의 차이를 극복하고 인종의 벽을 허물고 있다.

---

261) D. Juel, *A Master of Surprise*, 66 - 68.

262) 바다는 예로부터 혼돈의 세계였다(창 1:2, 시 74:13 - 14, 89:9 - 13, 104:5 - 9, 욥 38:8 - 11, 렘 5:22). 바다는 리워야단이 살고 있는 혼돈의 세계이며 사탄이 지배하는 세계이기도 하다(욥 12:15, 41:1, 시 74:13 - 14, 89:9 - 13, 95:5, 사 27:1, 40:12, 51:9 - 10, 15). 리워야단은 뱀이나 용과 같이 '몸을 틀어 꼬는 짐승'을 말한다. 구약성서에서 리워야단은 '혼돈의 괴물'로 묘사한다(시편 74, 89편). 또한 노아홍수의 파괴가 물에서부터 시작되었다는 점을 상기시키는 것이 곧 바다이다(창 7, 8장). 바다는 의인에게는 고난과 환란을 가져다주는 곳이다(시 69:1 - 2, 14 - 15, 18:6, 46:1 - 3, 65:5, 107:23 - 32, 사 43:2). 그러나 하나님이 바다의 괴물을 죽이고 종말론적 승리를 쟁취하실 것이다(사 27:1, 욥 3장 40장, 계 12:3).

3. 수로보니게 여인의 딸 축귀

3-1. 본문(마가복음 7장 24-37절)

24 Ἐκεῖθεν δὲ ἀναστὰς ἀπῆλθεν εἰς τὰ ὅρια Τύρου. καὶ εἰσελθὼν εἰς οἰκίαν οὐδένα ἤθελεν γνῶναι, καὶ οὐκ ἠδυνήθη λαθεῖν· 25 ἀλλ' εὐθὺς ἀκούσασα γυνὴ περὶ αὐτοῦ, ἧς εἶχεν τὸ θυγάτριον αὐτῆς πνεῦμα ἀκάθαρτον, ἐλθοῦσα προσέπεσεν πρὸς τοὺς πόδας αὐτοῦ· 26 ἡ δὲ γυνὴ ἦν Ἑλληνίς, Συροφοινίκισσα τῷ γένει· καὶ ἠρώτα αὐτὸν ἵνα τὸ δαιμόνιον ἐκβάλῃ ἐκ τῆς θυγατρὸς αὐτῆς. 27 καὶ ἔλεγεν αὐτῇ, Ἄφες πρῶτον χορτασθῆναι τὰ τέκνα, οὐ γάρ ἐστιν καλὸν λαβεῖν τὸν ἄρτον τῶν τέκνων καὶ τοῖς κυναρίοις βαλεῖν. 28 ἡ δὲ ἀπεκρίθη καὶ λέγει αὐτῷ, Κύριε, καὶ τὰ κυνάρια ὑποκάτω τῆς τραπέζης ἐσθίουσιν ἀπὸ τῶν ψιχίων τῶν παιδίων. 29 καὶ εἶπεν αὐτῇ, Διὰ τοῦτον τὸν λόγον ὕπαγε, ἐξελήλυθεν ἐκ τῆς θυγατρός σου τὸ δαιμόνιον. 30 καὶ ἀπελθοῦσα εἰς τὸν οἶκον αὐτῆς εὗρεν τὸ παιδίον βεβλημένον ἐπὶ τὴν κλίνην καὶ τὸ δαιμόνιον ἐξεληλυθός.

24 예수께서 거기에서 일어나셔서, 두로 지역으로 가셨다. 거기서 어떤 집에 들어가 아무도 모르게 조용히 계시려 했으나 그렇게 할 수가 없었다. 25 악한 귀신 들린 딸을 둔 여자가 곧바로 예수의 소문을 듣고 와서, 그의 발 앞에 엎드렸다. 26 그 여자는 헬라인으로서, 수로보니게 출생인데, 자기 딸에게서 귀신을 쫓아내 달라고 예수께 간청하였다. 27 그러나 예수께서는 "자녀들을 먼저 배불리 먹여야 한다. 자녀들이 먹는 떡을 강아지들에게 던져 주는 것은 옳지 않다." 하고 말씀하셨다. 28 그러나 그 여자가 예수께 말하였다. "주님. 그러나 상 아래에 있는 개들도 자녀들이 흘린 부스러기는 얻어먹습니다." 29 예수께서는 "옳은 말이다. 어서 돌아가 보아

라. 귀신은 이미 네 딸에게서 떠나갔다." 하고 말씀하셨다. 30 그 여자가
집에 돌아가 보니 어린 딸은 자리에 누워 있었고 과연 귀신은 떠나가고
없었다(개인사역).

3-2. 본문의 구조

마가복음에 나타난 예수의 선교 활동 지역을 따라가 보면 그 지
리적 특징이 잘 드러난다. 예수는 유대인 지역인 갈릴리와 이방인
선교 그리고 예루살렘 입성에서 그 특징이 드러난다. 이것을 구분
해 본다면 다음과 같다.

1. 갈릴리 선교(1:14 - 6:13)
2. 갈릴리 건너편 이방인 선교(6:14 - 8:26) 빌립보의 가이사리아
   에서 여리고로 이동하여 예루살렘을 향함(8:27 - 10:52)
3. 예루살렘 입성과 수난 부활(11:1 - 16:20)[263]

예수는 갈릴리에서 출발하여 예루살렘을 향해 올라가는 과정에
서 자신의 정체성을 조금씩 드러내고 있다. 본문의 예수의 활동은
갈릴리 호수를 사이에 두고 건너편 이방인 땅에서 진행되고 있다.

본문 마가복음 6:30 - 8:21의 자료들은 병행 구조로 이루어져 있
다. 이를 통해 마가는 예수 활동의 특징을 명확히 밝히려 하고 있다.
수로보니게 여인의 이야기는 오병이어와 이방인 지역에서의 먹이
신 사건들 그 중간에 위치해 있음을 알 수 있다. 그만큼 수로보니
게 여인의 이야기는 중심에 서 있다. 이것을 살펴보면 다음과 같다.

---

263) N. Perrin, D. C. Duling, *The New Testament: An Introduction*, 「새로운 신약성서개
론, 상」, 박익수 역(서울: 한국신학연구소, 1991), 376.

〈Ⅰ. 유대인의 땅에서〉[264]

1. 오천 명을 먹이심(6:30 – 44) 유대인들에게 떡을 먹임

2. 갈릴리 바다를 건너심(6:45 – 56) 제자들은 '그 떡들에
대해' 몰랐기에 실패함

3. 적들과 논쟁하심(7:1 – 13) 제자들이 '부정한 손
으로' 먹음

4. 제자들을 가르치심(7:14 – 23) 진정 사람을 부정하게
하는 것

〈본문 7:24 – 37〉

수로보니게 여인과의 일 축귀의 은총과 떡

〈Ⅱ. 이방인의 땅에서〉

1. 사천 명을 먹이심(8:1 – 10) 이방인들에게 떡을 먹임

2. 갈릴리 바다를 건너심(8:10)

3. 적들과 논쟁하심(8:11 – 13) 하늘로서 오는 표적(떡
의 기적 과 관련됨)

4. 제자들을 가르치심(8:14 – 21) 떡과 관련된 제자들의
오해

마가복음 6:30 – 8:21을 확대해 보면, '떡(αρτος)'을 먹이는 이야
기가 중요한 연결 주제어(6:37, 52; 7:2, 5, 27; 8:4)이다. 오천 명을
먹이신 기적 이야기는 유대인들이 그 대상이고 사천 명을 먹이신
기적은 이방인들이 대상이 된다.[265]

---

264) 조태연, 「예수 이야기 마가」 202.

이 이야기는 거대한 문맥에서 작은 부분 같아 보이지만 하나의 축소판으로 보인다. 여인은 예수에게 딸에게서 악한 귀신을 쫓아 주기를 간청하지만 예수는 여인의 간구를 떡과 연결시켜서 이야기를 진행하고 있다. 본문의 사건(장면)을 갈등구조에 의하여 분석하여 본다면 다음과 같이 나타낼 수 있다.

1. 발단: 두로 지역으로 가다(24절)
2. 전개: 축귀를 간청하다(25 - 26절)
3. 갈등: 개들에게 떡을 던짐이 …(27절)
4. 절정: 개들도 부스러기를 먹나이다(28절)
5. 파국: 귀신이 나갔느니라(29절)
6. 종결: 본즉 귀신이 나갔더라(30절)

예수와 더러운 귀신 들린 어린 딸을 가진 이방 여인과의 대화(26b - 29절)는 독자들에게 상당한 긴장감을 제공하면서 설득력 있게 앞의 사건과 관련하여서 전체 주제의 결론으로 이끌어 가고 있다.

3-3. 해석학적 접근

수로보니게 여인의 이야기는 학자들에 따라 양식의 형식을 논쟁 이야기 또는 축귀이야기로 분류할 수 있다. 그닐카(J. Gnilka)는 이 본문을 '특별한 양식의 논쟁대화'로 보는데, 그는 대화가 먼저 있었고, 나중에 대화에 맞게 기적사화가 형성되었다고 주장한다.[266]

---

265) R. Guelich, *Mark 1 - 8*, 386.

불트만도 이것을 '논쟁 대화'로 보았다.[267]

피오렌자(E. Schussler Fiorenza)도 수로보니게 여인 이야기를 '논쟁 이야기'로 본다.[268] 이 여인의 정체성이 민족, 인종, 문화, 종교적인 특성을 대표하고(26절), 예수는 종교적 편견과 배타적 정체성을 드러내는 논쟁에 참여하는 사람으로 드러난다(27절). 이 여인은 예수의 모욕적인 말에 굴하지 않고 오로지 악령 들린 딸을 고치겠다는 불타는 염원으로, 예수를 '주님'으로 고백하면서 상에서 떨어지는 부스러기를 청하며(28절) 예수의 말을 받아 반박하는 것이다. 이 이야기는 예수와 여인의 신학적 논쟁에 있으며, 마침내 '여인의 말로 말미암아' 여인의 딸을 치유해 주었다. 따라서 피오렌자(E. S. Fiorenza)는 이것을 논쟁 이야기로 이해하고 있다.

축귀이야기로 보는 또 다른 견해는 마이어(J. P. Meier)[269]에 의해 주장된다. 그에 의하면 이 이야기를 '치유 기적 이야기' 양식을 따르는 '축귀 기적 이야기'로 구분하고, 악령 들린 딸의 치유에 초점을 맞춘다. 이 이야기는 치유 기적사화의 틀에서 크게 벗어난 것이 아니며, 다만 악령 들린 딸이 예수를 직접 대면하는 장면이 없고 또 예수가 직접 병자를 고치는 장면이 없을 뿐이다. 박수암[270]에 의하면 이 이야기에서 '기적'과 '논쟁' 둘 다를 중요한 요소로 본다. 박수암에 의하면 기적이 대화에 종속된다거나 대화가 기적에

---

266) J. Gnilka, *Mark 1*, 368 – 369.

267) 불트만의 견해에 대하여는 Sharon H. Ringe, "A Gentile Woman's Story", in *Feminsit Interpretation of the Bible*(Philadelphia: Westminster Press, 1985), 67을 참조하라.

268) E. Schussler Fiorenza, 「성서 – 소피아의 힘」, 김효경 옮김(서울: 다산글방, 2002), 182.

269) 마이어(Meier)에 의하면 이야기의 서론과 결론 부분에 치유 기적 이야기 형식이 드러나며 예수와 여인의 대화가 중심이 되는 특별한 치유 이야기 양식으로 본다. J. P. Meier, *A Marginal Jew: Rethinking the Historical Jesus*(New York: Doubleday, 1994), 659.

270) 박수암, 「성서주석 – 마가복음」(서울: 대한기독교서회, 1993), 350.

종속될 수 없다고 주장한다. 악령 들린 딸을 가진 어머니의 간청(26 – 27절)과 그 말씀의 결과(29절)에 따르는 하나의 기적 이야기 간에 예수와 여인의 대화가 비중 있게 다뤄진다(28절). 이것은 다른 기적 이야기와 구별된다. 게다가 이 이야기가 예수와의 논쟁(7:1 – 23) 다음에 실려 '부정한 것'에 대한 율법학자들의 고정관념을 깨뜨리고 있어 논쟁이 강조되고 있다.

앤 와이어(A. Wire)[271]에 의하면 기적 이야기를 세분하여 기적 이야기 안에서 기적 행위자와 수혜자 간의 형태에 따라 축귀, 폭로, 공급, 요청의 네 가지 양식으로 나누는데, 이 중 요청이야기에 속한다고 하였다. 왜냐하면 이 이야기에는 예수를 개입시키려는 여인의 투쟁은 있지만, 더러운 영에 대한 예수의 투쟁이 없다는 것이다. 이 이야기에서 여인의 투쟁이 유기적 상호작용을 일으켰으며, 기적 행위자가 기적을 일으켰기보다 여인의 요청이 딸의 치유를 가져오는 동기가 되기에 더 적합하다는 것이다. 한편 이 이야기의 양식을 '선언 이야기(pronouncement story)'로서 보기도 한다. 비어비스(Mary Ann Beavis)에 의하면 수로보니게 여인의 이야기를 선언양식의 하나로 보고 있다.[272]

타이센(G. Theissen)은 본문을 사회, 심리학적으로 접근하여 해석하고 있다.[273] 그는 두로 지방과 갈릴리 지방 사이의 민족적 상황과 문화적 차이에 먼저 주목한다. 여인이 사는 헬레니즘의 문화와 도시국가들의 특징을 짚어 보며 접근하고 나아가 두로 지방의 경

---

271) A. Wire, 『원시 그리스도교의 잊혀진 여성들』, 조태연 옮김(서울: 대한기독교서회, 2001), 170 – 190.

272) Mary Ann Beavis, "Women as Models of Faith in Mark", *Biblical Theology Bulletin* 18(1988): 5 – 6.

273) G. Theissen, "Lokal – und Sozialkolorit in der Geschichte von der Syrophönikischen Frau(Mk 7.24 – 30)", *ZNW* 75(1984): 202 – 225.

제적인 상황에서 본문에 접근하고 있다. 이 여인이 수로보니게 여인이라는 점에서 출발하여 유대와의 갈등관계를 전제로 해석하고 있다. 필자는 본문의 해석을 먼저 논쟁 이야기라는 입장에 무게를 더 두려 한다. 하지만 본서는 이 기적에 초점이 있기에 축귀에 근거한 기적 이야기로 양자의 입장을 수용하며 접근하려 한다.

3-4. 본문 주석

1) 예수의 상황: 두로는 시골지방이었다. 공관복음서에 의하면 예수는 도시 지역 자체가 아니라 항상 이 시골 도시 지역만을 돌아다녔다. 3장 8절에서 그에게로 몰려오는 군중들도 두로 자체부터가 아니라 두로 근방에서 온 사람들이었다.[274] 저자는 두로 지역에로의 여행은 이방영토의 여행으로 이해했다. 데가볼리와 같이 두로의 시골 주변 지역에서도 예수가 시리아인이나 수로보니게인들과 함께 살고 있던 유대인들을 만날 수 있었다고 보인다.[275] 따라서 이방 지역으로의 여행은 단지 유대인이 살고 있던 지역이었을 것이다. 두로 지역의 언급은 예수의 선교가 이방인 지역까지 도달하고 있음을 보여 준다.

저자는 이미 거라사 지역에서의 축귀를 통해서 이방인에 대한 선교를 암시하고 있다. 마가복음 7장 24절까지의 예수의 지역 순회를 살펴보면 다음과 같다.

---

274) *Ibid.*, 202-225.

275) R. Pesch, "Das Markus evangelium", *HThK* 1(Freiburg, 1976): 385-391.

게네사렛→두로→시돈→데가볼리→갈릴리→(데가볼리)→달마누다

그리고 비로소 8장 22절에서 예수는 여행의 목적지인 벳새다로 돌아왔음을 기록하고 있다. 이 사건의 배경이 이방인 지역으로 의도적으로 예수가 활동 무대였던 갈릴리를 떠난 것을 언급하기 위하여 '두로 지방'이란 표현을 사용했을 가능성이 높다. 예수가 갈릴리를 떠나 이방인 지역인 두로 지방으로 활동무대를 바꾼 것일까? 예수는 갈릴리 지방에서의 전도에서 힘이 들었거나 또는 사역의 기로에 서게 되어 휴식을 취하면서 입장을 정리하려고 했을 가능성이 크다. 육체적으로, 정신적으로, 고갈된 상태에서 예수는 새로운 힘과 결심을 필요로 했을 것으로 보인다.

2) 수로보니게 여인의 상황: 저자는 예수께 나아온 이 여인은 더러운 귀신 들린 어린 딸을 가진 헬라인(이방인)인 수로보니게인으로 묘사한다(25 - 26절). 여기서 '헬라인'이란 단순히 이방인을 가리키는 것이 아니라 헬라의 시민으로 상당한 교육을 받은 여인임을 예수님과의 수준 높은 문답을 통해서 암시하고 있다. 타이센(G. Theissen)은 그녀가 상류층에 속했을 것이라고 추측한다.[276] '수로보니게 여인!' 그녀는 시리아 - 페니키아의 여인이란 뜻이다. 비록 연약한 여인네에 불과했지만, 그래도 그는 시리아 제국 중 가장 용맹스런 바다의 전사(戰士) 페니키아인들의 후예였다.[277] "그 여자

---

276) '헬라인'이라고 그 여인을 묘사한 것에서 그리스도교 독자들, 또는 유다인들은 그녀를 헬라적 유다인으로 간주하였을 것이다. '시로페니키아 출생'이라는 표현이 그 점을 분명하게 해 준다. 곧 그녀는 출생한 지역에 있어서 이교도라는 사실이다. … 또 다른 하나의 가능성은 '헬라인'이 여기서 시리아의 상류층 헬라인임을 뜻하며 … 따라서 그 표현은 사회 문화적 정체를 지시하고 '시로페니키아 출생'은 그녀의 인종적 정체를 지시한다고 볼 수 있을 것이다. G. Theissen, *The Miracle Stories of the Early Christian Tradition*(Fortress Press, 1983), 126.

277) 조태연, 「예수 이야기 마가」 196.

는 헬라인이요 수로보니게 족속이라(ἡ δὲ γυνὴ ἦν Ἑλληνίς, Συροφοινίκισσα τῷγένει)"(26절) 여기서 '헬라인'이라는 말에서 이 여인이 헬라어를 할 줄 알고 헬라 문화에도 상당히 융합되어 있음을 짐작할 수 있다.[278]

사회적 관점에서 본다면 그녀가 예수와 대화를 하기까지는 넘어야 할 경계선은 너무도 많았다. 먼저 그녀는 두로의 이방인이었다. 유대인 집안에 머물고 있는 남자 예수를 만난다는 것은 인종적인 경계와 장벽을 넘어야 했다. 수로보니게 사람들은 유대인들이 기피하는 이방인이었다. 그들은 부정한 자들이었다.[279] 또한 그녀는 여성이라는 한계를 넘어야 했다. 고대 사회에서는 남녀의 구별이 분명했고 교제가 어려웠다. 초대받지 않은 여인이 남성들의 장소에 들어갈 수 없었다. 타이센(G. Theissen)은 그녀가 상류층에 속한다고 하였지만 그녀는 하류층[280]에 속했다는 것이 지배적인 견해이다. 그녀는 아마도 홀로 더러운 영에 사로잡힌 아이를 키움으로써 가난한 형편에서 벗어날 수 없었을 것이 분명하다.

그럼에도 불구하고 그녀는 모든 장애를 극복하고 예수에게 다가온다. 더러운 영에 사로잡힌 딸을 둔 여인은 예수 앞에 나와 절을

---

278) R. H. Gundry, "Spirit, Mercy, and the Other", *A Commentary on His Apology for the Cross: Mark*(Eerdman: 1993), 516.

279) 이방인에 대한 정결과 부정의 측면에서의 유대교적 이해는 다음을 참조하라. J. Neusner, *Purity in Rabbinic Judaism*(Atlanta: Scholars Press, 1994), 57; D. A. Neale, *None but the Sinners*(Sheffield: JSOT Press, 1991), 71, 194; M. J. Borg, *Conflict, Holiness & Policits in the Teachings of Jesus*(Lampeter: Edwin Mellen Press, 1984), 83 – 84.

280) 그녀가 하류층이었다는 견해는 Sharon H. Ringe, "A Gentile Woman's Story", in *Feminsit Interpretation of the Bible*(Philadelphia: Westminster Press, 1985), 70. 참조하라. 하지만 타이센의 의견대로 상류층이었을 것이라는 견해도 있다. Rohrbaugh에 의하면 그녀가 상류층이었지만 아마도 사회 경제적으로 어려운 처지에 놓여 있다고 주장한다. Richard L. Rohrbaugh, "The Social Location of the Marcan Audience", Biblical Theology Bulletin, vol.23(1993): 120.

한다. 이야기는 수로보니게 여인에게 주도권이 주어지는데, 마가복음에 등장하는 이와 유사한 여자 주인공은 하혈병을 앓은 여인(5:25 - 33), 가난한 과부(12:41 - 44), 그리고 예수의 머리에 향유를 부은 여인이다(14:3 - 9).

본문의 이야기는 예수의 거절과 수로보니게 여인의 지혜롭고 끈질긴 대화를 통해서 문제가 풀어지게 된다. 마가의 시선을 따라 수로보니게 여인의 탁월한 지혜에 주목해 보도록 하자.

3) 예수의 거절: 저자에 의하면 예수에 관한 소문을 듣고 악한 영에 사로잡힌 딸의 치유를 간청하기 위해 예수와의 대화를 시도한다. "그 발아래 엎드리어 … 간구한다(ἧς εἶχεν τὸ θυγάτριον αὐτῆς πνεῦμα ἀκάθαρτον, ἐλθοῦσα προσέπεσεν πρὸς τοὺς πόδας αὐτοῦ)."의 표현은 귀신 들린 어린 딸의 상태의 심각함과 그 딸을 고치고자 하는 어머니의 간절한 열망과 행동을 잘 묘사하고 있다. 이처럼 더러운 귀신 들린 자신의 어린 딸의 고침을 위한 그녀의 행동은 즉각적인 행동이었을 뿐 아니라 대담하고도 겸손한 행동이었다.

마가에 의하면 예수의 반응은 냉담하였다. 예수께서 이르시되 "자녀로 먼저 배불리 먹게 할지니 자녀의 떡을 취하여 개들에게 던짐이 마땅치 아니하니라("Αφες πρῶτον χορτασθῆναι τὰ τέκνα, οὐ γάρ ἐστιν καλὸν λαβεῖν τὸν ἄρτον τῶν τέκνων καὶ τοῖς κυναρίοις βαλεῖν)."(27절). 예수의 태도는 여인에게 호의적이지 않으며 여인의 청을 거절하는 우월한 위치에 있다.[281] 마가복음 전체에서 치유를 청하면서 이런 푸대접을 받은 사람들은 없었다. 하지만 예수는 야이로의 간청을 받아들여 그의 어린 딸에게로 갔던 사건과는 달리 수로보니게 여인의 간청에 대해서 '먼저'[282] 자녀들을 배불리 먹여

---

281) J. Marcus, *Mark 1 - 8*, 465.

야 한다고 그의 청을 거절한다. 그리고 음식을 개들에게 던져 주는 것이 좋지 않다는 말을 한다. 그럼에도 여인은 굽히지 않고 딸의 치유를 위해서 한 발자국 더 나아간다.

저자에 의하면 예수는 충격적인 단어 '개들(τοῖς κυναρίοις)'이라는 말을 사용한다.283) 그리고 거절한다. 여기서 '개들'은 은유적인 표현이라고 볼 수 있다. '개들'을 표현할 때 이는 '아주 작은 개들'을 뜻하는 용어이다. '개들'은 신구약을 통틀어 여러 가지 의미를 지니는데, 첫째, 구약성서에서는 경멸의 의미로 쓰였다(1사무 17:43; 2열왕 8:13; 1열왕 14:11; 시편 22:16, 20; 잠언 26:11 참조). 둘째, 신약성서에서는 부정한 것을 가리킬 때 쓰이며(마태 7:6), 유대인들이 이방인을 모욕하는 말로 사용하였으며 예수를 반대하는 자들과 이교도들의 상징으로도 쓰였다(2베드 2:22; 빌립 3:2).

버킬(T. A. Burkill)과 바클레리(W. Barclary)는 '개'라는 말은 본디 '불명예의 상징', '암캐', '매춘부'라는 말로 유대인들이 이방인을 경멸할 때 사용하였다고 한다.284) 그러나 이 대목에서는 집에서 기르는 '애완용 개'로 식탁 밑에서 자녀들이 먹다 떨어뜨린 음식

---

282) '먼저(prw'ton)'라는 표현은 신약성서에서 60회 이상 쓰이고 있다. 그 쓰임새를 보면 다음과 같다. 첫째, 우선순위를 나타낼 때(로마 1:8; 고전 12:28), 둘째, 종말론적 실현과 관계 있을 때(막 9:11), 셋째, 기간을 나타낼 때(로마 1:16)이다. J. W. 브라밀리 편저, 「신약성서 신학사전」, 675쪽; 마가복음에서 '먼저(prw'ton)'라는 표현은 종말론적 사건이 순차적으로 이루어지는 하나님의 능력을 의미한다. 메시아가 오기 전에 엘리야가 먼저 오고(막 9:11 - 12), '집'이 파괴되기 전에 사탄을 묶어 놓고(3:27), 이방인을 선교(7:27)하기 전에 예수를 따르는 유대인부터 먼저 선교를 하고, 종말이 오기 전 이스라엘을 넘어서서 모든 이에게 복음을 선포해야 한다(13:10)고 한다. 마치 '먼저 싹이 돋고, 그 다음에 이삭이 피어나고 마침내 알찬 열매를 맺는 것'과 같다. J. Marcus, *Mark 1 - 8*, 463 - 464.

283) David Rhoads, "Jesus and the Syrophoenican Woman in Mark", *Journal of American Academy of Religion* vol.62(1994): 361.

284) T. A. Burkill, "The Historical Development of the Story of the Syrophoenician Women", *NT* 3(1967): 172 - 173; W. Loader, *Challenged at the Boundaries*, 48; W. Barc1ary, *The Gospel of Mark*, 178 - 179.

부스러기를 기다리는 개를 말한다. 따라서 보통 '개들'이라는 용어는 유대인들이 이방인들을 인격적으로 경멸하고 부정하게 생각하며 모욕할 때 사용하는 말임을 알 수 있다.

한편 타일러(V. Taylor)는 모욕적인 의미의 '개'보다는 '애완견'의 뜻으로 쓰였다고 주장하고, 예수가 처음에 여인에게 단호하고 모욕적인 거절의 말을 부드러운 말로 바꾸었기 때문에 집 안에 있는 '개'를 의미한다고 말한다.285) 유대 전통과 구약에서 '개'의 이미지가 언제나 부정적인 것은 아니었다. 토빗서 6:1과 11:4에서 '개들'은 선한 이미지로 나타난다. 더구나 집에서 기르는 개는 정의로운 이방인들의 상징으로 표현되었다.286) 봐이스(J. Weiss)도 예수가 이방인 여인에게 개라는 모욕적인 용어를 사용했다는 것을 부인하고, 로우즈(D. Rhoads)는 '작은 개'(27절)를 '어린 딸'(25절)과 짝을 맞추기 위하여 사용되었을 것이라고 한다.287) 여기에서 사용한 '자녀들'은 유대인을 말하고 '개들'은 집에서 기르는 온순한 '개들'로 이방인을 가리키는 비유라고도 설명될 수 있다. 필자는 여기에서 사용된 '개'의 의미는 이방인을 포용하려는 예수의 은밀한 시도라고 주장한다. 예수는 이 은유를 통해서 하나님 나라의 이방인을 위한 구원의 장소를 마련하고 있다고 본다.

4) 거절의 사회, 경제적 배경: 사회적 상황에서 본다면 다음과 같이 볼 수 있다. 예수의 거절 말씀은 역사적 상황에서 비유로 주어졌다고 추정할 수 있다. 예수 당시의 해변의 두로 지역은 갈릴리 북쪽 산지의 유대 농부들의 농작물들을 사서 쓰는 부유한 도시였

---

285) V. Taylor, *The Gospel according to St. Mark*, 350.
286) J. Marcus, *Mark 1-8*, 464.
287) Ibid., 463.

다. 그 당시의 역사적 정황에 따르면 이 지역은 북쪽 갈릴리와 해안 도시인 두로 지역 사이에는 농지의 제한 때문에 농작물 공급이 항상 문제였다(cf. 행 12:20). 스톡(A. Stock)에 의하면 이러한 상황에 특별히 농작물이 겨울이 오면 상대적으로 가난한 유대 농부들은 예비한 곡식이 없으므로 음식섭취에 어려움이 생길 때마다 위의 비유를 말하곤 한 것 같다.[288] 과연 예수의 말대로 자녀의 떡, 즉 이스라엘의 농작물을 취하여 이교의 개들, 다시 말하면 이방인들에게 주는(파는) 것이 옳은 것일까? 예수는 여인에게 묻고 있는 것이다.

타이센(G. Theissen)의 주장대로 문제는 두로인들은 우월한 경제적 수단을 통해서 변방지역의 곡물을 사들였을 것이며 유대 농촌 주민들은 가난하게 굶주려야 했다는 데 있었다.[289] 그녀가 예수께 다가왔다는 것은 항상 곡물로 인하여 손해를 보던 유대인에게 도움을 요청하는 역설적인 두로인의 모습이 각인되어 있다.

그렇다면 예수의 답변의 의도는 무엇이었는가? 예수의 이러한 반응은 대단히 의도적인 것으로 보인다. 이 비유는 농작물이 귀한 시절에 유대 농부들이 불평 어린 말로서 예수는 지금 여인에게 이 비유를 사용함으로써 그녀의 믿음을 시험할 뿐만 아니라 자신의 이방 사역의 의미를 보다 역설적으로 알리려고 한 것으로 보인다.[290]

5) 여인의 답변: 저자에 의하면 그녀는 예수께 대답하며 "주님, 그러나 상 밑에 있는 강아지들도 아이들이 (먹다 떨어뜨린) 부스러기는 먹습니다."라고 하였다(28절). 이것을 살펴보면 본문에서는 26

---

288) A. Stock, *The Method and Message of Mark*(Wilmington: Michael Glazier, 1989), 212

289) G. Theissen, "시로페니키아 여인 이야기", 「신학사상」(1985, 겨울): 841.

290) Camery-Hoggatt,(1992): 150-151. 심상섭, "마가복음의 내러티브적 주해와 설교", 재인용.

절과 29절이 짝을 이루고 있음을 알 수 있다. 도식으로 표현하면 다음과 같다.291)

26절　　 "… **자기 딸에게서** 귀신 쫓아 주시기를 간구하거늘"
　　　　 (예수) 자녀로 먼저 배불리 먹게 할지니,
　　　　 자녀의 떡을 취하여 **개들**에게 던짐이 …(27절).
　　　　 (여인) "주여 옳소이다마는
　　　　 상 아래 **개들**도 **아이들이** 먹던 부스러를 …"(28절).
29절　　 "… **네 딸에게서** 귀신이 나갔느니라"

저자는 여인이 예수와 '묻고 대답하는' 형식으로 논쟁을 한다고 보도한다. 성서 안에서 이런 논쟁대화는 구약성서에서 아브라함이 소돔과 고모라를 구하기 위하여 하나님을 설득하는 이야기(창세기 18:20 이하)에서 시작하여 예레미아서(12장)와 지혜서(3:7 이하)에도 나타난다. 신약성서에서는 '과부의 청을 들어주는 재판관 비유' 이야기(누가 18:1 – 8)에서 한 여인이 도움을 줄 수 있는 중심인물을 설득하고 인간의 개입으로 예수의 마음과 생각을 바꾸어 놓은 경우를 접할 수 있다(막 1:35; 누가 4:42 – 43; 24:28 – 29). 저자에 의하면 여인의 답변이 뜻밖이다. "주님, 그러나 상 밑에 있는 강아지들도 아이들이 (먹다 떨어뜨린) 부스러기는 먹습니다(Κύριε, καὶ τὰ κυνάρια ὑποκάτω τῆς τραπέζης ἐσθίουσιν ἀπὸ τῶν ψιχίων τῶν παιδίων)."

여인의 대답은 비록 자신이 개 같은 존재라 할지라도 먹던 부스러기라도 얻기를 바라고 있다. 사실 그녀의 높은 신분이나 유대인과 두로인 사이의 갈등을 생각한다면, 그녀의 반응은 매우 독특한

───────────────

291) 조태연, 「예수이야기 마가」 198.

행동이었다.[292] 경멸스러운 비유적 답변에도 불구하고 그녀는 자신의 딸의 온전해짐을 위하여 자신을 개로 여김에도 불구하고 겸손하게 받아들일 뿐만 아니라 또한 낙망치 않고 끈질기게 대응했다.

여인은 예수께 '떡'을 얻길 원했다. 포코른(P. Pokorn)에 의하면 치유가 떡을 먹이는 것으로 비유되는 것으로 보아 떡은 생명 혹은 영생에 대한 은유다.[293] 여성은 개인의 운명을 초월하는 예수의 전체 의도에 동의하면서, 집에서 개의 역할을 은유적으로 말함으로써 예수를 떡을 공급해 주시는 분으로 이해한다. 여성은 예수의 전략을 간파하고 딸의 필요를 예수의 전체 사명과 조화시키려고 노력한다.

저자에 의하면 수로보니게 여인은 예수를 '주님(κύριε)'이라 부르는데, 마가복음에서는 여기서 단 한 번 사용되는 말이다. 호격 '주님'은 신중하게 두 가지 뜻으로 해석할 수 있다. 첫째, 단순히 공손하게 부르는 말일 수 있고, 하나님을 의미할 수 있다. 마가복음에서 '주님'은 신의 명칭으로서 '주님'을 의미하는 마가의 친근한 표현이며(1:3; 12:29 - 30, 36; 13:20), 'κύριε'는 다른 구절에서 예수를 지칭하는 말로 사용된다(2:28; 5:19; 11:3.9; 12:36 - 37; 13:35). 이 예수에 관한 최고의 명칭은 십자가 밑에서 '하나님의 아들'이라는 이방인의 고백과도 같다. 여기에서 수로보니게 여인이 예수를 '주님'이라고 부른 것은 '신의 명칭'으로 '주님'을 부른 것으로 보인다.

6) 편견의 극복: 저자에 의하면 이 이야기에는 예수의 이방인에

---

292) D. E., Garland, *Mark. The NIV Application Commentary*(Grand Rapids: Eerdmans, 1996), 293.

293) P. Pokorn, "From a Puppy to the Child: Some Problem of Contemporary Biblical Exegesis Demonstrated from Mark 7:24 - 30; Matt 15:21 - 28", *New Testament Studies* vol.41(1995): 322 - 325.

대한 ‘선입견’이 드러나 있다. 처음에 독자들은 충격을 받을 것이다. 하지만 이 이야기는 지혜로운 대답을 한 수로보니게 여인을 통해서 ‘선입견’과 ‘편견’이 무너진다. 언제나 경제적 어려움에 처해 있던 유대인들은 피해의식에 젖어 있었다. 그러나 이 여인에 의해서 역사적이며 사회적인 ‘편견’이 극복되었다.[294] 우리가 비록 도움을 요청해야 할 위치에 있더라도 우리의 인식에 전환이 있을 경우에 우리도 도울 수 있다는 사실을 깨닫게 된다.

저자는 예수가 “옳은 말이다. 어서 돌아가 보아라. 귀신은 이미 네 딸에게서 떠나갔다($\Delta\iota\grave{\alpha}\ \tau o\hat{\nu}\tau o\nu\ \tau\grave{o}\nu\ \lambda\acute{o}\gamma o\nu\ \mathring{v}\pi\alpha\gamma\epsilon,\ \grave{\epsilon}\xi\epsilon\lambda\acute{\eta}\lambda\nu\theta\epsilon\nu\ \grave{\epsilon}\kappa\ \tau\hat{\eta}_S\ \theta\nu\gamma\alpha\tau\rho\acute{o}_S\ \sigma o\nu\ \tau\grave{o}\ \delta\alpha\iota\mu\acute{o}\nu\iota o\nu$).”라고 발화를 묘사한다(29절). 이 여인은 예수를 만나 자신의 삼중고로부터, 곧 악령 들린 딸을 가진 어머니요, 여자요, 이방인이라는 고통으로부터 헤어나 해방된다. 예수는 ‘헬라 출신이며 수로보니게인’이라는 기존의 사회, 문화적 구조를 뛰어넘어 자유의 새 삶을 갈구하는 여인을 만났다. 그리고 여인은 자기의 딸 때문에 두터운 도덕성과 사회, 문화적 규범이 쌓아 놓은 높은 벽을 무너뜨리는 모험을 감행하고 있다. 그러므로 이 이야기는 포코른(P. Pokorn)에 의하면 당시의 사회, 문화, 인종적 배경을 뛰어넘어 고정된 틀을 부수어 버린 인간의 회복이며 해방이야기다.[295] 고질적이며 단단한 편견을 극복하며 승리한 위대한 기적 이야기다.

그녀의 놀랍고도 담대한 믿음의 행동은 놀라운 구원의 기적을 이루어 냈다. 용기 있는 행동과 지혜로운 논쟁은 딸을 치유하는 사건이 일어나게 만들었다. 처음에는 수로보니게 여인의 간청이 거절

---

294) G. Theissen, “시로페니키아 여인 이야기”, 847.
295) P. Pokorn, *From a Puppy to the Child*, 333.

된 것처럼 보였다. 그러나 결국 이 여인의 딸도 하나님의 자비로우신 돌보심(먹이심)에 참여하게 되었다. 이방 지역의 급식이적(8:1-10)에서 본 대로 이제 이방인도 하나님의 상에서 배불리 먹을 수 있음을 이 기사는 미리 입증하고 있다. 이방 여인의 간구는 딸에게 기적 같은 치유의 사건을 일으키게 된 것이다. 여인의 답변은 율법학자, 바리새와, 사두개의 모습과는 좋은 대조를 이루는 성공이야기가 된다.[296]

7) 새 시대의 도래: 예수께서 떡을 개들에게 줄 수 없다고 말했음에도 불구하고 여인이 승리했다는 사실이 시사하는 것은 무엇일까? 조태연은 이것을 결국은 떡이 이방인에게로 넘어가고 마는 것을 뜻한다고 주장한다.[297] 수로보니게 여인은 예수의 사역이 하나님의 은혜를 유대인뿐만 아니라 이방인에게까지 확대해야 한다고 주장했다. 떡의 은총을 남성들뿐 아니라 여성들에게 확대해야 한다고 주장한 것이다. 결국, 여인의 지혜와 인내 그리고 신뢰와 강청에 예수는 계획을 바꾸었다. 드디어 이방 세계로 나아가고자 하던 당신의 오랜 숙원을 풀게 된 것이다(참조, 6:45-52). 이 사건 이후 이방인 땅에서 활동하는 사실을 보면 입증된다.

〈Ⅰ. 유대인의 땅에서〉

1. 오천 명을 먹이심(6:30-44)	갈릴리 바다 서쪽 해안
2. 갈릴리 바다를 건너심(6:45-56)	벳새다(바다 동편)를 향하여
3. 적들과 논쟁하심(7:1-13)	게네사렛 주변

---

296) 한국여성신학자협의회, 『새롭게 읽는 성서의 여성들』(서울: 대한기독교서회, 1994), 370.
297) 조태연, 『예수 이야기 마가2』 203.

4. 제자들을 가르치심(7:14 – 23)　　　　게네사렛 주변

〈본문 7:24 – 37〉
수로보니게 여인과의 일(7:24 – 30)　　두로
벙어리 귀신 축귀(7:31 – 30)　　　　데가볼리의 바닷가 동
　　　　　　　　　　　　　　　　　쪽 해안

〈Ⅱ. 이방인의 땅에서〉
1. 사천 명을 먹이심(8:1 – 10)　　　　갈릴리 바다 동쪽 해안
2. 갈릴리 바다를 건너심(8:10)　　　바다 동쪽에서 서쪽으
　　　　　　　　　　　　　　　　　로의 횡단
3. 적들과 논쟁하심(8:11 – 13)　　　바다 서편 갈릴리 땅
　　　　　　　　　　　　　　　　　에서
4. 제자들을 가르치심(8:14 – 21)　　바다 서쪽에서 동쪽으
　　　　　　　　　　　　　　　　　로의 횡단

위의 문학적 구조에서 볼 수 있듯이 수로보니게 여인의 사건은 이방인 선교에 있어서 대단히 중요한 사건이었다. 마침내, 수로보니게 여인과의 대화를 통해서 편견이 극복되고 이방인을 위한 선교의 문이 열린다. 종말론적 하나님의 나라의 도래는 유대인의 복음뿐 아니라 모든 이방민족의 복음이 된다. 결국 이 여인은 예수의 새로운 길을 열게 했고 그 선교적 동기를 제공하였다. 한 여인의 간청과 신뢰가 종말론적 새 시대 도래의 시발점이 되게 한 결과를 가져오게 했다. 종말론적 하나님의 나라는 이방세계를 포함한 새로운 열린 공동체를 만들었다·

Ⅳ_ 축귀사역의 방법과 성격

본 장에서는 예수의 축귀의 특징에 먼저 주목하고자 한다. 당시에도 다른 축귀자들이 있었지만 예수가 시도한 축귀는 그 독특한 형태에 있어서 특징이 분명하다. 따라서 그 특징을 짚어 보고 축귀가 의미하는 바의 사회적 의미, 즉 평화에 관하여 살펴보도록 하겠다. 이어서 축귀와 관련하여 예수의 다른 치유 이적에 나타난 사회적 의미를 살펴봄으로써 예수의 축귀에 함축된 종말론적 하나님 나라의 도래를 탐구할 것이다. 본 장에서는 예수의 이적은 곧 종말론적인 하나님 나라의 임함에 있음을 주목하고자 한다.

1. 예수의 축귀 방법과 의미

1-1. 지리적 의미

1) 회당(συναγωγή): 마가에 의하면 예수가 행한 유대인 지역에서의 축귀 장소는 회당이었다. 넓게 보면 갈릴리였으며 그 축귀는

유대인 지역에서 행하신 최초의 축귀 사건이자 최초의 이적이었다. 예수의 갈릴리 전도는 그 공생애의 중심 활동 무대였고 갈릴리 전도의 본거지(마 9:1)는 가버나움[298]이었다.

갈릴리 사람들은 유별난 경건성과 성전제의의 중심으로 하는 생활을 했다. 이들은 일 년에 세 번 있는 순례 축제 중 하나에는 규칙적으로 참여했다(누가 2:41 이하). 또한 이들은 칼리굴라 황제의 입상(立像)을 세워 놓음으로써 성전을 더럽힌 일을 규탄하기 위해서 39년 디베랴의 유대인들과 갈릴리 사람들이 대규모 집회를 가졌다.[299] 이들은 종교적 실체인 성전과 토라를 중시했다. 갈릴리 사람들은 안식일이면 갈릴리의 허다한 회당에서 토라를 읽고 번역하고 해석하던 회당에 참석했다. 회당에서는 안식일에 예배를 드렸고 찬송, 축도, 기도, 율법과 선지서의 낭독, 성경해석 등의 순서로 진행되었다.[300] 따라서 회당과 성전은 유대인 사회를 제의적으로

---

298) 예수는 가버나움에서 처음 제자들을 불렀고(마가 1:16 이하), 거기에 있는 베드로의 집에 방문했다(마가 1:29; 9:33). 그곳은 여기저기 떠도는 활동이 시작된 자리이자 근거지였다. 여간해서는 지명을 소개하지 않는 로기아 자료조차 가버나움의 백부장 이야기(누가 7:1 이해)와 갈릴리의 성읍들에 대한 저주(누가 10:13 - 15 평행)에서 그 성읍을 두 번이나 언급하고 있다. 또한 가버나움은 정치적으로는 큰 의미를 지니지 않은 것으로 보인다. W. BÖsen, *Galiläa als Lebensraum und Wirkungsfeld Jesus*(Basel; Herder Freiburg, 1985); 뵈젠, 「예수시대의 갈리래아」 120 - 158.

299) Josephus, *Jewish Antiquities*, 18,269ff.

300) 예수 당시 회당예배 순서
  Ⅰ. 제의적 부분
    1. 축복문(축복의 말씀)
      "들어라. 이스라엘아"(쉐마)
      a) 신명 6.4 - 9
      b) 신명 11.13 - 21
      c) 민수 15.37 - 4 축복문
    2. 18개 기도문(=쉐모네 에스레)
      a) ⅰ. - 3.(?) 축복문
    3. 안식일 기도와 축일기도
      b) 4. + 5.(?) 축복문
    4. 아론 제사장적 축복

통합하는 메커니즘에 해당된다. 이것을 표시하면 다음과 같다.

율 법   ⇒   회당   ⇒   성전

(유대교 정체성) (유대 법적 구성원들의 모임) (정결제의의 중심)

이것을 통해서 보듯이 회당은 성전에 종속되어 있는 구도로 볼 수 있다. 회당은 예루살렘에 속한다고 볼 수 있다. 따라서 마가복음의 구조는 갈릴리와 예루살렘의 대립적 구조로 이해되고 있다.[301] 켈버(W. Kelber)에 의하면 마가복음서에 등장하는 지리적 접근의 흐름을 개략적으로 정리하면서 이 흐름 속에 등장하는 연구들의 논지의 핵심은 갈릴리와 예루살렘의 관계를 대립적이라고 본다.[302]

마가에 의하면 갈릴리는 언제나 공간 이동의 중심에 늘 갈릴리가 위치한다(1:14 – 3:6, 3:7 – 9:50). 즉 예수의 정체성에 특정 공간의 정체성이 관련되고 있음을 알 수 있다. 결국 마가의 지리적 공간 속에는 문학적 공간들이 반영되어 있다. 서용원의 지적처럼 마가복음은 지리적, 인종적 사상적 갈등 구조를 통한 예수 이야기,

---

   c) 6.(?) 축복문

Ⅱ. 교훈적/교육적 부분

   1. 모세오경에서 온 토라강독

   2. 예언서와 역사서에서 온 예언서 강독

   3. 설교. W. Bösen, *Galiläa als Lebensraum und Wirkungsfeld Jesus*(Basel; Herder Freiburg, 1985), 391.

301) 갈릴리와 예루살렘의 대립적 구도에 관하여는 다음을 참조하라. L. E. E. Binns, *Galilean Christianity*, 「갈릴리 기독교」 황성규 역(서울: 대한기독교서회, 1985); D. G. Dunn, *Unity & Diversity in the New Testament: An Inquiry into the Character of Earliest Christianity*(London: SCM Press, 1984), 「신약성서의 다양성과 통일성」, 김득중·이광훈 공역(서울: 나단출판사, 1988), 235 – 308.

302) W. Kelber, *The Kingdom in Mark*(Philadelphia: Fortress Press, 1974), 136 – 147.

예수에 대해 이야기하기, 마가공동체의 생존의 수사 구조 형성이라
는 전승 복합체로 규정, 분석해 볼 수 있을 것이다.[303] 이것을 공간
정체성에 대해서 분석하면 다음과 같다.

공간 개념을 통해 본 마가의 사회 – 수사적 구조들[304]

1) 지리적 수사 구도: 갈릴리(안 – 밖/회당 – 바닷가)

↓

예루살렘(안 – 밖/성전 안 – 성전 밖, 성안 –
성 밖)

↓

(갈릴리 – 부활 현현 예고)

1 – 1) 인종적 수사구도: 유대인 – 이방인

– 치유기적, 논쟁설화

1 – 2) 사상적 수사 구도: 정 – 부정/황제숭배

– 치유기적, 구마기적

1 – 3) 교육적 수사구도: 무리들(혹은 개인) – 제자들(혹은 일부 제자)

– 가르침들, 논쟁설화, 제자훈

1 – 4) 목회적 수사 구도:

– 가르침, 논쟁, 치유기적 등

1 – 5) 구원사의 수사 구도:

– 예수정체 이야기/수난 – 부활 – 현현 이야기

---

303) 서용원, 「마가복음과 생존의 수사학」 116, 117.

304) Ibid., 116.

1)에서 볼 수 있듯이 회당과 성전은 마가에 의하면 부정적 시각으로 보인다. 그렇다면 예수는 왜 회당에서 축귀를 시도했을까? 유대인들에게 회당은 안식일을 지키기 위해서 사용된 가장 중요한 장소이다.[305] 회당은 유대교에 있어서 사회 질서를 지켜 주는 기반이다.[306] 이런 중요한 의미를 지닌 회당 안에 귀신 들린 사람이 있었다는 것은 이스라엘 종교가 이미 더러운 영에 사로잡혀 있음을 상징적으로 보여 준다. 이러한 종교적 열심을 품고 생활하던 갈릴리의 가버나움 회당에서의 귀신축출 행위는 유대교 자체가 하나님 나라와 거리가 멀다는 것을 보여 주고 있다.

2) 이방인 지역: 마가복음 5, 7, 9장에 기록된 축귀는 모두 이방인의 지역에서 행해진 것이다. 예수가 이방인 지역에서의 병자 축귀 사건은 당시 유대인의 의식을 뛰어넘었고 또한 혁명적인 행태로 보였을 것이다.

유대교가 지닌 외국인 혐오증은 당시의 헬라인들이 보여 준 이방인 차별주의와 다르지 않았다.[307] 특별히 유대인들은 종교적인 배경을 바탕으로 이방인에 대한 혐오증은 놀랄 만한 것이었다. 스스로 '거룩한 백성'으로 택함을 받았다는 선민사상과 '부정한 것'으로 간주되는 사물들과 사람들을 피해야 한다는 종교적 의무 때문에 어떤 생소한 것이나 이교적인 것을 접촉하는 것을 신성 모독으로 여겨 이를 피하기 위해 노심초사하였다. 그들은 이방인뿐만 아니라 그들의 물건도 부정한 것으로 여겼다.

---

305) 회당에 관한 것은 다음을 보라. Emil Schuerer, *The History of the Jewish People in the Age of Jesus Christ*(London: T. & T. Clark, 1979), 467-475.

306) C. Myers, *Binding the Strong Man: A Political Reading of Mark's Story of Jesus*(New York: Orbis, 1991), 141.

307) 헬라인들은 "야만인도 인간인가?" 하는 질문을 제기했다. 야만인들에게는 희랍인들과 같은 인간성(humanitas)이 결여된 것으로 여겼다. 야만인을 철저하게 차별한 것이다.

> 누구든지 이교도에게서 요리 기구를 산다면, 그는 언제나 물에 담금으로써
> 청결해지는 것은 무엇이든 물에 담가야 한다. 끓는 물에 소독함으로써 항
> 상 깨끗해지는 것은 무엇이든 끓는 물에 소독을 해야 한다. 그는 불로써
> 항상 살균되는 것은 무엇이든 불로 살균해야 한다.[308]

하지만 예수는 이방인들을 다르게 보고 행했다. 예수는 이방인으로서 부정할 뿐만 아니라 병자로서 불결하며 보잘것없는 사람들을 치유했다. 이방인에게도 치유와 구원의 길을 열어 놓았다. 이것은 종말론적 하나님의 나라에서나 가능한 일에 대한 놀라운 상징적인 행위임에 틀림없다. 이러한 이방인 지역에서의 축귀와 이적은 이방인들[309] 및 사마리아인[310]에게 있어서 과거에 외부인이었던 자들이 하나님의 백성 안으로 들어올 수 있다는 놀라운 소식을 증언해 주고 있다.

1-2. 축귀의 동기

1) 예수의 연민: 예수께서 행하신 축귀 기적에는 직접적인 동기는 많이 나타나지 않는다. 다만 몇 가지 동기들이 확인이 된다. 복음서에는 예수가 "불쌍히 여기사"라는 표현을 통해 연민의 마음[311]

---

308) 허호익, 「예수그리스도 바로보기」(서울: 한들출판사, 2003), 419.

309) 마 8:5-13/눅 7:1-10; 마 15:21-8/막 7:24-30; 마 15:32-8/막 8:1-10/
   눅 9:12-17.

310) 사마리아인들은 이방노예보다도 못한 위치에 있었다. 그들은 유다공동체에서 철저히 배척당
   하였다. J. Jeremias, *Jerusalem in the Time of Jesus*, 441.

311) 여기에 등장하는 연민, 즉 스프랑크논(splanchnon)이라는 명사에서 유래한 스프랑크니조마
   (splanchnizomai)이라는 동사다. 그리고 이 단어는 그리스어에서 '연민'을 의미하는 단어
   가운데 가장 강한 단어이다. 이 명사의 복수형은 스프랑크나(splanchna)는 몸의 내부, 특별
   히 인간의 감정이나 정서와 관계되어 있는 심장, 폐, 그리고 간과 같은 상위의 혹은 고귀한
   (고대 그리스에서 하급의 혹은 귀하지 않은 것으로 간주되었던 엔테라(entera) 혹은 장(陽)과

을 지니고 있음을 볼 수 있다.

그렇다면 예수는 인간의 질병에 대한 응답으로서 어떤 태도를 보여 주고 있는가? 예수는 인간을 억압하며 괴롭히는 질병과 귀신 그리고 자연 환경의 위협에 대해서는 분노를 나타낸다(막 1:43; 요 11:33). 또 다른 한편으로 고통을 받으며 질병으로 인하여 신음하는 사람을 긍휼히 여긴다(막 1:41; 마 14:14; 막 6:34; 병행, 9:22). 예수는 언제나 귀신과 질병, 그리고 자연의 위협을 향해서 통분히 여기며 꾸짖는다(막 1:25; 막 4:39; 눅 4:38 - 39). 그러나 이와 반대로 귀신 들린 자, 병자, 고난의 자리에 든 자를 향해서는 사랑과 긍휼히 여김을 보여 준다.

예수는 축귀활동을 하면 할수록 대적들과의 마찰312)은 깊어만 가게 되었다. 그럼에도 불구하고 예수는 축귀를 지속하려 한다. 그 깊은 동기에는 여전히 인간에 대한 깊은 연민이 배어 있었기 때문에 가능했다. 그 연민은 유대인뿐 아니라 이방인들에게까지도 동일하게 적용이 되었다(막 7:24 - 30).

2) 자비를 구함에 대한 응답: 병자의 가족들은 예수께 접근하면서 "엘레에손(Eleeson, 자비를 베푸소서)"이라고 부르짖었다. 예수가 가지고 있는 연민에 호소하며 다가서곤 하였다. 그러나 귀신 들렸던 사람들은 결코 그들 스스로 자비나 치유를 위해 예수께 접근하

대조해) 신체 기관들을 표현할 때 사용된다. 따라서 이 동사는 '신체 내부에서 흔들리다'는 뜻이다. 즉 존재의 가장 깊은 곳에서 어떤 사람에 대한 동정심, 자비, 또는 연민을 느낀다는 뜻이다. *MaxSussman in The Anchor Bible Dictionary*(New York: Doubleday, 1992), vol.6, p.8, art. "Sickness and Disease."

312) 예수의 치유와 축귀활동은 적대자들에게 반발을 사게 된다. 안식일 논쟁의 경우가 그 하나라면 또 다른 하나는 그의 치유의 능력의 근원에 대한 적대자들과의 논쟁이다. 그 대표적인 예가 바알세불 논쟁(막 3:20 - 30)이다. 예수가 귀신을 찾아내는 일이 귀신의 두목인 바알세불과 결탁했다고 서기관과 바리새인들이 몰아붙인다. 당시 축귀 활동에 예수의 활동을 폄하하기 위한 수법이었다. 예수는 사탄이 사탄을 몰아낼 수 없다고 말하며 그들을 질책한다.

지 않았다. 그들은 다른 사람들에 의하여 예수께 나왔거나, 혹은 예수의 출현으로 인해 당황했다(예: 막 1:24, 5:7). 스스로 나온 것이 아니라 그 부모에 의해서 예수께 나온 자들이었다(막 7:24 - 30, 막 9:14 - 29). 수로보니게 여인은 딸을 구하기 위해서 스스로 예수를 찾아왔고, 간질병 걸린 아들을 둔 아버지는 아이를 데리고 예수께 찾아왔다.

그들은 모두 예수께 독특한 호칭을 사용하였다. 수로보니게 여인의 경우 '주님'313)이라는 호칭을 부른다. 또한 간질병 걸린 아들을 둔 아버지는 예수를 보고 '선생님', '주(마태복음)'라고 부른다. 간질병 걸린 소년의 아버지가 그것을 사용했을 때, 그것은 정중한 표현 이상의 것이었음에 틀림없다. 그 아버지는 제자들이 실패했던 치유를 예수께 기대하고 있었고, 이것은 그가 예수께서 제자들보다 훨씬 강력한 능력을 갖고 계시다는 점을 믿었다는 것을 의미한다. 마가와 누가는, 마치 이 문제에 대한 어떤 의구심도 제거하려는 듯이, 비록 그들이 자비에 대한 부르짖음은 생략했지만, 주님을 선생(didaskalos)이라는 칭호로 대체시키고 있다(마 9:7, 눅 9:38).

회당에서의 귀신 들린 사람은 예수를 "나사렛 예수"라고 불렀고, 계속해서 그분을 귀신을 쫓아낼 수 있는 능력의 거룩한 자로서 인정했다. 비슷한 방식으로, 거라사 지방의 귀신 들린 자는 예수를 "지극히 높으신 하나님의 아들 예수여"(막 5:7, 눅 8:28)라고 부르는데, 이것은 그가 귀신들을 쫓아낼 수 있는 능력과 권위를 소유하고 있음을 의미하는 것이다. 예수라는 이름이 사용되는 다른 두 가지 경우에 그것은 자비를 구하는 것과 연관되어 있다. 결국 예수의

___

313) 수로보게 여인은 예수를 '주님(κύριε)'이라 부르는데, 마가복음에서는 여기서 단 한 번 사용되는 말이다. 이러한 칭호(호칭)들은 예수의 권위를 반영하는 것이고, 그 권위의 서로 다른 측면들을 묘사하는 것이다. 이 칭호는 예수의 마음을 움직이는 중요한 대응이기도 했다.

이름을 부른다는 것은 자비를 구하는 적극적인 행동이 되었다.

1 - 3. 예수의 축귀 방법

1) 귀신 들린 사람과의 대면: 예수와 귀신 들린 사람 사이에 극적인 대면이 있었다. 마가복음 1:23에서 귀신 들린 남자는 가버나움 회당에서 예수를 보자 소리를 질렀고, 그 때문에 그가 귀신 들렸다는 사실이 순간적으로 분명해진다(참조. 막 5:6 - 7; 7:25; 9:20).

귀신들은 예수의 정체를 한눈에 바로 파악한다. "나사렛 예수여 우리가 당신과 무슨 상관이 있나이까. 우리를 멸하러 왔나이까. 나는 당신이 누구인 줄 아노니 하나님의 거룩한 자니이다('Iησοῦ Ναζαρηνέ ἦλθες ἀπολέσαι ἡμᾶς οἶδά σε τίς εἶ, ὁ ἅγιος τοῦ θεοῦ)."(막 1:24) "지극히 높으신 하나님의 아들 예수여! 나와 당신과 무슨 상관이 있나이까. 원컨대 하나님 앞에 맹세하고 나를 괴롭게 마옵소서('Iησοῦ υἱὲ τοῦ θεοῦ τοῦ ὑψίστου ὁρκίζω σε τὸν θεόν, μή με βασανίσῃς)."(막 5:7) 귀신들은 예수를 알고 있다고 말을 함으로써 예수에 대한 지배권을 얻으려 하고 있음을 알 수 있다.

그러나 예수는 구체적으로 귀신의 이름을 묻는다. 귀신도 예수를 알고 있다.[314] 예수는 귀신의 이름을 물음으로써 강압적으로 제어한다. 귀신을 무장시키는 방법은 먼저 귀신의 이름을 아는 것이 중요하다. 고대의 어떤 귀신 축출자들은 귀신들로 하여금 말을 하게 하는데 어려움을 겪었다(Papyri Graecae Magicae Ⅳ. 3039 - 3041).

---

314) J. B. Green and S. Mcknight and Howard Marshall, *Dictionary of Jesus and the Gospels*, 102. 상대를 알고 있다는 것은 제압할 수 있는 권세를 의미했다.

하지만 예수는 이러한 어려움을 겪지 않았던 것으로 보인다(막 1:23
-25; 5:5-7).

예수 시대에도 예수의 제자가 아닌 다른 사람들이 예수의 능력
과 이름을 사용하여 귀신을 쫓아내고 있었다(막 9:38). 그들이 사용
한 명령어는 사도행전 19:13-15에 나오는 것처럼 '예수의 이름'이
었다.

한편 예수는 귀신축출과 더불어 예수의 정체성에 대한 침묵명령
을 내린다. 예수께서는 결코 귀신의 증언을 수용하지 않으셨으며,
또한 우리가 회당의 귀신 들린 사람과 거라사 지역의 귀신 들린 사
람의 두 경우에서 볼 수 있듯이 귀신들을 축출함으로써 그들을 침
묵시키려 하셨다.[315]

집단 치유의 경우 예수는 귀신들의 반응을 통한 예수의 정체성
을 밝히려는 시도를 막고 있다. 귀신 들린 자에게 행하신 것처럼
귀신에게 침묵을 명령하셨다. 그 이유는 더러운 영의 행태를 보면
알 수 있다. 더러운 영은 귀신 축출자이며 해방자인 예수의 임재를
만나자 자극을 받고 광적인 행동으로 반발한다(1:23-28; 5:12;
7:24-31; 9:14-29). 그러나 예수를 신적인 인간으로 인정하는 공
적인 고백은 등장하지 않는다. 막 3:11과 5:7의 이 '고백'도 마가의
메시아 비밀의 일환으로 차단당한다. 이것은 예수가 곧 하나님의
거룩한 자임을 시인하는 귀신들은(1:24) 침묵을 지키도록 책망을
한다(1:34; 3:11).

2) 말씀을 통한 축귀: 예수는 귀신을 쫓아낼 때에 반드시 말씀(명
령)을 하셨다. 이것이 예수께서 사용하신 것으로 기록되어 있는 귀

---

315) John Wilkinson, *The Bible and Healing*(Edinburgh: Handsel Press: 1998), 「성서
와 치유」(서울: 기독교연합신문사, 2001), 197.

신축출의 한 방법이셨다.[316] 예수께서는 귀신 들린 자에게 결코(손을 얹는) 안수를 하지 아니하셨다. 이것은 독특한 것으로 예수의 축귀에 나타난 특징이다. 다른 치유의 경우에는 매우 다양한 방법을 사용하셨다. 먼저 "예수께서 소수의 환자에게 안수하여 고치시니"(막 6:5)라는 언급에서 알 수 있듯이 예수는 안수하여 고쳤다. 또한 환자 자신들이 주도권을 가지고 "예수의 옷자락이라도 만진 많은 자들이 나음을 얻으니라."(막 6:56)에서 알 수 있듯이 예수의 신체의 일부와의 접촉을 통한 치료도 기록하고 있다. 그 외에도 다른 방법의 치유가 있었다.[317] 그러나 귀신을 축출할 때에는 예수는 강한 '명령'을 통해서 축귀하는 특징을 보여 준다.

1. 회당의 귀신 들린 사람: "잠잠하고 그 사람에게서 나오라."(막 1:25)

2. 거라사의 귀신 들린 사람: "더러운 귀신아 그 사람에게서 나오라."(막 5:8)

3. 간질에 걸린 소년: "그 아이에게서 나오고 다시 들어가지 마라."(막 9:25).

마가는 예수의 귀신축출의 경우에 정확한 단어들을 사용하고 있다. 귀신에 대한 명령은 "나오라(ἔξελθε)!"고 명한다. 회당의 귀신 들린 사람의 경우, 마귀는 조용히 하도록 명령을 받는데, 그 이유는 그가 예수가 누구이신지를 공개적으로 선포했기 때문이었다.

예수는 '나오라'라는 명령을 한다. 이는 귀신이 사람에 대해 구

---

316) Ibid., 196.

317) 예수께서 자신의 타액을 사용하신 경우도 기록되어 있다. "예수께서 손가락을 그의 양쪽 귀에 넣고 침을 뱉어 그의 혀에 손을 대시며 하늘을 우러러 탄식하시며 그에게 이르시되 '에바다' 하시니 이는 열리라는 뜻이라."(막 7:33 - 34). 이처럼 귀먹고 어눌한 자를 고치실 때에 예수는 타액을 사용한 경우는 이적 중에서도 독특한 기록임에 틀림이 없다.

체적으로 정신적 또는 육체적으로 괴롭히는 존재임을 나타내는 것이다. 예수의 축출 명령에서 주의해야 할 용어로서 φιμοω'(피모오)와 επιτιμαω'(에피티마오)가 있다. φιμοω'(피모오)는 마가복음 1장 25절에서는 '잠잠하라'라는 말로 번역하였고 마가복음 4장 39절에서는 '고요하라'라고 번역했다. επιτιμαω는 한글 개역성경에서 '꾸짖다'라고 번역하고 있다. επιτιμαω는 베드로의 장모에게서 열병을 꾸짖을 때도 사용했고 바람과 바다를 향하여 "잠잠하라"고 꾸짖을 때도 사용했다. "예수께서 일어나 바람을 꾸짖으시고 바다를 향하여 "고요하고 잠잠하라"고 명하였다(막 4:39).318) J. 칼라스(James Kallas)에 의하면 예수는 악마적인 것이 모든 인격과 자연 속에 깃들어 있지만 예수는 이러한 악마적인 것을 만나면 과감하게 명령을 내리며 꾸짖고 축출을 한다.319) 예수는 악마적인 것을 인격적으로 취급하며 명령을 내린다. 예수는 사람과 자연에 깃들인 모든 귀신의 배후세력을 축출한다.

3) 귀신의 파괴적 반응: 예수는 귀신들을 한 사람에게서 수천 마리의 돼지들에게로 나가도록 허락한다(막 5:13). 예수가 귀신 들린 사람에게서 바다로 옮겼다는 점을 주목한다면 축귀의 확실한 결과를 보이기 위해서 돼지들에게 들어갈 것을 허락한 것으로 보인다. 이 내용은 조약돌, 나뭇조각, 항아리나 물과 같은 구체적인 사물로

---

318) TDNT Ⅱ, 1974 ed, s. v "επιτιμαω" by Stauffter.

319) James Kallas, *The Significance of the Synoptic Miracles*, 108. 칼라스는 다음과 같이 말한다. 예수는 여기서 귀신의 실존을 매우 신중하게 다루고 있다는 뜻이며, 그러기에 그 귀신을 꾸짖고 조용하게 만들고 있는 것이다. 그가 그 사람을 해방시킬 때, 그는 그 귀신을 묵살시킨다. 그 귀신에게 했던 것과 똑같이 책망하고 잠잠케 한다. 만일 이러한 언어 사용에 최소한의 의미라도 있다면, 예수는 평범한 자연 현상인 폭풍까지도 악마적인 세력에 의한 것으로 보고 그것을 잠잠케 했다는 뜻이 된다. 비만큼 정상적인 것도 없으련만, 일단 그것이 광포해지고 인간을 익사시키려 하고 지구상에서 멸종시켜 버리려 한다면, 예수가 보기에 이것도 역시 악마적인 것이며, 따라서 그는 이것을 하나의 마귀처럼 다루는 것이다.

옮기는 것을 허용한 것과 같다. 앞에서 이미 다룬 것처럼 Philopseudes 11장과 The Life of Apollonius of Tyana와 유사한 방식을 보이고 있다. 여기에서는 귀신이 완전히 나갔다는 것을 가시적으로 보이기 위해서 '귀신에 씌었다'고 생각되는 물건들을 멀리 버리거나 부쉈다. 이 모든 것은 확실한 확인에 있었다. 예수의 허락도 확인을 위한 방법으로 보인다.

4) 원거리 축귀: 예수는 멀리 있으면서도 귀신을 내쫓았다. 수로보니게 여인의 딸의 경우 예수는 다음과 같이 말한다. "이 말을 하였으니 돌아가라. 귀신이 네 딸에게서 나갔느니라."(막 7:29). 이것은 원거리 치료임에 분명하다. 원거리 축귀는 환자를 멀리 두고 오직 '말씀'함으로 치료가 이루어진다. 원거리 치유에는 신약성서에서 3가지 사례가 있다. 두 가지 경우는 축귀가 아니라 일반적인 치유에 해당되는 본문이다.

1. 귀족의 아들: "가라, 네 아들이 살았다"(요 4:50).
2. 백부장의 아들: "가라, 네 믿음대로 될지어다"(마 8:13)
3. 수로보니게 소녀: "이 말을 하였으니 돌아가라 귀신이 네 딸에게서 나갔느니라"(막 7:29).

예수는 자신을 찾아온 사람들로부터 도움을 요청받았던 각각의 경우, 환자들 중 어느 누구도 예수께 직접 개인적 전갈을 보내지 않았다. 각 경우에 믿음에 대한 언급이 나오는데, 그런 언급이 가장 명확하게 이어지는 두 경우는 유대인이 아닌 이방인들과 관련되어 있었다. 로마 백부장의 경우에 예수께서는 "이스라엘 중에서 이만한 믿음은 만나지 못하였노라."고 하셨고(눅 7:1), 수로보니게 여인의 경우에는 "네 믿음이 크도다."고 하셨다(마 15:28). 모두 상대를 만나지 않고도 원거리에서 치유하신 경우다.

원거리 축귀는 다른 귀신 축출자들도 행할 수 있었다. 멀리 떨어져 있는 축귀자가 귀신 들린 자로부터 축귀를 행하는 방법은 2장에서 언급한 The Life of Apollonius of Tyana 3:38에서 아폴로니우스가 전한 편지를 통하여 축귀가 행하여졌다는 이야기에도 나온다. 그리고 비록 축귀 이야기는 아니지만 바빌로니아 탈무드의 Berakot 34b에서 랍비 하니나 벤 도사가 행한 원거리 치유도 예로 들 수 있다.[320] 따라서 이 사건은 다른 귀신 축출자들처럼 예수도 원거리에서 치유를 행할 수 있는 귀신 축출자로 알려져 있었다는 사실을 확인할 수 있는 자료이기도 하다.

1-4. 예수가 사용한 특별한 축귀방법

예수의 축귀방법에는 동시대의 귀신 축출자들과는 차이점이 분명히 존재하고 있다. 이 방법은 동시대의 축귀자에게는 익숙하지 않은 방식의 축귀의 특징을 지니고 있다.

1) 축귀를 시행할 때에는 기도를 하지 않는다. 예수 시대의 다른 축귀자들은 축귀를 행할 때에는 기도를 했다. 랍비 아합 벤 야곱과 아브라함이 기도를 함으로써 축귀를 실행했다. 쿰란사본의 아브라함처럼, 귀신들을 쫓아내기 위해 기도를 했다.[321] 하지만 예수에게는 축귀와 기도가 연결되어서 나온 적이 없다. 예수는 아폴로니우

---

320) Twelftree, "demon, devil, satan", In *Dictionary of Jesus and Gospels*(Leicester: IVP, 1992), 165.

321) H. marshall, *Dictionary of Jesus and the Gospels*, 103.

스(Philostratus Vir. Ap. 4.20)와 몇몇 랍비처럼 공격적인 귀신들을 물리치기 위해 기도를 하기보다는, 자기 자신의 힘에 의지하여 단순하고 알아들을 수 있는 말씀을 사용한다.

단지 "기도 외에는 이런 유가 나가지 않는다."(막 9장 32절)고 언급하기는 하지만 축귀의 현장에서는 기도했다는 기록은 없다. 또한 이것은 아폴로니우스와 랍비 시므온, 그리고 랍비 하니나 벤 도사처럼 '명령'으로서 축귀와 유사한 내용이라는 것을 알 수 있다.

2) 다른 기계적인 도구를 사용한 적이 없다. 예수 당시의 귀신 축출자들은 특정한 도구들을 사용해서 축귀를 실현하곤 했다. 부적, 주문 등을 사용했다. 외경 '토빗'에서는 신기하게 잡힌 물고기의 심장과 간이 향불의 재 위에서 태워진다. "그때 나는 냄새와 연기는 귀신을 넌더리나게 하고 귀신을 멀리 내쫓는다(토빗서 6:7, 8:2 – 3)." 또한 희년서(jubilees) 10:10, 12에서는 약품이 사용된다.[322] 창세기 외경(Genesis Apocryphon) 20장에서 아브라함은 바로에게 두 손을 얹는다.

역사가 요세푸스(Josephus)가 언급한 엘제아르의 축귀내용에는 솔로몬의 귀신 추방을 통해 어떤 신비한 뿌리를 사용하여 귀신 들린 사람의 콧구멍을 통해 귀신이 빠져나간 치료 방법을 언급하고 있다. 그리고 귀신이 나가면서 물그릇을 뒤엎어 놓았을 때를 증거로 삼았다.

다윗은 음악을 사용한 것으로 전해진다(삼상 13장). 바빌로니아 탈무드에서는 부적, 야자나무 가시, 나무토막, 재, 송진, 커민(미나리과 식물), 개털, 실 등이 사용된다. 또한 루시안은 쇠고리가 이용된다고 말한다. 예수 당시에도 유대인들은 그들이 귀신을 추방할

---

322) Ibid., 104.

때에는 이교적인 신앙의 색체가 강했다(마 12:25 – 29).[323]

하지만 예수에게는 축귀의 상황에서 명령(막 1:25; 5:8; 9:25; 눅 4:35; 8:29)을 한다. '잠잠하라'는 명령(막 1:25; 눅 4:35), '꾸짖다' (막 1:25; 9:25; 눅 4:35; 마 17:18) 그리고 '다시는(귀신 들렸던 사람에게) 들어가지 마라'는 명령을 한다(막 9:25).

단지 예수에게 있어서 축귀 시에 기계적인 도구 이용과 비슷한 것이라고는 돼지 떼를 사용한 것이다. 그러나 돼지들은 귀신들을 내쫓기 위해 사용된 것이 아니다. 다만 내쫓긴 귀신들의 거처로 제공되었다. 예수는 아무 기계적인 도구를 이용하지 않고 귀신들에게 명령을 했다. 이것이 예수에게 있어서 특징이라 하겠다.

3) 특별한 문구(horkizō, '명령')를 사용하지 않는다. 동시대의 축귀자들은 귀신에게 명령하는 방법으로 "내가 …의 이름, 권능으로 너에게 엄명한다."라는 공식문구를 사용했었다. 그것은 horkizō로 귀신 축출자들이 바라는 바를 실행하기 위해서 더 뛰어난 존재의 능력으로 어떤 사람에게 '권위를 가지고 명령하다' '엄히 명하다' 또는 '결박하다'라는 뜻이다(막 5:7; 행 19:13; 참조. 살전 5:27).

하지만 예수는 축귀를 행할 때 명령을 통해서 내가(ἐγὼ) (너에게) 명령한다고 말했다(막 9:25). '내가(ἐγὼ)'라는 말이 공관복음서에서 예수 자신의 입을 통하여 나온 경우는 마가복음 9장 25절에 단 한 번 나온다. 동시대 귀신 축출자의 주문에는 ἐγὼ가 사용되지 않았다.

이 의미는 예수 자신은 다른 축귀자들과는 자신의 축귀를 다르게 이해했던 것이다. 예수는 자신의 권세, 능력의 근원이 성령이라는 직접적인 선언 없이, ἐγὼ라는 인칭대명사를 사용했다. 따라서 그는 귀신을 내쫓을 수 있는 그의 능력이 바로 자신에게서 나온 것

---

323) Merrill F. Unger, 「악마」, 박근원 역(서울: 종로서적, 1980), 144 – 147.

임을 분명히 했다. 예수는 바로 이렇게 자신의 능력으로 귀신을 내쫓는다고 믿었다.

만약 예수가 다른 축귀자들과 같이 마술적 축귀를 행하며 공식적인 문구를 사용했다면 예수의 축귀는 다른 의미로 해석이 될 가능성이 있다 하겠다. 그러나 예수에게는 이러한 문구사용은 없었다.

4) 어떤 권세나 능력도 기원하지 않는다. 권세나 능력을 얻기 위해서는 권세 있는 존재의 이름을 사용하는 것이다.[324] 여기에는 솔로몬의 이름이 자주 사용된다. 그리고 낯선 귀신 축출자의 경우와 같이(막 9:38 - 39 병행구 눅 9:49 - 50) 사용하고 있으며 사도행전 19:13에서는, 스게와의 아들들이 예수의 이름을 빌려 귀신을 내쫓으려 한다. 마태복음 12:28에서는 예수는 그의 권세 - 능력의 근원이 하나님의 성령(누가복음에서는 '손')이라고 선언한다(병행구 눅 11:20). 이 말씀에 비추어 볼 때 우리는, 예수가 귀신들을 다룰 때 하나님의 성령('손')에 의지한다고 생각할지도 모른다. 그러나 예수는 그렇게 하지 않는다. 몇몇 랍비와 아폴로니우스처럼 예수는 카리스마적 힘으로 귀신들을 복종시키고 축출한다. 예수는 그 자신 스스로가 권세의 기원임을 드러내고 있다.

1 - 5. 마법의 사회적 의미와 예수의 이적

예수가 행한 축귀의 방법은 마법이었는가? 이적[325]이었는가? 그

---

324) H. marshall, *Dictionary of Jesus and the Gospels*, 103.

325) 공관복음서에서 이적을 테라스(τερας), 세메이온(σημειον), 두나미스(δυναμιο)라는 용어로 지칭하였다. 테라스(τερας)라는 용어는 사건을 경이의 사건으로 볼 때 그 의미와 목적은 감각적인 세계에서 영적 세계로 나아가게 하는 것으로 그 배후에 있는 하나님을 가리키는 이례적인 사건을 뜻한다. 세메이온(σημειον)은 '표적' 혹은 '표징'은 하나님을 가리키

사회적 의미의 배후를 살펴보도록 하자. 통상적으로 이적과 마법을 구분한다. 이적은 그 결과가 선하고 마법의 결과는 악영향을 끼친다는 데에 있다.[326] 이적들은 하나님의 은혜로운 행위와 관련이 있다. 반면에, 마법은 신적인 또는 유사 신적인 세력들을 인간이 조종하는 것에 관한 것이다.

로버트 그랜트(Robert Grant)에 의하면 "마법과 종교의 관계는 산적 행위와 정치의 관계와 같다."[327]고 주장한다. 그는 예수는 마법사였고 또한 의적이라고 말한다. 이에 대해서 크로산(J. D. Crossan)은 예수가 '마법사'였다는 것을 인정하고 또 이 사실을 거부하는 자들을 경멸하는 듯 보인다. 그에 의하면 마법은 "전복 성향을 지니고 있고 비공식적이며, 공인되지 않은 것이고 흔히 하층민의 종교"였다. 마법은 "사회종교적인 지배층이 자신의 테두리에서 벗어난 부류를 일컫는 말"이다.[328] 달리 말하면, 크로산은 '마법'에 대한 정의를 내릴 때에, 기존의 질서 외의 공식적인 맥락 바깥에서 수행된 모든 권능 있는 행위를 포함시켰다. 마법사는 사회 기존 질서를 흔드는 존재를 뜻하고 있다. 따라서 크로산은 예수의 축귀행위를 적극적인 정치, 사회적 의미에서 접근한다.

크로산(J. D. Crossan)의 접근은 부분적으로는 옳다. 그러나 전부

는 사건, 특히 하나님이 도울 준비가 되어 있는 사건이었다. 특히 두나미스($\delta\upsilon\nu\alpha\mu\iota\varsigma$)는 칠십인역에서 역사를 형성한 하나님의 능력이었다(출 6:26, 7:4; 신 3:24). 신약에 와서야 이 말은 하나님의 '능력 있는 행위'라는 특별한 의미를 지니게 되었다. 예수의 이적들은 계속 '두나미스($\delta\upsilon\nu\alpha\mu\iota\varsigma$)'로서 지칭되고 있다(마 11:21, 13:54, 막 6:2. 6:5 등). 하나님의 능력이 예수를 통해서 나타난 경우, 즉 예수께서 하나님의 능력으로 행한 일들(mighty works)을 '두나미스' 혹은 이적이라고 한다. K. H. Rengstorf, *Theological Dictionary of the New Testament*, 「신약신학」, 박문재 역(서울: 크리스찬다이제스트, 1992), 207.

326) E. P. Sanders, *Jesus and Judaism*, 293.

327) J. D. Crossan, *The Historical Jesus*, 293.

328) Ibid., 293.

는 아니다. 그 이유를 살펴보자. 예수는 권세 있는 행위들을 수행하였지만 실제로는 그가 마귀 세력과 연합한 마법사라는 비난을 초래하였다.[329]

> ὃς δ' ἂν βλασφημήσῃ εἰς τὸ πνεῦμα τὸ ἅγιον, οὐκ ἔχει ἄφεσιν εἰς τὸν αἰῶνα, ἀλλὰ ἔνοχός ἐστιν αἰωνίου ἁμαρτήματος. ὅτι ἔλεγον, Πνεῦμα ἀκάθαρτον ἔχει.

> 누구든지 성령을 훼방하는 자는 사하심을 영원히 얻지 못하고 영원한 죄에 처하느니라 하시니 이는 저희가 말하기를 더러운 귀신이 들렸다 함이러라(마가복음 3장 29－30절)

스미스(M. Smith)에 의하면 이것은 예수가 환상가였거나 접신한 사람이었음을 지시하는 것으로 간주될 수 있을 것이다.[330] 역으로 본다면 이러한 모든 비난은 무엇을 의미하는가? 그것은 예수가 당시의 사회적, 문화적, 종교의 사역 전체는 예수 자신이 세례요한에 관하여 물었던 질문과 유사한 심각한 문제성이 있는 질문을 불러일으켰다는 것이 된다(눅 7:19).

즉, 예수의 이적들은 이스라엘 하나님이 자기 백성의 역사 속에서 새로운 방식으로 일하시는 하나님 자신임을 나타낸 사건이다. 예수는 자기 백성의 역사 속에서 새로운 방식으로 일하시는 하나님 자신의 역사라고 생각할 수 있다.

라이트(N. T. Wright)에 의하면 그가 마법사로 불린 분명한 이유는 예수는 체제 바깥에서 활동하고 있었다는 것이다.[331] 예수는 그

---

329) 마 12:24－32; 막 3:20－30; 눅 11:14－23.
330) M. Smith, *Jesus the Magician*, 32.
331) N. T. Wright, *Jesus and the victory of God*, 303.

어떤 공식적인 인가 없이 활동하였다. 기존의 질서에 의해서 인가 받지 못한 축귀자였던 것이다. 따라서 '마법사'라는 말을 사용할 때의 의미의 일부라면, 예수는 분명히 오직 이러한 확대된 의미에서만 마법사였다.[332] 예수의 적대자들의 눈에는 이 위험한 사건들은 위험스럽고 기존 사회의 전복적 성향을 지닌 행위들 즉 '마법'으로 보였을 것이다.

하지만 오히려 예수를 따랐던 자들의 관점에서 볼 때에는, 예수의 권세 있는 행위들은 예수의 전반적인 선포의 맥락 속에서 해석되어 하나님 나라의 관점에서 이해되었을 것이다. 즉 하나님 나라 선포가 곧 사건이 되는 하나님 나라의 도래로 다가왔을 것이다. 예수의 귀신축출에는 종말론적 의미가 부여되었다는 점에 역사적 예수가 행한 기적의 독특성이 있다.[333] 그 기적 속에서 새로운 세계가 열리고 있다.

타이센(G. Theissen)에 의하면 종교사에서 예수는 묵시적 기적 카리스마자로서는 독보적인 존재다.[334] 그것은 예수의 귀신축출은 다른 귀신 축출자에게서는 볼 수 없는 것이 있는데 그것은 자신의 축귀를 통해서 옛 세상에 종말을 고하고 새로운 세계가 도래하리라는 생각이었다. 귀신축출이 있는 곳에 소규모의 차원의 새 하늘과 새 땅이 열리고 있다.[335] 예수의 축귀활동의 목적은 하나님 나라에 있었고 그 사건의 파장은 다른 의미에서 사회적 영향을 몰고 왔을 것이다.

---

332) Ibid., 303.

333) G. Theissen, & A. Merz, *Der historische Jesus*, 449.

334) Ibid., 449.

335) Ibid., 449.

2. 축귀에 나타난 평화

본 장에서는 축귀의 특징을 살펴보려고 한다. 특히 예수가 전한 축귀에 나타나는 평화에 관하여 살펴보고 예수의 축귀에는 종말론적[336) 평화가 숨어 있음에 주목하고자 한다. 평화는 예수의 축귀에 나타난 의미를 대표하고 있다. 그것은 곧 하나님 나라였다. 평화란 단지 피상적이지 않으며 마가공동체가 살아가는 현장에서 실천되어야 하는 부분이었다. 그렇다면 축귀에 나타나는 평화는 어떤 의미였으며 그 평화의 수신자들은 누구였는가? 본 장에서 살펴보고자 한다.

2-1. 평화의 정의

평화에 해당하는 헬라어는 'εἰρήνη'인데, 그 용어는 우리말 번역 과정에서 '평화, 평안, 평강, 화해, 안전함' 등 아주 다양하게 사용

---

336) '종말론적'이라는 말을 데이빗 원(David E. Aune)은 잘 정리하고 있다. 그는 종말론을 좁은 의미와 넓은 의미로 정의하고 있다. 즉 좁은 의미의 성서적 종말론은 "미래의 어떤 때에 역사의 과정이 크게 뒤바뀌어 완전히 새로운 현실 상태라고 말할 수 있게 되는 때를 가리킨다." 종말론은 "예를 들어, 묵시적, 우주적 대변동처럼 전 세계적이며 역사적 의미에서 마지막 일들과 유토피아의 황홀함이 뒤따르는 새로운 시대"에 대해 관심을 갖는다. 그렇다면 넓은 의미에서의 종말론은 무엇인가? 데이빗 원(David E. Aune)에 의하면 포로기 이전 예언자들의 종말론에 관해 말하면서 예언자들이 말한 심판은 명백히 역사 안에서의 심판, 즉 그들의 왕국이 외국의 제국들에 의해 군사적으로 정복될 것이라는 심판이었다. 여기서 '종말'은 '국가의 종말'을 뜻한다. 이처럼 한 국가가 외국의 세력에 의해 정복되는 역사적 사건, 즉 그것이 메시아 시대의 도래라든가 이스라엘 혹은 선민의 해원(vindication), 때로는 마지막 심판과 죽은 자의 부활처럼 보통 '종말(end-time)'의 사건과는 관계가 없는 역사적 사건이 넓은 의미의 종말론의 주제다. 필자의 견해에 의하면 하나님 나라가 포함하는 종말론적 의미는 양자 모두를 포함하고 있지만 전자에 무게중심이 실려야 한다고 본다. David E. Aune, *The Anchor Bible Dictionary(ABD)*, ed. David Noel Freedman(New York: Doubleday, 1992), 575-609.

되었다. 히브리어 구약성서에서는 평화의 개념을 내포하고 있는 단어를 보통은 '샬롬(shalom)'이라고 표현한다.[337] 샬롬은 생명의 완전성과 안녕(安寧, well-being), 우정, 구원을 표현하며 히브리어 성서에 약 250회 등장한다.[338] 이 단어는 예레미야(31회)나 이사야(27회) 같은 예언서들과 시편(27회)에서 가장 많이 나온다. 이 단어의 의미는 육체적, 정신적, 영적, 개인적, 사회적, 그리고 국가적 차원이든 구분 없이 삶의 모든 영역에서 전체성, 완전성, 그리고 안녕의 상태를 뜻한다.

여호와 샬롬(Yahweh-shalom)은 기드온이 오브라에서 하나님께 제단을 쌓을 때 사용한 하나님의 언약 이름들 가운데 하나이다. 이것은 하나님은 평화라는 뜻이다(삿 6:24). 백성들에게 평화의 언약, 즉 그들에게 평화를 보장해 주시겠다는 언약을 주시는 분은 바로 하나님이시다(민 25:12, 사 54:10, 렘 32:40, 겔 34:25, 37:2, 미 2:5). 구약에 나타난 평화의 근원은 하나님의 사랑에 대한 인간의 응답과 하나님의 뜻에 대한 인간의 순종과 결합되어 있는 하나님의 사랑과 하나님의 뜻이다. 존 윌킨슨(John Wilkinson)은 구약의 평화에 대해서 다음과 같이 말하고 있다.

무엇보다도 중요한 것은 평화가 하나님의 뜻에 대한 우리의 순종과 그의

---

337) John Wilkinson, *The Bible and Healing: A Medical and Theological Commentary* (Edinburgh: Handsel Press, 1998), 107.

338) 샬롬은 불화와 분쟁이 없는 인간, 공동체, 민족 사이의 화목한 상태이다. 샬롬은 수동적인 차원에서 개인적이고 집단적인 '폭력의 부재'를 뜻한다. 폭력, 위협, 굶주림, 불안, 부자유가 없는 상태가 1차적으로 '평화'로 정의될 수 있다. 다른 한편, 샬롬은 적극적인 차원을 갖는데, 여기에서는 정의의 열매로서 안녕, 질서, 온전함, 치유, 정의, 올바름, 일치, 자유, 창조, 공동체 등의 의미를 지닌다. 페더슨(Pederson)에 따르면, '샬롬은 완전무결, 온전하다는 사실, 그리고 온전한 사람'을 동시에 나타낸다(예: 삼하 17:3, 미 5:4, 욥 5:24). Johannes Pedersen, *Israel: Its Life and Culture*(London: Oxford University Press, 1926), 311.

이름에 대한 경배 속에서 표현되는 하나님과의 올바른 관계로 이루어진다
는 사실이다. 평화는 가정적, 사회적, 그리고 국가적인 관계에서 우리 이웃
들과의 올바른 관계이며, 또한 그것은 사랑과 봉사로 표현된다. 이것은 상
호 간의 친교와 신뢰와 안정된 사회를 가져온다.[339]

따라서 평화에 있어서 가장 중요한 것은 하나님과의 올바른 관
계이며 이웃과의 올바른 관계 맺음을 의미한다고 할 수 있겠다. 수
직적 하나님의 관계든, 수평적 이웃과의 관계든 올바르지 못하면
평화는 이미 깨져 있는 것을 의미한다.

신약성서에서 평화는 주로 종말론적 구원의 상태를 표현한다.[340]
평화는 사회적 관계이며 이웃과의 관계이며 또한 하나님과의 관계
이다. 그러나 예수시대에는 그러한 평화를 구현할 수 없었다. 그렇
다면 평화에 깨트리는 것은 무엇을 의미하는가? 마가에 의하면 그
중에 하나가 귀신 들림이라고 표현하고 있다(막 1:21 – 28; 5:1 –
20). 그것은 사회적 관계로 수평적 관계의 조각남이며 수직적 관계
를 의미하는 하나님과의 관계의 조각남이다. 귀신 들림은 인간을
죽음으로 몰고 가며 억압하는 사탄의 질서이다. 따라서 귀신 들림
은 하나님과의 창조적인 샬롬을 파괴하며, 인간에게서 자기의 고유
한 정체성을 박탈하는 반신적인 인격으로 등장한다.

그러므로 귀신축출의 현장에는 하나님이 주신 '샬롬'이 나타난
다. 이 '샬롬'은 부분적 샬롬이 아니라 수직적이며 수평적인 온전
한 샬롬을 이룬다.

---

339) John Wilkinson, *The Bible and Healing*, 50.

340) 예수는 돌보는 사역과 기적의 사역들 구원의 은사, 소외된 사람들에 대한 이해와 그들을 위
한 공동체를 제공함으로써 종말론적 행복을 미리 맛보게 하였다. W. Foerster, *ThWNT*
II, 25 – 41.

2-2. 예수 시대의 정치적, 사회적 상황

1) 로마의 평화: '팍스 로마나(Pax Romana)'는 '로마의 평화'라는 뜻의 라틴어다. 카이사르(Caesar)의 양자였던 옥타비아누스(Augustus)가 긴 내전을 끝내고 이룩한 평화를 가리키기 위해 생긴 말이다. 그러나 엄밀히 말해서 이 말은 지중해 연안에서 로마 제국의 식민지배를 합리화하는 이데올로기적 선전 도구로 사용되었다. 사실 로마의 평화는 힘에 의한 평화였다.[341] 즉 군사력에 의존한 거짓 평화였던 셈이다.

로마가 테러를 통해 손에 넣은 '평화'는 테러[342]와 노예제도에 의해 유지되고, 끊임없는 위협, 학대, 폭력으로 지켜졌다.[343] 또한, 글래디에이터들에 의해서 상징적으로 제의화된 테러를 통해 제국에 반대하는 사람들이 정복을 재현하는 스타일로 죽는 등, 사람의 운명이 제국 대표자들의 변덕에 달려 있었다. 화려한 군사 행진 또한 종종 피정복지의 포로를 처형하는 것으로 막을 내렸다.[344] 사상적인 면에서는, 제국주의 제의와 격식, 법정의 수사학, 또 로마의 지구상의 헤게모니의 정당성을 되새기는 교육제도가 로마의 '평화' 유지에 일조했다.

로마가 새로운 민족을 처음 정복할 경우에는 흔히 그 시골을 초토화시키고, 마을들을 불사르고, 성읍들을 약탈하고, 그 주민들을

---

341) 로마의 평화가 힘에 의해, 즉 군사력에 의해 유지되는 기만적 평화라는 사실에 대해서는 클라우스 벵스트, 「로마의 평화」, 정지련 역(천안: 한국신학연구소, 1994), 33-52쪽을 참조하라.

342) R. A. Horsley, *Jesus and the Spiral of Violence*, 29.

343) 로마의 폭력에 관하여서는 K. R. Bradley, *Slaves and Masters in the Roman Empire: A Study in Social Control*(New York: Oxford University Press, 1987)를 참조하라.

344) Paul Duff, "processions", *Anchor Bible Dictionary* vol.5 ed. David Noel Freedman (New York: Doubleday, 1992): 469-493.

살육하고 노예로 삼는 경우가 많았다.345) 로마인들이 파괴한 도시에 사람들과 동물들의 시체가 즐비한 끔찍한 광경을 살펴본 후, 역사가 폴리비오스는 "내가 보기에 그들이 이런 짓을 저지른 것은 공포를 주기 위한 것처럼 보인다."고 썼다.346)

유대의 주민들이 레기온의 공포를 처음 겪은 것은 기원전 63년이었다. 로마의 군벌 폼페이우스(Pompeius)는 1만 2천 명의 유대인들을 학살하고, 3개월 동안의 포위 작전 끝에 유대의 힐카누스 정권을 무너뜨리고 예루살렘을 점령했다. 이때 폼페이우스는 이방인들의 출입이 금지된, 예루살렘 성전에서 가장 거룩한 장소로 간주되던 지성소를 모욕한다. 이후 로마에 병합된 팔레스틴은 로마 제국의 일상적인 폭력에 시달리게 된다. 로마 식민지였던 유대지역은 폭력과 착취에 시달렸다. 타키투스가 지적한 것처럼 "사람들을 노예로 부려 먹기 위한 도구로 왕들을 고용하는 것은 오랫동안 이어져 내려온 로마의 정책"(Agricola, 14.1.)이었다.347)

> 그대, 로마인이여, 힘으로 나라들을 다스려야 한다는 것을 잊지 마라! 평화의 길을 부과하고 정복된 자들을 살려 주고 거만한 자들을 짓밟는 것이 그대에게 맡겨진 일이다(Virgil, Aeneid 6. 850 – 53).348)

따라서 로마라는 국가는 폭력에 의해서 발전되었고 폭력에 의해서 유대 지역을 식민 통치하며 지탱되어 온 사회였다.

---

345) R. A. Horsley, *Jesus and Empire: The Kingdom of God and New World Disorder*, 「예수와 제국」, 김준우 역(서울: 한국기독교연구소, 2004), 55.

346) Ibid., 55.

347) R. A. Horsley & J. S. Hanson, *Bandits, Prophets, and Messiahs: Popular Movements at the Time of Jesus*(San Francisco: Harper & Row Pub, 2000), 66.

348) Ibid., 64.

2) 유대인의 저항운동과 폭력: 저항운동은 로마 제국의 불의와 폭력에 대한 유대인들의 적극적인 반응이었다. 1세기 유대 역사에서 가장 격렬한 시대의 하나였으며 A. D. 70년 예루살렘이 로마군에 의해 멸망당하면서 불안은 극에 달했다. 74년에는 마사다에서 유대인 반란군의 대규모 집단 자결이 있었다. 또한 그 후로부터 60년이 지난 후 전쟁의 남은 불씨는 132 – 135년 로마에 대항해 제2차 유대인 반란을 주도한 유대인 지도자 시몬 바르 코크바(Simon Bar Kokhba)에 의해 맹렬한 불길로 변했다.

예수의 공생애를 전후해서 모두 갈릴리인들과 유대인들은 로마인들과 그 대리 통치자들인 헤롯 가문의 왕들과 예루살렘의 대제사장들에 맞서서 시위와 반란을 되풀이했다. 거의 2세기에 걸쳐 네 차례의 대대적인 반란이 있었고 그사이에 수많은 시위와 저항운동들이 있었다.[349] 간단하게 표시하면 다음과 같다.

유대인들의 저항운동과 로마와의 충돌

B. C. 4년경	아켈라오(ArcheJaus)가 예루살렘에서 유월절 순례자들을 학살하다.
A. D. 36년경	사마리아인이 추종자들을 이끌고 그리심 산으로 가다.
40년	칼리굴라(Caligula)가 성전에 자신의 동상을 세우려 하다.
44년	유대의 마지막 왕 헤롯 아그립바(Herod Agrippa)가 죽다.
45년	드다(Theudas)가 추종자들을 설득하여 요단 강으로 데려 가다.
50년대	이집트인이 예루살렘 성벽의 붕괴를 보기 위해 추종자들을 이끌고 감람산으로 가다.
60 – 62년경	익명의 선지자가 구원을 받기 위해 사람들을 이끌고 광야로 가다.

---

349) R. A. Horsley, Jesus and Empire, 68.

66년	플로루스(Florus) 총독이 성전 기물을 약탈함으로써 유대인들의 분노를 사다.
66년 – 68년	시몬 바르 기오라(Simon bar Giorn)가 왕으로 추대되며 후에 예루살렘에서 지도자 역할을 하다.
66년 8월	유대인 반란군이 안토니아(Antonia)를 점령하다. 시리아 총독 세스티우스(Cestius)가 예루살렘을 공격하고 퇴각하다.
67년 봄가을	베스파시안(Vespasian)이 이끄는 로마군이 갈릴리를 정복하다.
67 – 68년 겨울	엘르아살(Eleazar)의 주도로 형성된 젤롯당이 예루살렘을 장악하다.
69년 봄	소요로 예루살렘이 세 진영으로 나뉘져 권력다툼이 일어나다. 티투스(Titus)가 성전과 예루살렘을 정복하고 파괴하다.
74년	마사다의 유대인 반란군이 집단 자살하다.
132 – 135년	바르 코크바(Bar Kokhba)가 로마에 맞서 제2차 반란을 일으키다.

이 시기에 불안은 가중되었고 이 불안에 대한 이스라엘의 일반적인 대응은 반란이었으나, 항상 무장을 통한 반란은 아니었다. 강도떼, 젤롯당, 메시아 사칭자 등은 일반적으로 무장반란을 주장했고, 군사적 해결을 선동했다. 특히 강도라 불리는 비적 현상(social banditary)350)은 전 시기에 걸쳐 지속적으로 존재했던, 농경사회에서 가장 일반적이고 원초적인 형태의 사회운동이라 할 수 있다. 비적현상을 일종의 테러리즘이라 부를 수 있다. 다른 한편으로 본다면 이것이 로마 총독이 유다 농민들을 협박하기 위해 잔인한 십자가 처

---

350) 이런 운동들은 모두 시골의 농민들 사이에서 일어났다. 많은 농민들은 '절망적인 사람들'이기 쉬웠는데, 그 이유는 헤로데 치하에서 농민들의 경제상황이 악화되었기 때문이다. 그들이 '미친 듯이' 왕을 환호하였으며, '아무런 겁도 없이' 싸웠다는 사실은 그들이 신적인 영감을 받았음을 시사한다. 그들이 선출한 '왕들' 혹은 '메시아들'은 모두 비천한 계층 출신이었다. 유다의 아쓰롱게스(Arthronges)는 단순히 목자였으며(이스라엘의 전설 속의 다윗처럼), 갈릴리의 유다(Judas)는 비적 두목 히즈키아의 아들이었고, 페레아의 시몬(Simon)은 궁정 하인, 혹은 노예(왕실 소유 토지 가운데 한 곳에서 소작인이었거나 하급 정지기였을 것이다.)였다. Richard A. Horsley, *Jesus and Empire*, 67 – 96.

형과 그 밖에 다른 억압적 공격을 한 것에 대한 대응으로 생겨난 것이기 때문에 대항 테러리즘(counter - terrorism)이라 말할 수 있다.351) 그러나 이러한 다양한 저항에도 불구하고 유대종파들은 자신들끼리 싸웠던 적이 많으며, 결국 그들의 영향력은 극도로 약해졌다.

3) 유대 표징 예언자들의 저항: 이 시기에 특히 주목해야 할 현상이 있다. 그들은 유대교 내의 표징 예언자들이다. 그들은 세례요한과 예수 이후에도 유대인들에게 종말론적 희망을 불러일으키는 예언자들이 줄을 이었다. 이 예언자들의 특징은 어떤 엄청난 기적을 예언하고, 그 기적이 일어날 장소로 추종자들이 찾아가게 만든다는 점이다.352) 정치적인 지배층은 대개 이들을 위험한 인물로 간주하여 무력으로 진압했다. 기적을 약속하는 특징들 때문에 이들을 '표징 예언자들'이라고 부르기도 한다. 이들의 또 다른 특징은 일반적으로 하나님의 종말론적 해방의 실현을 기대하면서 일어났다는 데 있다. 이들에게 해방은 임박한 것으로 인식되었으며, 이것이 이루어질 때 유대인들은 정치적 속박에서 해방되며, 하나님이 그들의 소유로 주신 땅 팔레스틴을 다시 다스리게 될 것이라고 믿었다. 요세푸스는 대중적 표징 예언자들에 대해서 다음과 같이 설명한다.

> 사기꾼들과 선동꾼들이 하나님의 계시라는 탈을 쓰고, 폭동을 선동하며, 대중들을 몰아붙여 미친 사람처럼 행동하게 했다. 이들은 하나님께서 그들에게 보여 주실 임박한 해방의 표적들을 보기 위해 사람들을 이끌고 광야로 갔다.353)

---

351) R. A. Horsley, *Jesus and Empire*, 79.

352) G. Theissen, & A. Merz, *Der historische Jesus*, 223.

353) P. Josephus, *Jewish War*: 2,13,4: 259; 참조 P. Josephus, *Jewish Antiquities*, 20,8,6: 168.

이들은 많은 농민들의 동조를 통해서 집과 일터와 공동체를 떠나 광야로 들어간 것이다. 광야에서 이들은 하나님이 표적과 기사를 통해 그의 존재를 분명히 나타낸다고 믿었다.[354] 하나님께서 그의 백성을 정결케 하고, 이전에 자신의 선지자에게 계시했던 종말론적 구속계획을 밝히기를 기다렸다. 이들은 이렇게 중대한 때에, 하나님은 친히 일어나서 이스라엘의 원수들을 물리칠 것이라고 믿었다. 그들을 대표하는 사람들 중에는 사마리아인,[355] 드다,[356] 애

---

354) 광야는 과거 이스라엘 백성이 40년간 유랑하며 지내던 곳이기도 하다. 광야로의 귀환과 제2의 출애굽은 메시아시대의 예고이며, 새 시대의 축복은 방랑의 시대로 또한 방랑의 시대는 새 시대의 축복으로 옮겨졌다고 생각되었다. 사막 귀환에 대한 기대가 문자 그대로 받아들여질 수 있었다는 사실은 쿰란 유대인들의 행동으로 소위 예언자라는 어떤 사람들의 행동으로 알 수 있다. 그러나 예수에 있어서 광야는 시험의 장소였다(1:12-13). 역시 예수는 광야에서 다시 시험대 위에 서 있다. 돌로 떡을 만들라는 사단의 유혹이 아니라 굶주린 자들을 먹여야 할 시험대 위에 서 있는 것이다(막 6:35). 마가에 의하면 광야는 적대적이고 위협적인 분위기로 묘사하고 있다. 하지만 마가에게 있어서 광야는 또한 준비를 위한 장소이다. 세례요한은 예수를 위한 준비의 사역을 그곳에서 하고, 예수는 앞으로의 메시아 사역을 위한 준비로 사단과 대결하기 위하여 성령이 그곳으로 내모는 준비의 장소이기도 하다. 광야에 관한 연구는 다음을 참조하라. T. L. Donaldson, "Jesus on the Mountain: A Study in Matthean Theology", *JSNTS* 8(Sheffield: JSOT Press, 1985); E. S. Malbon, *Narrative Space and Mythic Meaning in Mark*(San Francisco: Harper & Row, 1986).

355) 사마리아인: 36년경에 모세가 그리심 산에 묻어 둔 뒤로 실종된 성전 기구들을 보여 주겠다고 사람들에게 약속했다. 그는 추종자들을 모아 그곳으로 가려고 했다. 그러나 빌라도가 들이닥쳐 거기 모인 사람들을 무참히 학살했다. 이 잔인한 처사에 대한 저항 때문에 그는 결국 파면되었다. 요세푸스는 이러한 사마리아인의 선지자 운동 하나를 이렇게 묘사하고 있다. 사마리아도 소동에서 자유롭지 못하기는 마찬가지였다. 왜냐하면 속임수에 대해 전혀 양심의 가책을 느끼지 않는 어떤 사람이 아무 거리낌 없이 무리를 속여 그와 한 집단이 되어 그들에게 가장 신성한 산인 그리심 산으로 올라가도록 명령했기 때문이었다. 그는 무리들에게 그곳에 가면 모세가 묻어 둔 거룩한 그릇들을 보여 주겠다고 약속했다. … 병사들은 앞서 마을에 모여 있던 사람들을 공격하여 일부는 죽였고, 일부는 패주시켰으며, 많은 수를 생포했다. 빌라도는 도망자 중 영향력이 아주 큰 인물들뿐만 아니라 포로 중에 주모자급을 처형했다. P. Josephus, *Jewish Antiquities*, 18, 85-87.

356) 드다: 파두스 총독 시절(44-46년) 드다(Theudas)가 나타나 사람들에게 재산을 전부 가지고 요단 강으로 자기를 "따라 오라."고 했다. 그는 요단 강이 갈라져 맨발로 건널 수 있게 될 것이라고 약속했다. 이번에도 총독의 군대가 들이닥쳤고, 이 새로운 형태의 '가나안 정복' 시도는 유혈진압에 의해 끝을 맺었다. P. Josephus, *Jewish Antiquities*, 20, 97-99; 사도 5, 36. 이 운동이 빠른 시간 내에 전멸한 것으로 볼 때, 메시아 운동들과는 달리 이 선지자 운동은 무장을 하지 않았던 것이 거의 분명하다. 드다를 처형한 후에도 그의 머

굽인[357]이 있었다. 이들이 당시 예수와 기적을 일으켰다는 면에서 유사한 점과 차이점을 보이고 있다.

이러한 선지자 운동들은 스스로를 과거 이스라엘의 위대한 역사적 구원들의 연장선상에 있는 것으로 보았던 것이 거의 분명해 보인다. 하나님은 곧 이스라엘을 구원하며 약속의 땅에서 그들에게 자치를 허락할 것이라고 주장했다는 점에서, 이들에게는 종말론적 측면이 있었다.[358]

그러나 예수에게는 이런 표징 예언자들이 옹호했던 방식이 아닌 다른 대안을 제시한다. 그들이 옹호했던 것처럼 하나님이 곧 개입해서 직접 원수를 물리칠 것이라고 믿었던 방식이 아니었다. 그들의 이러한 대응들 가운데서는 어느 하나도 로마의 위협을 물리칠 수 없었다. 오히려 제2차 유대인 반란(A. D. 132 – 135) 후에, 이스라엘은 거의 이 천 년간 정치적 정체성을 잃고 말았다. 따라서 예수는 새로운 대안을 제시한다. 예수는 새로운 대안을 통해서 유대교와는 분리된 정체성을 갖게 된다.[359]

리를 가지고 행진을 한 것은 앞으로 있을지 모를 유사한 선지자운동의 지도자들을 엄중히 경고하기 위한 것으로 보인다.

357) 애굽인: 그 후로 10년쯤 후에 일어난 또 다른 운동은 애굽에서 온 유대인 선지자와 관련이 있었다. 어떤 이집트 사람이 나타나서 추종자들을 데리고 올리브 산으로 갔다. 그는 자신의 한마디 명령으로 예루살렘 성곽을 무너뜨리겠다고 약속했다. 여리고 성의 기적을 예루살렘 성에서 실현할 수 있다는 것이었다. 요세푸스는 이 선지자를 따라 광야에서 감람산으로, 다시 예루살렘으로 진격한 추종자가 30,000명이었다고 기록한다. 벨릭스(Felix)는 로마군을 보내 이 운동에 관련된 자들을 모두 죽이게 했다. 애굽인 자신은 도망쳤으나, 로마군은 이 선지자단을 쉽게 물리쳤다. P. Josephus, *Jewish Antiquities*, 20, 169 – 172. 유대전쟁사 2, 261 – 263; 사도 21:38.
이러한 선지자 운동들은 스스로를 과거 이스라엘의 위대한 역사적 구원들의 연장선상에 있는 것으로 보았던 것이 거의 분명해 보인다. 하나님은 곧 이스라엘을 구원하며 약속의 땅에서 그들에게 자치를 허락할 것이라고 주장했다는 점에서, 이들에게는 종말론적 측면이 있었다. 나사렛 예수 역시 유대인 '표징 예언자'를 연상케 하는 몇 가지 특성들이 있다. Howard Marshall, *Dictionary of Jesus and the Gospels*, 1017.

358) Ibid., 1017.

2-3. 예수의 새로운 대안

예수는 유대교의 근본적 신념을 공유했다. 그것은 유일한 한 분 하나님, 즉 이스라엘과 특별한 계약을 맺은 하나님에 대한 신앙이다. 이 근본적 신념은 헬레니즘의 시대를 맞이하여 새롭게 형성되지 않을 수 없었다. 압도적인 그리스 문화의 도전에 직면하여 유대교의 정체성을 지켜 내고, 그것을 새롭게 규정하려 했던 일련의 유대교 갱신운동이 있었다. 예수와 예수운동은 바로 이러한 갱신운동의 반열에 서 있다.

예수 당시의 주요 유대종파들은 사두개파,[360] 바리새파,[361] 에센

---

359) 타이센에 의하면 마가공동체는 세례와 성찬식을 통해서 유대교의 제의와 대립된다. 또한 유대교의 성전제의, 안식일, 정결제도와의 분리로 자신들의 종교적 공동체를 형성한다고 보고 있다. 그런 의미에서 마가복음서는 유대 공동체로부터 분리되고 이방 세계와의 긴장 속에 있는 그리스도인들에게 삶을 위한 근거를 주었다고 주장한다. G. Theissen, *Gospel Writing and Church Politics*, 「복음서의 교회정치학」, 류호성 · 김학철 역(서울: 대한기독교서회, 2002), 50-55.

360) 사두개파의 어원은 고대 대제사장 사독의 후예 혹은 '자딕(義)'파인데, AD 70 이후 멸종하였다(참고 행 4:1-3; 5:17; 23:6-8; 마가 12:18-27). 이들은 '사독의 후손들'이라는 의미의 'Bene Zadok'이란 단어에서 유래한 것으로 학자들은 추정한다. 사독은 솔로몬 왕이 대제사장으로 임명한 인물이었다. 따라서 사두개파는 지신들이 이스라엘 대제사장의 적자임을 자랑했다. 이들의 명칭은 지도계층의 제사장들과 세력 있는 가문으로 소수의 친외세 권력층을 통칭하는 용어이기도 했다. 주로 부유하고 귀족적인 제사장가문 출신인 사두개파 사람들은 억압받는 유대 민족의 경제적, 정치적 구조와 밀접한 관련을 맺고 있었다. 그들은 가능하면 로마정부와의 평화로운 공존의 길을 모색했다. 다음을 참조하라. A. Shemesh, "King Manasseh and the Halakhah of the Sadducees", *Journal of Jewish Studies* 52(2001), 27-39. E. P. Sanders, *Jesus and Judaism*(Philadelphia: Fortress, 1985).

361) 바리새파의 어원은 Persian(페르시아에 속하는)의 속화된 말 혹은 '이단자', '분리된 자'라는 히브리 말에서 나왔다. 바리새(parush, perish)는 구별된 자라는 뜻이다. 바리새파가 이러한 명칭을 얻게 된 것은 역사적 계기가 있었을 것으로 주장된다. 바리새파는 그 기원에서 보면 마카비 독립 운동에 참여했던 '하시딤(Hasidim)', 즉 '경건한 자'들의 후예들이다. 그러나 그들이 안티오커스 에피파네스 4세에 의한 유대교 탄압에 대항하여 마카비 독립운동에 참여한 것은 순전히 조상들의 신앙 유전을 지키기 위한 종교적인 이유 때문이었다. 복음서에는 바리새파에 대한 예수의 부정적 언사들이 빈번히 등장하지만, 최근의 학자들은 예수와 바리새파 간의 갈등은 예수 당대의 것이기보다는 기원후에 전개된 예수 운동 그룹과 바리새파 간의 갈등을 예수 시대로 투영한 것이라고 생각한다. 70년 유대-로마 전쟁 당시

파,362) 열심당원들363)로 구성되었다. 이들은 로마에 대한 이해와 메시아 이해에 있어서 서로 다른 견해를 가지고 있었다. 이를 도표로 표현하면 다음과 같다.

바리새파들은 로마와의 항전에 적극적으로 참전하나 패배한다. 훗날 바리새파의 지도자 랍비 벤 자카이는 당시의 로마사령관이었던 티투스와의 담판에서 얌니아라는 작은 도시를 유대교 재건 운동의 본거지로 얻어낸다. J. D. G. Dunn, *Jesus, Paul and the Law*(Louisville: Westminster: John Knox, 1990), 61 – 88; J. Kampen, *The Hasideans and the Origin of Pharisaism*(Atlanta: Scholars, 1988).

362) 에세네파는 사막의 종말론자 집단으로 성경에는 그 이름이 보이지 않는다. 에세네파는 1세기 전후의 필로, 요세푸스, 히폴리투스, 폴리니의 기록에 나타나지만 신약성서에는 언급되지 않고 있어 그동안 별다른 주목을 받지 못했다. 에세네의 뜻은 아마도 히브리어의 '하씨딤(자비, 경건주의자들)'과 동의어인 고대 시리아어 '하쎄'와 비슷한 아람어에 기원하거나 혹은 아람어의 '치유자, 의사'의 뜻인 '아씨, 아씨야'를 희랍어로 음역한 것이라고 추정한다. 에세네파 사람들은 당시의 예루살렘 성전 체제에 대해 매우 부정적인 인식을 지녔으며, 대제사장을 부패한 인물로 묘사한다. 반면 자신들의 공동체를 창시한 '의'의 교사는 예루살렘 대제사장에게 핍박받은 인물로 그리고 있다. 에세네파의 성전 체제에 대한 거부 반응은 예수 운동과 분명 상응하는 부분이 있다. 이에 관하여 다음을 참조하라. G. Vermes, *The Dead Sea Scroll: Qumran in Perspective*(Philadelphia: Fortress Press, 1981); James H. Charlesworth, *John and the Dead Sea Scrolls*(New York: Crossroad, 1990).

363) 젤롯당(Zealous Ones) 이들은 독립 파당이었는지는 의문시된다. 이들의 기원도 아직은 불확실하다. AD 66년에 가말라(Gamala)의 유다가 유혈 혁명을 일으킬 때 비로소 '과격분자들'이 등장하였는데, 요세푸스는 이 유다를 가리켜 '제4철학'을 이끄는 자라고 하였다. 그러나 그는 '젤롯당'이라는 말은 사용치 않았다. 따라서 과연 '젤롯당'이라는 독립된 분파가 있었느냐 하는 문제가 남아 있다. 젤롯 당은 급진적인 유일신 사상에 근거해 하나님만이 이스라엘을 통치할 수 있다는 배타적인 민족주의 노선을 고수했다. 그들은 오직 야웨 하나님만이 이스라엘의 참된 주권자이시며, 그분만 이 성지 예루살렘의 참된 주인이시며, 그들이 사는 땅은 하나님께서 영구적으로 그들에게 주신 약속의 땅이기 때문에, 이교도들이 그 땅을 차지하여 권력을 행사하고 성전을 간섭하는 것에 대하여 방관하거나 협조하거나 타협하는 것 자체가 불신앙이며 유대인이기를 포기하는 것으로 보았다. 젤롯당에 관하여는 다음을 참조하라. S. A. Applebaum, "The Zealots: The Case for Revaluation", *JRS* 61(1971); J. Cullmann, *Jesus and the Revolutionaries*(New York: Harper and Row, 1970); Horsley and Hanson, *Bandits*, 191 – 192, Richard A Horsley, *Jesus and Empire*, 77.

<표 2> 예수 유대종파의 간단한 특성[364]

	이름 – 기원	율법이해	묵시적 표상	정치적 태도
사두개파	*사딕(의로운) 또는 사독(다윗의 대제사장)에서 왔는지 불확실함 *성립에 대해서는 논란이 많으나 사독 가문에서 온 것으로 볼 수는 없음 *제사장급 귀족이나 부유한 상류계급 종파로서 백성들 사이에서는 거의 사랑받지 못함 *멸망 기원후 70년	*5경을 유일한 권위로 인정 *토라의 글자 그대로 엄격한 율법요구 *가르침에서는 보수적, 모든 새로운 것과 해석을 거부	*종말적 – 묵시적 표상을 전적으로 거부 *고상한 존재(천사)가 존재함을 거부 *부활거부 *메시아대망 없음	*그때그때의 정치적 세력에 적응 현상유지를 목적으로 로마인들과 협력
바리새파	*페루쉼(분리된 자들)에서 온 것일 수도 있음 *기원전 2세기 중엽 하스몬 사람들이 인정한 아지대인들의 지파에서 성립 *서민 중산층으로 된 평신도 운동. 백성들이 좋아함 *기원후 70년 이후 4종파 가운데 유일하게 살아남음. 유대민족을 인도하게 됨	*토라 이외에 구전의 해석도 인정(할라카와 하가다). 시대에 맞게 율법을 적용시키려함. *지나치게 정확하게 율법지킴(613개의 계명과 금령. 특히 정결계명과 안식일 계명)과 십일조 계명을 존중	*종말적 – 묵시적 표상에 대해 개방 *악령과 선한 영에 대한 믿음 *부활믿음 *메시아를 희망함 *율법에 충실한 삶을 통해 하나님 나라가 임함을 촉진시키려 함	*종교적 실천이 위협받지 않는 한 정치적으로 온건하고 수동적 열심당원들과 동조
에센파	*카시딤(경건한 자들)에서 온 것일 수 있음 *기원전 2세기 중엽 세속화된 성전 제사장 측에 반해서 성립 *주요그룹은 수도사 공동체로서 쿰란에 있었고 다른 그룹은 결혼하여 분산되어 있었다 *멸망: 기원후 70년	*계율을 지키는 생활을 통해(가난, 독신 ,순종) 급진적 율법 해석과 율법준수 *사제 제의적 정결함을 위해 노력(자주 씻음)	*종말적 대망에서 삶 *사제로서의 메시아와 왕으로서의 메시아 두 메시아를 희망함 *예루살렘 성전제의가 종말적으로 새로워지기를 희망함	* 정치적 무관심
열심당원들	*젤롯(열심) – 하나님과 그의 율법에 열심인 자들 – 에서옴 *기원후 6년에 로마의 인구조사과정에서 유다 갈릴래우스와 예루살렘의 바리사아파 사독의 지도 아래 성립	*바리새파 사람들처럼 정확한 율법준수를 위해 노력	*종말적 – 묵시적 시간이 해 임박한 기대와 메시아에 대한 강한 희망 *자체의 또한 폭력적 활동으로 종말의 '저주'를 축소시키려 함	*끝없는 자유에의 열망: 주와 왕은 오직 하나님 주와 왕은 오직 하나님 *로마지배에 대한 군사적인거부 *사회혁명에의 참여

---

364) W. BÖsen, *Galiläa als Lebensraum und Wirkungsfeld Jesus*, 276. 그림 8 재인용.

이러한 유대 종파들과 예수의 비폭력, 무저항의 행동은 당시의 많은 저항운동들과는 분명한 차이가 있었다. 예수운동은 젤롯과 같이 종말론적 묵시사상을 가지고 출발하였지만 비폭력, 무저항적인 입장을 취함으로써 차별성을 두었다.[365]

다른 유대교 갱신운동과 저항운동들은 근본적인 변화를 바라는 종말론적 희망[366]을 가지고 이스라엘이 이방 세력을 누르고 승리하기를 염원했다. 또한 군사력의 우위를 앞세운 외세에 맞서 많은 갱신운동들이 직접적인 저항을 선택했고 외세를 몰아내기 위한 투쟁에 가담했다. 그러나 예수 운동은 로마와의 직접적인 충돌을 피했다. 예수운동이 추구한 유대적 정체성은 원칙적으로는 로마 군대(Legion)와의 마찰에서 한 걸음 물러서 있었다.[367] 직접적인 충돌은 없었던 것으로 보인다.

각 종파의 주된 의도는 유대인의 민족적 우월감과 특권을 회복하려는 것이었다. 그러나 예수가 말한 하나님 나라는 이방인들에게도 활짝 열려 있었다(사천 명을 먹이신 이적, 마가복음 8장 1-10절). 예수는 차별 의식을 거부하면서, 세상의 모든 민족이 시온으로 순례를 오게 된다는 이른바 보편주의적 유대 전승을 적극적으로 전개해 나갔다.

폭력적이며 급박한 정치적 상황에서 예수가 제시한 하나님의 나라의 섬김의 통치는 통치방식에 있어서 이방인 폭압적인 정치와 열심당의 대응 폭력적인 정치의 상식적인 생각을 뒤집는 일대 혁

---

365) 서용원, 「마가와 생존의 수사학」 262.

366) 유대교 갱신운동들 중에 특히 메시아 운동은 종말론적 성격이 강했다. 선지자, 순교자들이 옹호했던 대응으로 그들이 믿는 하나님이 곧 개입해서 직접 원수를 물리칠 것이라고 믿었다. 이러한 사상은 예수운동과도 유사한 점으로 보인다.

367) G. Theissen & A. Merz, *Der historische Jesus*, 226.

명적인 대안이요, 전복적인 지혜요, 앞선 생각이었다.[368]

예수는 하나님의 나라의 통치는 섬김의 통치라는 사실을 분명히 하였다. 지배자는 백성의 종으로 백성을 섬겨야 한다고 선언하였을 뿐만 아니라 자신이 '주와 선생'(요 13: 14)으로서 제자들과 그가 만난 모든 사람을 섬기는 삶으로 일관하였다. "큰 자가 작은 자를 섬긴다."는 원칙을 제시한 것이다.[369] 이것은 당시 종파들이 생각했던 것을 뒤집는 사고방식이었다.

예수의 폭력에 대한 비폭력적 표현은 마태복음 5:38 – 41절[370]에서 가장 잘 드러나고 있다.[371] 타이센(G. Theissen)에 의하면, 다음과 같이 말할 수 있다. 원수사랑은 왕적인 태도의 표현이요 하나님의 아들이라는 징표이다.[372] 원수 사랑이 의미하는 바는 신을 모방함으로써 그 상황에 대해 우월한 위치에 서는 것이다. 상대가 아무리 육체적으로나 신분적으로 강한 자라 할지라도 그에 대한 사랑을 제공하는 것은 제공하는 자가 더 우월하다는 것을 보여 준다.[373]

---

368) 허호익, 「예수그리스도 바로보기」(서울: 한들출판사, 2003), 321 – 337.

369) 막 10:42 – 44; 마 2:25 – 27; 눅 22:25 – 27; 요 13:12 – 17.

370) "눈은 눈으로, 이는 이로 갚아라." 하고 말한 것을 너희는 들었다. 그러나 나는 너희에게 말한다. "악한 사람에게 맞서지 마라. 누가 네 오른쪽 뺨을 치거든 왼쪽 뺨마저 돌려 대어라. 너를 걸어 고소하여 네 속옷을 가지려는 사람에게는, 겉옷까지도 내 주어라. 누가 너더러 억지로 오 리를 가자고 하거든, 십 리를 같이 가 주어라."(마태복음 5:38 – 41 표준새번역 개정판)

371) 예수는 철저한 비폭력을 실천할 것을 가르쳤다. 특히 "악한 사람에게 맞서지 마라."라는 말은 악에 대해 똑같은 식으로 맞받아치지 마라. 혹은 "폭력에 대해 폭력으로 보복하지 마라."일 것이다. 윙크에 의하면 일반적으로 악에 대한 일반적 대응 방법은 다음 세 가지이다. 첫째, 수동적 태도, 둘째, 폭력적인 대항 그리고 셋째, 예수님이 분명히 가르친 제3의 길, 즉 비폭력의 길이다. Walter Wink, *Jesus and Nonviolence*: A Third Way, 「비폭력 저항」, 김준우 역(서울: 한국기독교연구소 2003), 30.

372) G. Theissen, *Studien zur Soziologie des Urchristentums*(Tubingen: Mohr, 1983) 「원시 그리스도교에 대한 사회학적 연구」, 김명수 역(서울: 대한기독교서회, 1986), 197.

373) 타이센에 의하면 이웃의 짐을 떠맡는 자, 자기보다 가난한 다른 사람에게 자선을 베풀고자 하는 자, 하나님으로부터 받아 가지고 있는 것을 필요한 자에게 나누어 줌으로써 그것을 받는 자에겐 하나님과 같은 존재가 되는 자, 바로 이러한 사람이 하나님의 모방자가 되는 것

또한 섬김으로서의 통치는 하나님 나라의 권력 구조의 본질에 대한 전적으로 새로운 이해였다. 결국 예수는 거대한 폭력 앞에서 비폭력을 선택함으로써 죽임을 당한다. 그러나 폭력성으로부터 죽음에서 부활함으로써 그의 비폭력의 승리를 드러낸다. 이것의 의미는 폭력이 아니라 사랑의 길이 예수운동의 방향으로 설정된 것이라는 뜻이다.[374] 예수운동은 폭력이 아니라 종말론적 평화의 길을 열었다.

2-4. 예수의 축귀와 종말론적 평화(5:24-34)

예수의 축귀 행위는 하나님 나라 도래를 알리는 것이었다. 예수는 사두개파나 에세네파, 젤롯이나 바리새파와는 다른 입장을 보여주었다.[375] 그는 평화의 길을 말한다.[376] 마가에 의하면 예수가 축귀를 시행함으로써 종말론적 평화가 현재화되고 있다고 본다.

귀신축출은 곧 귀신과 질병, 그리고 고통과 아픔에서 해방된 자에게서 종말론적 '샬롬'이 나타나게 된다. 이것은 마가가 기적 이야기에서 치유사건을 낡은 옛 시대를 폐기하고 새로운 시대가 도래하였음을 알리는 종말론적 사건으로 보도한다.

저자가 말하는 종말론적 평화의 내용은 사회적 약자들과의 연대적 실천을 포용하고 있다. 가난한 사람들 그리고 사회적 소외된 자들을 구원하며 평화를 심어 주는 것은 하나님 나라의 특성에 속한다. 이것은 이사야에게서 종말론적 지평에서 기대된 하나님의 나라

이다. G. Theissen, *Studien zur Soziologie des Urchristentums*, 206.
374) 서용원, 「마가와 생존의 수사학」 262.
375) 서용원, 「마가와 생존의 수사학」 252.
376) M. Hengel, 「예수는 혁명가였는가」, 고범서 역(서울: 범화사, 1983).

의 모습을 잘 그리고 있다(사 35:1 - 10).[377]

저자에 의하면 예수는 군대 귀신 들린 자를 고치신 후에 그를 집으로 돌려보낸다. 그는 가정에서부터 떠나 무덤과 산에서 방황하도록 버려졌었다(마 5:1 이하). 그 사람은 사회에서 격리된 샬롬을 상실한 존재였다. 예수는 그를 고치신 후에 "집으로 돌아가라."(5:19) 명령한다. 이 명령은 중요한 의미를 지니게 되는데 그동안 잃어버린 사회적 관계의 회복을 주신 온전한 샬롬을 얻게 된 것이다. 가족과의 관계의 회복은 수평적 관계의 회복을 가져다주었다.

수로보니게 여인은 그 딸을 위해서 예수와 긴박한 대화를 했다. 그 결과 예수는 선포한다. "옳은 말이다. 어서 돌아가 보아라. 귀신은 이미 네 딸에게서 떠나갔다."라고 말한다(막 7:29). 수로보니게 여인은 집으로 돌아가 보니 예수의 말대로 그 딸이 나음을 얻었다. 그녀 가족에게 샬롬이 임한 것이다.

다른 치유 이적에도 예수가 전한 평화가 등장한다. 특히 마가복음 5:24 - 34에서 혈루증을 앓는 여인의 이야기가 나온다. 여기에서 29절은 사회적으로나 종교적으로나 부정한 여인의 질병을 고쳐 주는 장면이다. 예수는 육체적 구원에 만족하지 않고, 대중 앞에 그 여인이 믿음을 통하여 고침을 받았음을 공개한다. 그리고 그녀를 공동체로 돌아가게 함으로써 샬롬을 이룬다. 예수는 그 여인을 사회적, 육체적으로 '구원'한 것이다(5:34). 그가 마지막으로 한 "평안히 가라."는 말에는 이별할 때 하는 축복의 말 이상의 더 큰 의미가 있다. 그것은 평화를 부여하는 것으로 예수가 가난한 사람들을

---

377) 그때에 소경의 눈이 밝을 것이며 귀머거리의 귀가 열릴 것이며 그때에 저는 자는 사슴같이 뛸 것이며 벙어리의 혀는 노래하리니 이는 광야에서 물이 솟겠고 사막에서 시내가 흐를 것임이라 여호와의 속량함을 얻은 자들이 돌아오되 노래하며 시온에 이르러 그 머리 위에 영영한 희락을 띠고 기쁨과 즐거움을 얻으리니 슬픔과 탄식이 달아나리로다(이사야 35:1 - 10).

섬길 때마다 나누어 준 선물이었다.[378] 치유는 곧 사회적 복귀를 의미했다. 이것은 온전한 평화를 누릴 수 있음을 뜻하는 것이었다.

유대주의의 사회적 관점에서 볼 때 질병이란 곧 한 인간의 종교적이며 사회적 자리까지 위협하고 파괴시키는 세력이었다.[379] 질병이란 언제나 반종교적이며 반가정적이고, 또한 반사회적인 특징을 지닌다. 종교적으로는 삶의 근간이 되는 율법에 의해 정죄되었고, 가정과 사회적 공동체에서는 분리와 소외를 경험시켰다. 질병 들린 자는 유대주의적 판단에 의하면 그들이 자행하는 거룩한 자리에 참여하지 못하는 불결한 인물로 간주되었다.

예를 들면 문둥병은 하나님에 의한 저주병으로 간주되었다(민수기 12:12; 레위기 12:45 - 46). 그들은 유월절 축재를 함께 나눌 특권이 없는 것은 물론 그 종교, 사회로부터 완전히 제거되었다. 소경의 경우에 그러한 종교 사회적인 삶의 구조에서는 만년 가난이라는 삶의 자리에서 벗어날 수 없었다. 그들이 할 수 있는 일이라곤 구걸로 생계를 유지하는 것이었다(막 10:46; 요 9:8).

이러한 마가복음에서 평화는 사회적 관계 속에서 나눠지고 경험되어야 하는 하나님의 선물로 나타난다. 예수는 제자들에게 서로 화목하게 살라고 말씀하며(막 9:50), 평화를 받기에 합당한 자들에게 평화를 부여하는 권세를 주었다(막 6:11, 마 10:13).[380]

예수는 하나님의 평화를 선포했을 뿐만 아니라 그것을 이 땅에 가져온 자이다. 땅 위에서 오직 하나님의 기뻐하심을 입은 자들만이 이 종말론적인 평화를 경험하게 된다. 하나님 나라가 그러하듯

---

378) Howard Marshall, *Dictionary of the Jesus and the Gospels*, 1209.

379) 김지철, "예수의 치유", 「교회와 신학」, 제28집(1996, 4): 201.

380) Howard Marshall, *Dictionary of the Jesus and the Gospels*, 1210.

이 예수와 그의 제자들이 선포하고 실천하는 종말론적 평화는 이미 이 땅에 왔지만 아직 완성되지 않았다. 따라서 그를 따르는 자들의 사명은 '하늘에서 이룬 것같이 땅에서도' 하나님의 평화가 임하도록 하는 것이다.

2-5. 평화의 공동체

예수의 치유와 축귀에는 성전과의 대립적인 메시지가 들어 있다.[381] 그러나 그것은 부분적인 것이다. 예수는 폭력적 방법을 선택하기를 주저했다. 이유는 유대민족이 처한 현실에 대한 원인과 진단부터가 다르기 때문이다. 예수는 이스라엘이 처한 곤경의 원인은 구체적 행위와 믿음을 넘어서서 사탄이 문제의 뿌리라고 보았던 것이다.[382] 라이트(N. T. Wright)에 의하면 예수 당시의 이스라엘은 고소하는 자 즉 '사탄'의 종이 되어 있었다. 세상의 나머지 부분과 관련하여 잘못되어 있었던 바로 그것이 이스라엘과 관련해서도 잘못되어 있었다. '악'은 이스라엘의 경계를 넘어선 이교도들의 무리들 속에만 있었던 것이 아니었다. 악은 택함을 받은 백성 안에서도 이미 거처를 정해 놓고 있었다. 악에 대항한 싸움은 그의 동시대인들이 생각했던 것과는 다른 차원에 속해 있었다.

나사렛 예수는 도처에서 일어나는 열심 운동에 의해서 봉쇄되어 있던 평화의 길은 오직 진정한 원수에 대항한 진정한 싸움을 자신

---

381) 박수암에 따르면 마가복음의 이적은 '성전보다 더 큰' 참대제사장이며 참성전으로의 예수를 나타낸다. 무화과나무 저주의 이적은 반성전적인 특징을 가장 잘 드러내 주고 있다. 박수암, 「신약성서 해석론」(서울: 한국성서학연구소, 2004), 209.

382) N. T. Wright, *The New Testament and the People of God*, 683.

이 벌임으로써만 올 수 있다고 믿었다.[383] 따라서 예수에게 있어서 진정한 원수는 로마가 아니라 사탄이었다. 예수의 관점에서 볼 때, 로마는 기껏해야 부차적인 원수에 불과했다. 단지 예수의 사탄과의 대결은 로마나 다른 종파들과의 갈등으로 비춰졌을 것이다.

사회적 관점에서 본다면 마가에 의하면 예수의 성전을 허물라는 말에는 "다른 성전을 짓겠다."(막 14:58; cf. 마 26:61; 요 2:19)는 뜻을 포함한다고 보인다. 이것은 분명 유대 귀족들의 기반인 성전을 대신할 새로운 체제의 성전을 기대했다고 보아야 할 것이다. 성전은 이제 '만민이 기도하는 집'이 되어야(막 11:17; cf. 사 56:7; 렘 7:11)만 한다. 성전은 사회를 사회적 약자들을 억압하고 착취하는 장소가 되어서는 안 된다. 동시에 성전은 모든 이방민족이 자연스럽게 예배하러 오는 장소 곧 메시아의 거룩한 장소가 되어야 한다. 그것은 종말론적 새로운 질서의 성전을 의미한다.

유대교와의 관계에서 본다면 예수가 행한 축귀와 치유에는 정결법을 어김으로써 유대교와의 갈등이 뒤따른다. 이것은 예수의 행동이 유대교와 분명한 차별성을 두었다고 보인다. 타이센(G. Theissen)에 의하면 이미 마가공동체는 세례와 성찬식의 준수를 통해서 유대교의 제의와 대립하고 있다.[384] 유대교로부터 분리는 유대교의 제의 체계, 성전 제의, 안식일 그리고 정결 제도와 관련되어 있었다. 특히 축귀에 나타난 예수의 정결제의의 무력화 시도를 통해서 마가공동체는 조금씩 유대교와 거리를 두고 있다. 특히 성전 파괴

---

383) Ibid., 685.

384) 타이센(G. Theissen)에 의하면 마가 기자는 유대교와 결합된 제의가 이미 파기되었음을 공동체에게 역설한다. 마가공동체는 자신들만의 고유의 제의들을 가지고 있다. 그리고 그들은 안식일 논쟁, 음식에 대한 논의 그리고 정결에 관한 질문들에서 암시하는 것처럼, 유대교의 제의 체계를 비판한다. G. Theissen, *Gospel Writing and Church Politics*, 50-55.

이후 유대인과 더 이상 성전 제의를 공유하지 않았다.[385]

예수는 축귀와 치유를 통해서 '평화'를 전하는데 이것은 유대교가 병자들에게 대했던 방식과는 상당한 거리가 있었다. 유대교는 정결법을 통해서 병자를 공동체에서 배제시켰다. 따라서 필자의 견해에 의하면 병자 축귀와 치유에는 마가공동체의 독특성이 있다고 보인다. 마가공동체는 병자를 배제하지 않고 포용하며 그들과 식사 교제를 함께 나누었다(막 2:13 - 17절). 유대교와 분명 일정한 경계선을 긋고 있다고 보인다.[386]

하지만 이 시기는 로마 당국의 유대인들에 대한 보복이 가혹한 시기였다. 모든 것에 주의를 기울여야 했다. 분명 마가는 플라비안 가문의 권세에 대항하는 반 - 복음서(Anti - Gospel)를 기록했다.[387] 플라비안 가문의 베스파시안은 치유이적을 보였다. 사람들은 알렉산드리아에서 시각 장애를 가진 사람을 고친 기적 이야기를 서로 나누었다.[388] 마가가 로마 황제에 대한 대립을 반드시 의식할 필요가 없었을지라도 마가 기자는 인상적인 반대 이미지를 만들었다. 그것은 기적을 통하여 예수는 악과 귀신에 대해 승리자임을 스스로 입증하고자 했던 것이다.[389]

타이센(G. Theissen)에 의하면 마가는 공동체에게 정치적 대항적인 이미지를 심어 주지만 공동체에게 정신적 긴장을 주지 않고 주변 세계와 대결하도록 공동체를 설득하고자 했을 것이다.[390] 이를

---

385) Ibid., 55.

386) Ibid., 51.

387) G. Theissen, The Gospels in Context, 258 - 271.

388) Craig A. Evans, *Mark 8: 27 - 16: 20*. WEC 34b(Nashville: Thomas Nelson Publishers, 2001); 「마가복음, 8: 27 - 16: 20」, 김철 옮김(서울: 솔로몬, 2002), 112.

389) G. Theissen, *Gospel Writing and Church Politics*, 42.

390) Ibid., 41.

위하여 마가는 호소할 수 있는 가장 위대한 권위자인 예수를 이용한다. 예수에 대한 마가의 이미지는 마가복음서에서 비밀 모티브들의 도움으로 형성될 수 있다.

서용원에 의하면 이 비밀 모티브들은 공동체의 생존을 위한 장치였다고 주장한다.391) 그에 따르면 예수는 세금 논쟁에 있어서 데나리온을 가져온 그들에게 그 데나리온에 누구의 얼굴과 글이 새겨져 있느냐고 반문한다. 예수의 질문에 질문자들은 데나리온에 새겨진 대로 가이사의 것이라고 대답한다. 그러자 예수는 "가이사의 것은 가이사에게 하나님의 것은 하나님에게 바치라."고 말한다. 의도된 질문에 대한 예수의 답변은 간략하다. 이것은 수사 – 문학적인 관점에서 보면 극적인 반전이 이루어지는 것이다.392) 답변은 정교하고도 은밀한 형식을 취한다.

결국 축귀의 이야기에 등장하는 은밀한 반성전, 반로마적 성격은 모두 마가공동체의 생존을 위한 수사적 표현이라고 할 수 있다. 만약 은밀한 방식이 아니었더라면 마가공동체는 다른 유대교처럼 역사에서 사라졌을 것이다.

---

391) 서용원, 「마가복음과 생존의 수사학」 154.

392) 서용원, 「마가복음과 생존의 수사학」 133. 서용원은 마가복음 12장 13 – 17절의 문학적 구조를 다음과 같이 설명하고 있다.
질문의 목적: 예수를 곤경에 빠뜨리려는 목적(12:13a)
방법: 사람을 보내어 세금과 관련한 질문을 함(12:13b)

질문 전 행동(찬사): 예수에게 찬사를 보냄(12:14a)
질문(이슈): 가이사에게 세를 바치는 것에 대한 정당성(12:14b)

질문에 대한 예수의 반응: 데나리온을 가져다가 보이라(12:15)
예수의 물음: 화상과 글이 뉘 것이냐(12:16a)
질문자의 답변: 가이사의 것이니다(12:16b)
예수의 궁극적 답변(해결): 가이사의 것은 가이사에게 하나님의 것은 하나님께 바치라 (12:17a)
반응: 저희가 예수께 대하여 심히 기이히 여기더라(12:17b)

마가공동체는 유대교 내에서 태동했다. 따라서 예수운동은 사상적으로는 탈유대교의 길을 걸었고, 공간적으로는 이스라엘을 넘어 로마 제국 전체로 나아갔다. 이것은 탈유대교와 탈이스라엘이라는 예수운동은 자체의 생존의 문제를 극복하는 과정에서 모색한 길이다. 철저히 생존의 문제에 직면한 공동체의 대안을 담고 있는 책이다. 생존의 신학이 거대하게 자리 잡고 있는 것이다.[393] 결국 마가공동체는 생존의 길을 걸을 수 있었다.

3. 다른 치유 이적의 사회적 의미

3-1. 정결법의 이해

유대 사회에서는 정결법은 하나님의 거룩성에 기초했다.[394] 이 정결법은 하나님의 거룩성을 사회 이데올로기로 작용하게 하여 '사회통합'을 이루려는 사회적 의식의 발현이기도 했다.[395] 이 정결법에는 등급이 있으며, 바로 이 정결의 계급구조(hierarchy)에 유대인들의 '사회 세계(social world)'가 근거하고 있다. 따라서 유대인들은

---

393) 서용원, 「마가복음과 생존의 수사학」 264.

394) 야훼 하나님이 선택하여 부르신 사람이 성화될 수 있다. 그리고 인간은 성화를 위해 협력해야 한다. 하나님의 부르심에 응답하는 것은 인간의 책임이다. 그것은 시내산 계약을 통해 주신 야훼 하나님의 율법을 지켜서 올바른 제사예배를 드리며, 하나님이 가증하게 여기시는 더러운 것의 오염으로부터 자신을 깨끗하게 지키는 일이었다. 레위기 11-15장에는 정결법을 잘 정리한 토라 양식의 규례가 있다. Mary Douglas, *Purity and Danger: An analysis of the concepts of pollution and taboo*(London: Routledge & Kegan Paul, 1966), 유제분·이훈상 공역, 「순수와 위험」(서울: 현대 미학사, 1997), 31, 77-90.

395) Carolyn Osiek, *What Are They Saying About the Social Setting of the New Testamen* (Macarthur: Paulist Press, 1995), 99-101.

모든 장소가 정결한 곳과 부정한 곳으로 구분된다고 믿었다. 고대 유대 문헌 m. Kelim은 동일한 방식으로 정결의 정도에 따라 지리적 공간을 차별화함을 보인다.396) 이스라엘 땅 밖은 이방인의 땅으로서 부정하다. 장소에 나타난 정결의 등급화는 유대인들의 사회적 계급구조에도 그대로 반영되었다.397) 정결 계층 구조에서 밑바닥에 놓이는 자들은 가장 부정한 자들이다. 여기에는 혈통이 정결치 못한 자들뿐 아니라 치명적인 신체적 불구자들을 포함된다. 거룩성(holiness)이란 결국 몸의 정상성을 일컫는다.

한 사람의 위치는 그가 성전과 얼마나 가까우냐에 달려 있다. 제사장들은 가장 거룩하다. 그들은 지성소에 들어가기 때문이다. 그 다음으로는 레위인들이 거룩하다. 그들은 성소에 들어가기 때문이다. 그 다음으로는 이스라엘 사람들이 거룩하다. 그들은 성전 주변에 살며 성전 뜰까지 들어가기 때문이다.398) 그러나 예수 시대의 가난한 자들이나 병자들은 정결법 수행에 있어서 소외된 자들이었다. 정결법을 지킬 수 없는 상황에서 그들은 수행을 포기해야만 했다.399) 그것은 옛 질서에 속한 것으로 억압적인 사회 구조를 드러내고 있었다.

---

396) 거룩의 내용은 다음과 같다. 이스라엘의 땅은 그 밖의 땅보다 거룩하다. [이스라엘 땅의] 성을 가진 도시는 더욱더 거룩하다. [예루살렘의] 성안은 더욱더 거룩하다. 성전산은 더욱더 거룩하다. 담 안에는 더욱더 거룩하다. 여인의 뜰은 더욱더 거룩하다. 이스라엘인의 뜰은 더욱더 거룩하다. 현관과 제단 사이는 더욱더 거룩하다. 성소는 더욱더 거룩하다. 지성소는 더욱더 거룩하다. 조태연, "예수운동: 신학함의 새로운 패러다임", 「세계의 신학」13(봄 1998): 130. 재인용.

397) 사람들은 거룩함의 정도에 따라 다음과 같이 열 가지 계층 구조로 나뉜다. (1) 제사장, (2) 레위인, (3) 이스라엘 사람, (4) 개종자, (5) 해방 노예, (6) 결함이 있는 사제들, (7) 성전 노예들, (8) 사생아, (9) 고환에 상처받은 자, (10) 성기가 없는 자. J. Jeremias, *Jerusalem in the Time of Jesus*, 「예수 시대의 예루살렘」(서울: 한국신학연구소, 1988), 342.

398) J. H. Neyrey, "The Idea of Purity", *Semeia* 35(1986): 95 – 99.

399) J. Jeremias, *Jerusalem in the Time of Jesus*, 382. 예레미아스에 의하면 천대받은 직업들과 유대인 '노예'들을 예수시대 유대인들에게서 가장 천대받는 직업으로 분류하고 크게 4가지 범주로 구분하여 제시하고 있다. 더러운 물질과 접촉하는 직업이나 오염에 노출될 가능성이 있는 직업 모두가 가장 천대받는 직업으로 자리매김된다.

특히 유대 공동체에게 있어서 성전제의는 하나의 통일체를 경험하게 하는 구심점이었다. 디아스포라와 모국과 연결되는 결속점이기도 했다. 성전제의에 참석하지 못하게 된다면 공동체로부터 분리된 삶을 살 수밖에 없었다.[400] 예루살렘 순례자들의 숫자는 정확하지는 않지만 유대학자 알렉산드리아의 필로(기원전 15년부터 기원후 45년까지)가 증언해 주고 있다. "수천의 도시들에서 수천 명이 축제 때마다 성전순례를 하는데 일부는 육지로 일부는 바다로 동쪽과 서쪽 북쪽과 남쪽에서 몰려들었다."[401]

이렇게 성전제의가 중요함에도 불구하고 유대의 성전공동체와 쿰란 공동체에서는 병든 자들을 성전제의에 포함시키지 않고 오히려 배제시켰다. 병자들은 유대 정결법에 의해서 성전제의에 참석할 수 없었고 성전출입도 금지당하였다(레위기 21:16 – 21).[402] 이들의 출입이 가능하려면 치료가 되었다는 제사장의 확인이 있을 때에만 가능하였다. 따라서 병자들은 성전제의라는 유대인으로서의 가장 큰 의미의 행사에 참석할 수 없었고 그로 인한 상실감은 심했을 것이다.

> "귀머거리들이나 백치들이나 미성년자들이나 고자들이나 혼혈인들이나 여자들이나 해방되지 않은 노예들이나 절름발이나 소경들이나 병자들이나 노인들이나 자기 발로(성전이 세워진 산에) 올라갈 수 없는 사람들을 제외한 모든 사람들은 세 번의 주요한 축제 때에 성전에 헌신해야 한다."[403]

---

400) W. Bösen, *Galiläa als Lebensraum und Wirkungsfeld Jesus*, 421.

401) Ibid., 421.

402) 여호와께서 모세에게 일러 가라사대 아론에게 고하여 이르라 무릇 너의 대대 자손 중 육체에 흠이 있는 자는 그 하나님의 식물을 드리려고 가까이 오지 못할 것이라 무릇 흠이 있는 자는 가까이 못할지니 곧 소경이나 절뚝발이나 코가 불완전한 자나 지체가 더한 자나 발 부러진 자나 손 부러진 자나 곱사등이나 난장이나 눈에 백막이 있는 자나 괴혈병이나 버짐이 있는 자나 불알 상한 자나 제사장 아론의 자손 중에 흠이 있는 자는 나아와 여호와의 화제를 드리지 못할지니 그는 흠이 있은즉 나아와 하나님의 식물을 드리지 못하느니라(레위기 21:16 – 21).

이처럼, 정상적이지 않은 신체의 소유자들은 성전에 올라가는 의무로부터 박탈을 당했다. 또한 엄격한 규율을 지키던 쿰란 공동체에서는 신체적 장애를 지닌 자들은 들어오지 못하도록 규정을 하고 있었다.

> 멍청이, 미친 사람, 바보, 소경, 신체장애인, 절름발이, 귀머거리, 어린아이는 공동체에 들어오지 못한다(새 계약의 규례, xv:15 - 16).[404]

병자들은 철저히 유대 공동체로부터 소외되어 있었다. 그들은 자의(自意)에 의해서는 결코 공동체 속으로 들어갈 수 없는 존재들이었다. 그러나 예수는 이러한 병자들을 하나님 나라의 일원으로 보고 적극적으로 포용하였다.

3 - 2. 예수의 치유이적[405]

1) 나병환자 치료(마가복음 1장 40 - 45절): 본문은 사이클 구조

---

403) J. Jeremias, *Jerusalem in the Time of Jesus*, 109.

404) Marcus J. Borg & N. T. Wright, 「유대교와 예수」, 조철수 역(서울: 길, 2002), 196. 재인용.

405) 마가복음에 나타난 질병치유에 관련된 부분을 살펴보면 다음과 같다. 본 장에서는 치유이적을 세 가지만을 중심으로 전개할 전망이다.
  1. 막 1:29 - 31: 베드로 장모의 열병을 고침
  2. 막 1:40 - 45: 문둥병을 고침
  3. 막 2:1 - 12: 중풍병자를 고침
  4. 막 3:1 - 6: 손 마른 자의 치유
  5. 막 5:21 - 24: 회당장의 딸의 죽음에서의 소생
  6. 막 5:25 - 34: 혈루병 앓는 여인의 치유
  7. 막 7:31 - 37: 귀머거리의 고침
  8. 막 8:22 - 26: 벳새다에서 소경의 고침
  9. 막 1:46 - 52: 소경 바디매오의 고침

를 통해 나병환자 치유 이야기의 문맥상황을 보여 준다. 1:40 – 3:6
의 내용이 1:16 – 3:35의 큰 대칭 사이클의 허리에 해당하는 주요한
예수 '운동(campaign)' 이야기로서 분류할 수 있다.406)

   A 귀신축출 사건/제자들을 부르심/베드로의 가족(1:16 – 31)
    B 무리에 대한 연민의 사역(1:32 – 39)
     C 중심적 '운동(Campaign)' 이야기(1:40 – 3:6)
    B´ 무리에 대한 연민의 사역(3:7 – 12)
   A´ 귀신축출 논쟁/제자들/예수의 가족(3:13 – 35)

저자는 나병환자의 치유 이야기(1:40 – 45)를 가버나움에서 시작
된 예수의 선교 여행의 첫 번째 국면(1:21 – 45)의 마지막 사역이며
또다시 가버나움에서 시작될 더욱 치열한 예수의 충돌적 사역을
이끄는 중요한 역할로 보도한다.407)

이 이야기는 문둥병(나병, 한센병) 환자의 치유이야기로 레위기에
나오는 나병은 곧 신약성경에서는 문둥병408)이라고 불린다. 레위기
는 이례적으로 이 질병에 대해 매우 상세하게 규정하고 있는데(13
– 14장), 그것은 이 병이 이스라엘인에게 매우 위협적이었음을 시

---

406) Ched Myers, *Binding The Strong Man*, 138 – 139.

407) 켈버(H. Kelber)에 의하면 중요한 국면은 가버나움에서 시작되며 갈릴리 전역으로의 여행
으로 예수의 선교에 대한 압도적인 반응을 기술한다. 두 번째 국면은 다시 가버나움에서 시
작되며 어느 한 집, 회당, 곡식밭 등으로 이어지는 일련의 여행들을 포함한다. 세 번째 국면
은 무리들이 차츰 많이 모이는 호숫가 주위에로의 세 가지 여행들을 기록한다. Werner H.
Kelber, 「마가의 예수 이야기」, 서중석 역(서울: 한국신학연구소, 1987), 26.

408) 당시 '나병'에 걸린 사람은 자신의 존재를 사람들에게 알려야 할 의무가 있었다(레위 13:45
– 46). 당시 정결법에 의하면 의복 등, 자신의 몸이 닿은 천은 불로 태워야 했으며
(13:52), 공동체에서 격리된 생활을 해야 했다(13:38). 이는 이 질병이 전염성이 있음을
암시한다.

사한다. 저자에 의하면 예수와 제자들이 길을 가고 있을 때에 멀리서 달려오는 사람은 '나병' 환자였다. 그는 예수님을 보자 납작 엎드리며 간청하기 시작한다. 온 힘을 다해 발버둥치듯 예수에게 매달렸다. 측은한 마음이 일었다. 연민의 감정이 예수를 움직였다. 손을 내밀어 그를 만지며(막 3:3; 5:27 – 31; 6:56; 8:22) 선언한다. 마가의 예수는 공개적인 장소에서 사랑의 정신에 입각한 주권적 명령인 "깨끗하게 되길 원한다(λέγει αὐτῷ, Θέλω, καθαρίσθητι)."고 말하며 간청하는 문둥병자를 직접 만짐으로 치유한다.

이 장면은 중요한 의미가 있다. 정결법에 근거하여 사회적 추방을 받아 격리되어 있어야 할 그가 지금 많은 사람들이 둘러싸고 있는 예수의 발 앞에 나아와 엎드렸다. 이것은 정결법에 대한 강한 도전이요, 정결질서의 깨뜨림이다.[409] 문둥병은 율법에서 볼 때 가장 부정한 병으로서, 유대인들이 가장 혐오하는 병이었다. 그것의 불치성과 추악성 때문에 이 병에 걸린 자는 사회적 격리되었고 그 생활은 비참했다.

이것은 곧 반성전 motif에서 기록되었음은 이야기에 나오는 '문둥병' '깨끗함' '제사장' 같은 어휘들에서 드러난다.[410] 저자는 예수가 문둥병을 치유하는 '하나님의 거룩한 자'로서 '하나님의 제사장적 종'의 역할을 한다고 묘사한다.[411] 이런 제사장적 활동은 전통과의 단절을 나타낼 뿐만 아니라 예수의 권위를 믿기 거부하는

---

409) 유대교에 있어서 정결법과 문둥병자의 치료에 관한 사회체제와 상징적 연구는 John Phich, "*Biblical Leprosy and Body Symbolism*", *Biblical Theology Bulletin* 11(1981): 100 – 113; Idem., "Healing in Mark: A Social Science Analysis", *Biblical Theology Bulletin* 15(1985): 142 – 150을 참조하라.

410) 박수암, "마가복음에서의 반 성전 주제", 「교회와 신학」, 28(1997): 172.

411) Carl R. Kazmierski, "Evangelist and Leper: A Socio – cultural Study of Mark 1: 40, 45", *New Testament Studies* vol.38(1992), 45.

제사장들의 행위에 대한 암시적 반대가 배어 있다.[412]

예수는 이 병자를 고쳤다. 이로써 예수는 율법의 주(Lord)이며, 성전보다 더 큰 분임을 보인다. 나병환자의 치유 사건에서 바로 예수의 권세가 갖는 중요한 의미는 거룩의 정치학으로 굳게 짜인 유대의 차별적인 구조들을 깨뜨리고 무효화하는 것이다. 예수가 선포한 하나님의 나라는 버림받은 자들을 치유하는 현실 속에 종말론적으로 그 나라를 열어 가는 능력이다.

이 상징적 치유 행위는 유대교로부터의 충돌을 불러일으키는 예수 운동의 성향을 보여 주는 첫 번째 사건이다.[413] 이 사건으로 인하여 예수는 나병환자와의 접촉으로 그 도시에서 부정한 자로 낙인이 찍힌 사람이 되었다.[414]

예수가 나병환자를 직접 손을 내밀어 고치고 있는 데서 종말론적 하나님 나라를 엿볼 수 있다. 종말론적 하나님 나라는 정결법에 의한 유대 사회처럼 경계선을 설정하고는 병들고 가난한 약한 자를 경계선보다도 하나님의 '자비와 사랑'으로서 약한 자를 위하여 그 경계선을 허물고 구원 요청을 차별 없이 받아들이는 열려진 나라요, 평등이 실현되고, 약한 자가 위로를 받고 고침을 받는 나라임을 보여 주고 있다.

2) 손 마른 사람의 치유(마가복음 3장 1－6절): 마가는 본문 2:1－3:6에서 교차 대구법(chiasm)과 고리구성(ring composition) 그리고 확장된 동심원 구조(concentric structure)와 같은 수사학적인 기교를

---

412) M. Smith, "The Role of Jesus' Opponents in the Markan Drama", 164.

413) Ched Myers, *Binding The Strong Man: A Political Reading: of Mark's Story of Jesus*, 153－154.

414) J. Bruce Malina, *The New Testament World: Insights from Cultural Anthropology* (Atlanta: John Knox, 1981), 122.

사용함으로써 그의 자료들을 배열하고 있다.[415)

A 2:1 – 12 중풍병자를 고치심
 B 2:13 – 17 레위를 부르심/죄인들과 식사하심
  C 2:18 – 22 금식과 옛것과 새것에 관한 말씀
 B´ 2:23 – 27 안식일에 이삭을 자름
A´ 3:1 – 6 안식일에 병을 고치심

이 이야기들 중 처음 두 이야기는(A와 B) 예수와 죄와 죄인과의 관계에 관심을 두고 있다. 마지막 두 이야기는(B´와 A´) 안식일과 관련한 문제들을 다루고 있다. 이와 대조적으로 중간에 위치한 이야기(C)는 죄나 안식일을 다루지 않고 금식의 문제를 다루고 있다. 더구나 중간에 위치한 이야기를 둘러싸고 있는 이야기들(B와 B´)은 음식의 문제를 다루고 있는 데 반해 중간의 이야기(C)는 음식을 금하는 것에 대한 문제를 다루고 있다. 또한 A와 A´ 이야기는 삶과 죽음이란 일반적인 치유 이적에 관한 것인데 중간 부분의 이야기들(BCB´)은 어떤 행동을 취함 – 반대에 직면함 – 행동의 옳음이 증명됨과 같은 형태를 따르고 있음을 주목한다.

마가는 무엇보다도 이 이야기를 '안식일에 밀 이삭을 잘라 먹은 제자들'에 관한 이야기(2:23 – 28)에 이어서 소개하고 있다. 앞의 이야기에서도 예수와 그의 제자들은 '안식일'에 해서는 안 될 일을 범하고 있는 것으로 비난을 받고 있다. 바로 이 때문에 두 이야기가 함께 연결되었을 것이다. 여기에서 마가는 예수를 "인자가 안식

---

415) Joanna Dewey, *"The Literary Structure of the Controversy Stories in Mark 2:1 – 3:6"*, *Journal of Biblical Literature* 92(1973): 394 – 401.

일의 주인이다."(2:28)라는 앞 이야기의 결론 구절에 이어서 우리의 본문을 연결시켜 주는 주요 연결어(key - word)가 되고 있다(2:23, 24, 27, 28; 3:2, 4).[416] 이 서술은 예수를 다윗 그리고 하나님의 대리자와 연합시키는 심화된 신학적 입장에서 예수를 안식일의 창조주로 재구성하게 한다.[417]

이 이적은 안식일 논쟁 이야기라고도 할 수 있다. 안식일은 유대인에게 있어 매우 중요한 종교의 구심점이었다. 네이레이(J. H. Neyrey)에 의하면 안식일은 유대인들에게 가장 거룩한 날이었고 회당은 안식일을 거룩하게 지키기 위해 사용된 가장 중요한 장소였다고 말한다.[418]

예수가 안식일을 어기면서까지 고친 손 마른 사람의 이야기는 유대인의 율법 중에서도 가장 으뜸으로 중시하는 안식일 법에 정면으로 도전하고 있다. 저자에 의하면 예수는 안식일 법을 아주 잘 알고 있었다. 그러나 예수는 손 마른 자가 당장에 생명을 잃을 수도 있는 위험에 봉착한 것도 아닌데, 더구나 하루나 이틀쯤은 얼마든지 기다릴 수 있는 상태인데도 불구하고 기어이 안식일에 회당 한 가운데에 그를 세워 놓고 논쟁을 벌이면서까지 병을 고쳐 준다. 안식일 법을 의도적으로 그리고 공개적으로 깨뜨린 것이다.[419] 따라서 그들은 예수를 악하고 신성 모독적인 일들을 자행하는 율법 파괴자로 생각했다. 예수에 대한 적개심의 발로가 바로 여기에 있다.

그러나 바리새인들은 인간의 필요를 알면서도 법규 때문에 돕지

---

416) 김창락, 「새로운 성서해석과 해방의 실천」(천안: 한국 신학연구소, 1990), 76.

417) Ethel E. Wallis, "Mark's Goal - oriented Plot Structure", *Journal of Translation and Textlinguistics* vol.10(1998): 34.

418) J. H. Neyrey, "The Idea of Purity in Mark's Gospel", *Semeia* 35(1986): 99.

419) J. Gnilka, *Mark I*, 161.

않는 것은 악을 행하는 것이자 하나님의 다스림의 긴박한 요구를 거스르는 일이라 한다.[420] 저자는 예수의 치유가 온전한 것이라고 논평하고 곧바로 안식일에 바리새인과 헤롯당들의 정치적 야합이 살해 음모를 도모하고 있다고 보고한다. 완악한 저들의 계획 행위는 율법의 근본정신을 도외시하는 아이러니다.[421]

그렇다면 예수의 치유의 의도는 무엇인가? 예수의 안식일 치유는 하나님의 궁극적인 안식의 샬롬을 현실화했던 예수의 종말론적인 창조행위였다. 인간에게 참쉼과 샬롬을 주려는 예수의 치유를 통하여 하나님의 진정한 안식에 들어가 하나님과의 사귐에 들어가게 하려는 종말론적인 치유인 것이다. 필자의 견해에 의하면 예수에게 있어서 안식일 치유사건은 분명한 종말론적 하나님 나라의 표징으로 보인다.

3) 혈루증 여인과 야이로의 딸 소생 이적(마가복음 5장 21 – 43절)

(1) 두 이야기의 구조: 마가복음에 기록된 혈루증 여인의 치유와 야이로의 딸 소생 이적은 전형적인 문학적 기법을 사용하고 있다. 이 이야기는 샌드위치 기법으로 그려지고 있다. 샌드위치 기법이라고 하는 것은 하나의 스토리(outer story)가 삽입된 다른 스토리(inner story)에 의해서 두 쪽으로 나뉜 형태로 어떤 특별한 주제를 전달하는 문학적 전개방법을 말한다. 제임스(Edwards, James)에 의하면 이 이야기의 중간에 위치한 이야기가 거의 샌드위치의 신학적 목적의 키(key)가 된다고 주장한다.[422] 이 이야기에서는 두 쪽으

---

420) M. Smith, "Mark 3:1 – 6: Form, Redaction and Community Function", Biblica vol.75 no.2(1994): 165 – 172.

421) M. Smith, *The Role of Jesus' Opponents in the Markan Drama*, 165.

422) Edwards, James, "Markan Sandwiches The significance of Interpolations in Markan Narratives", *Novum Testamentum*(1989): 194 – 196.

로 나뉜 외부 스토리와 그 중앙의 스토리가 상호 밀접한 관계를 가진 하나의 통일된 형태와 장면으로 보고 그것의 의미와 메시지를 이해해야 한다.

이 이야기의 절정은 야이로의 딸이 죽었다는 소식을 전하는 과정과 이에 대한 예수님의 답변으로 이루어져 있다. 이런 이야기의 절정을 주기 위해서 혈루증 여인이 등장한다. 혈루증 여인의 등장과 예수의 치유하는 사건은 더 급한 야이로의 딸을 치유하는 데 장애가 되는 것 같은 시간상의 안타까움과 긴장을 형성시켜 주고 있다.[423] 이것은 저자 마가의 치밀한 서사적 전략이며 수미상관법(inclusio)에 의한 믿음과 두려움을 느끼면서, 예수를 기적 수행자보다는 죽음과 질병의 위기에 믿음이 절대적으로 필요하다는 것을 가르치는 능력 있는 교사로 재구성한다.[424]

이 기적 이야기는 바깥 부분은 회당장 야이로의 죽은 딸을 일으키는 이적사건에 관한 기사로 되어 있다. 내부 이야기는 혈루증 여인(버림받은 불결한 여인)을 고치신 이적 사건으로 되어 있다. 이것을 표현하면 다음과 같다.

A. 회당장 야이로의 죽어 가는 딸(막 5:21 – 24)
  B. 혈루증 여인을 고치심(막 5:25 – 34): "딸아 네 믿음이 너를 구원하였다"
A′. 회당장 야이로의 죽은 딸을 일으키심(막 5:35 – 43)

---

423) David Garland, *The NIV Application commentary: Mark*(House Grand Rapids Michigan: Zondervan Publishing, 1996), 222.
424) 김광모, 「마가의 서사적 기독론」 174.

위의 분석에서 볼 수 있듯이 두 사건은 잘 어우러져 있어서 전하려는 메시지가 한층 강화되어 있다. 특히 중간에 있는 혈루증 여인을 고치신 이적 기사는 회당장 야이로의 딸을 고치는 사건의 중대한 의미론적 배경이 된다. 또한 혈루증 여인의 이적은 이야기에서 중심 메시지를 포함하고 있다. 한편 야이로의 딸과 혈루증 여인의 연관성을 비교해 본다면 많은 유사점이 있음을 알 수 있다. 이것을 정리한다면 다음과 같이 표현할 수 있다.[425]

	야이로의 딸	혈루증 여인
관계성	야이로는 자신의 '어린 딸'(23, 35)이라고 호칭	고침을 받고 난 후 예수님에게 '딸'(34)로서 호칭
기간의 동일성	야이로의 딸이 '12살'(42)이라고 언급함	혈루증을 앓은 기간이 '12년'(25)
병의 상태	**부정한**(더러운) 시체	**부정한** 혈루병
이적방법	예수님은 **손을** 잡고 죽은 아이를 살리심(23, 41)	여인은 옷자락에 손을 대어 치유받게 됨(28 – 29)
병자의 반응	죽은 소식을 듣고는	**두려워**하며 떨고 있었음(33) **두려워**하였음(36)
이적의 원인	**믿음**으로 딸을 살림(36)	**믿음**으로 치유받음(34)

---

425) W. Kelber, 「마가의 예수 이야기」 40.

위에서 볼 수 있듯이 이야기는 유사하고도 반복을 통해서 서로의 연관성을 보여 주고 있다. 이것을 통해서 읽는 독자들은 앞으로 전개될 이야기가 모두 앞의 이야기와 같이 해결될 것이라는 복선을 확인할 수 있게 된다.

(2) 혈루증 여인: 혈루증을 앓는 여인은 사회적으로 불결한 병이었다. 이러한 여인은 부정한 사람으로 취급되었고, 사회적으로도 단절되어 다른 사람들과의 접촉이 금지되었다.[426] 구약성서는 혈루증을 앓는 여인에 대해서 엄격한 규칙을 정하고 있다(레 15:25 – 30).

병자는 오염의 근원으로서, 접촉하는 모든 인간과 물건은 다 부정해진다는 것이다. 그 여인은 종교적으로 가장 부정한 인간이며, 따라서 사회적으로 억압과 소외를 당할 수밖에 없었을 것이다. 이 여인의 질병은 한 달 내내 생리를 하는 것처럼 여겨진 질병이었다. 고대인들의 평균 수명이 약 40년이었다는 것과 그녀가 '열두 해' 동안 아팠다는 것을 생각해 본다면 성인이 된 후의 거의 전부의 삶을 이러한 문제를 가진 채 보냈을 것이다.[427] 또한 저자에 의하면 그녀는 12년 동안 혈루증으로 고생하고 있었다. 이 병을 고치기 위해 많은 의원에게 돈을 낭비하였다. 그리고 많은 괴로움을 받았고, 가진 것도 다 허비하였으나 아무런 효험도 없었다. 그녀는 경제적으로도 가난해질 대로 가난해졌다. 그러던 차에 예수의 소문을 듣고 예수의 옷자락을 만지게 되었다.

저자는 혈루병으로 열두 해 동안 정신적, 사회적, 육체적 고통을 당한 여성에 관한 정보를 사후제시 기법을 통해, 그것도 다섯 개

---

426) J. Guelich, *Mark 1*, 476 – 477.

427) M. J. Selvidge, "*Mark* 5: 25 – 34 and Leviticus 15: 19 – 20: *A Reaction to Restrictive Purity Regulations*", *JBL*(1984): 619 – 623.

분사의 한정을 사용해서 아주 생생하게 설명한다. 마가는 그 여성의 내면을 들춰내면서 두려움과 예수께 대한 신뢰를 보여 준다. '즉시(καὶ εὐθὺς)'가 반복되고, 여성의 예수를 '만짐'에 대한 서술자, 여성, 예수, 제자들의 언급의 중심에는 여성과 예수 간의 능력의 은밀한 교류가 자리하고 있다.[428] 이것은 여성의 관점에서 그리고 예수의 관점에서 두 차례 보고된다.

마가에 의하면 여인은 무리들 속에 숨어서 예수를 만진다. 사람을 만진다는 것은 그 사람을 부정하게 만드는 행위가 된다. 그러나 예수는 여인의 만짐을 아시고 그녀를 찾는다. 즉, 일방적인 접촉이 능력의 전달을 일으키게 한 것이 아니라 예수와 그 여인의 상호관계가 능력을 전달하는 결과를 일으킨 것이다. 이 여인의 고침은 예수의 옷자락(능력)만이 아니라 그녀의 '믿음'에 있었다.

저자에 의하면 예수는 그녀를 향해 "딸아 네 믿음이 너를 구원하였으니 평안히 가라. 네 병에서 놓여 건강할지어다(Θυγάτηρ, ἡ πίστις σου σέσωκέν σε· ὕπαγε εἰς εἰρήνην καὶ ἴσθι ὑγιὴς ἀπὸ τῆς μάστιγός σου)."(5:34)라는 선포는 사회적인 정결법의 속박으로부터 자유를 주었다. 이제는 사회적인 관계의 영역에서까지도 고침을 받은 것이다. 예수는 더러운 것과 접촉하여서 더러워지는 분이 아니라 오히려 그 부정함을 깨끗하게 했던 것이다.

(3) 야이로의 딸: 회당장[429]은 유대 공동체에서는 공적으로 알려진 인물이다. 유대 사회에서 회당장의 위치는 가장 영향력 있고 존경받는 사람이었다.[430] 야이로는 그 지역에서 저명한 인사였을 것

---

428) 김광모, 「마가의 서사적 기독론」, 172.

429) 회당장에 대한 직분에 대한 논의에 대해서는 다음을 참조하라. Eduard Schweizer, *The Good News According to Mark*(Richmond: John Knox press, 1970), 117.

430) C. D. Marshal1, *Faith as a Theme in Mark's Narrative*(Cambridge: Cambridge

이다. 저자에 의하면 그가 예수께 찾아와 딸의 치유를 위해서 간구한다. 그가 예수 앞에 무릎 꿇고 생사의 위기에 직면해 있는 '외동딸'을 살려 달라고 간청했다는 저자의 간접화법은, 내포독자의 파토스를 고조시킬 뿐만 아니라 그가 아는 것 이상을 요청한다는 의미에서 아이러니적이다.[431]

예수가 가던 중에 돌발적 사건이 발생하게 되고(혈루증 여인 치유) 아이는 죽게 된다. "당신의 딸이 죽었나이다."(5절) 예수는 딸이 죽었다는 소식을 듣고도 말한다. "두려워 말고 믿기만 하라."(36절) 도착한 집 안에서는 벌써 사람들이 훤화하고 큰 소리로 울며 통곡하고 있다(38절). 예수는 "어찌하여 훤화하며 우느냐? … 죽은 것이 아니라 잔다."(39절)라고 말한다. 집 안에 들어간 예수는 "달리다굼(Ταλιθα κουμ)"이라고 명령하며 그 '죽은' 아이의 손을 잡아 일으켰다(41절). 소녀는 다시 살아났다. 소생의 이적이 일어났다. 그러나 이 소녀의 소생은 영적인 소생[432]만이 아니었다. 실제적인 육체가 다시 일어났음을 알 수 있다.

유대교 정결법에 의하면 사체(死體)를 접촉하는 것은 가장 큰 부정이다. 구약에 기록에 의하면 정결케 하지 않으면 성막을 더럽힌 자가 된다(민 19:11 - 13). 부정함이 더욱 문제가 된다면 그는 이스라엘로부터의 추방을 당하게 된다. 그는 이스라엘로부터의 추방을 무릅쓰고 이 아이를 살린 것이다. 정결규례를 어겨서까지 예수는 사람을 살린다. 하지만 그것은 시체로 인해 자신의 몸이 더러워지

University Press, 1989), 94.

431) 김광모, 「마가의 서사적 기독론」 172.

432) 많은 주석가들은 이 소녀의 일어남을 영적인 것으로만 해석하고 강조하려는 경향이 있어 왔다. 이 소녀가 영적인 생명을 얻었기에 이어서 영적인 음식도 먹을 수 있게 되었다고 주장한다. 다음을 참조하라. J. Vines, *Exploring the Gospels Mark*(New Jersey: Loizeaux Brothers, 1990), 103.

는 것이 아니라 예수의 손에 의해 부정한 시체가 부활을 맛보게 되었다.

　유대 사회에서 여성들을 비인간화시키는 억압적 장치는 언제나 제의적 정결의 율법체계였다. 그 여인과 야이로의 딸을 살리신 예수는 유대교의 정결의 왜곡된 이념 체계를 파기하였다. 예수로 말미암은 여성들의 진정한 구원은 바로 여기서 왔다. 예수의 이러한 치유행위는 모든 자와 더불어 여성의 온전한 인간화를 의미한다.

　그러나 다른 면에서는 예수의 이러한 치유행위들은 제의적 정결을 위반하였고, 이스라엘의 성결, 즉 민족 공동체의 전체성과 온전성을 깨뜨리는 장본인이 되었다.[433]

3-3. 치유의 사회적 의미

　예수의 치유사역이 개인적 질병치유 행위에 국한된다면 그의 치유사역은 다른 축귀자들이나 치유자들과 다를 바가 없을 것이다. 이미 유대교 지도자들은 예수의 축귀, 치유 소문을 듣고도 다른 특별한 반응은 보이지 않았었다.[434] 그러나 문제는 예수의 치유사역에 함의된 의미가 개인에게만 국한된 것이 아니라 사회적인 의미를 함축하고 있다는 데에 문제성을 지니게 된다. 1세기 유대사회와 그레꼬 로마사회의 치유행위는 개인의 문제이면서 동시에 사회적인 문제이기도 했다.[435] 고대 근동의 사회는 개인주의보다는 동일

---

433) 조태연, 「예수 이야기 마가 2」 76.

434) Paul Hollenbach, "Jesus, Demoniacs, and Public Authorities: A Sociological Study", *Journal of American Academy of Religion* 49/4(1981): 579-585.

435) Burce J. Malina, *The New Testament World: Insights from Cultural Anthropology* (Atlanta: John Knox Press, 1981), 51-70.

한 마을 공동체적으로 구성원들이 연결된 사회였기 때문이다. 개인적 병듦과 치유의 문제는 공동체 구성원들의 인식에도 영향을 미쳤다. 따라서 예수의 치유는 질병치유에만 한정된 것이 아니라 사회적 질서에 대한 도전이기도 하며 동시에 해방의 사건이 되기도 한다.

왜 예수는 위험을 무릅쓰고 병자들을 고치셨을까? 그리고 유대 지도자들과의 마찰을 일으킨 이유는 무엇일까?[436] 유대교에서의 거룩과 정결은 중요한 종교적 규범이었고 사람들은 예루살렘 성전에 특별한 관심을 기울였다. 성전과 그 기능은 사회 전반에 걸쳐 지성소를 중심으로 원을 그려 거룩의 정도를 묘사하는 랍비문서에서 잘 규정되어 있다. 이스라엘의 땅은 다른 땅보다 더 거룩하며, 성벽으로 둘러싸인 이스라엘의 도시, 예루살렘 도시, 성전이 있는 산, 성벽, 여인들의 뜰, 이스라엘 남자들의 뜰, 제사장들의 뜰, 제단과 문 사이의 공간, 성소는 각기 다른 것들보다 더 거룩하며, 지성소는 그 어느 것보다도 가장 거룩하다(Mishnah Kelim 1.6 – 9).[437]

성전을 중심으로 한 정결 체제(purity system)는 바벨론 포로기 이후 이스라엘을 지배하였다.[438] 성전을 중심으로 유대백성들은 생

---

436) 조태연, 「예수 운동」(서울: 대한기독교서회, 1999), 159. 예수운동이 사회적 갈등을 불러일으킨 것을 보면 유대 지도자들과의 마찰은 분명해 보인다.

본문	갈등의 내용	반대자들
막 2:15 – 17	세리들과 함께 식사	바리새인의 서기관들
막 2:18 – 22	금식 않고 먹고 술 마심	(일반적인) 사람들
막 2:23 – 28	안식일에 밀 이삭 자름	바리새인들
막 7:1 – 15	손을 씻지 않고 먹음	바리새인들과 서기관들
막 3:1 – 6	안식일에 사람을 고침	(바리새인들)
막 2:23 – 28	안식일에 밀 이삭을 자름	바리새인들
막 3:22 – 30	예수를 귀신 들렸다 함	서기관들
막 6:1 – 6	고향에서 예수를 배척	고향 사람들

437) P. J. Achtemeier, *Introducing The New Testament*, 64.

438) Joachim Jeremias, *Jerusalem in the Time of Jesus*, 338 – 339.

활을 하였기에 성전에서 종사하는 제사장들은 점점 기득권화되어 갔다. 특히 성전에 바치는 십일조와 각종 헌물을 경제적 토대로 정치적 지배력을 확고하게 구축하였다. 특히 예루살렘은 성전을 중심으로 신정(theocracy)을 담보한 제사장 귀족의 종교, 경제, 정치적 지배와 함께 명백한 종교적 정당성을 향유했다.[439]

유대교 정결법(purity rules)은 장소, 사람, 시간, 음식 등 유대교 사회의 모든 것을 구분하고 체계와 질서를 세우는 규칙들로 이루어져 있다.[440] 이 정결법의 중심에는 이스라엘이 이방인과 구별되어 거룩하고 깨끗한 땅에 사는 거룩하고 정결한 백성이어야 한다는 사상을 담고 있다.[441]

이러한 거룩과 정결이라는 가치가 유대사회의 모든 곳에서 구체적인 질서를 잡아 가고 있었다.[442] 성전의 지성소는 가장 거룩한 장소였고 유대교 정결에 있어서 중심이 되었다. 성전에서 멀어질수록 정결은 낮아지며 유대인의 거주지의 경계선에 이르면 거룩은

---

439) Richard A. Horsley, *Bandits, Prophets, and Messiahs: Popular Movements at the Time of Jesus*, 134.

440) 정결은 한 사회 집단의 체계와 질서를 세우는 근본 원리이다. 이 정결 체계에서 파생되는 것이 더러움(dirty)과 비정상(anomaly)이다. Mary Douglas, *Purity and Danger: An Analysis of the Concepts of Pollution and Taboo*(New York: Routledge and Kegan Paul, 1966), 35; Bruce J. Malina. *New Testament World: Insights from Cultural Anthropology*(Atlanta: John Knox Press, 1981), 125 – 131; J. H. Neyrey, "The Idea of Purity", 93.

441) 너희는 스스로 깨끗케 하여 거룩할지어다 나는 너희 하나님 여호와니라(레위기 20장 7절).

442) 문화인류학자들에 따르면 종교 중심의 사회에서의 정결은 인간 집단이 그 집단 안에 있는 모든 사람들과 모든 것을 제자리에 위치시키기 위하여 긋는 외적 경계선들과 내적 체계와 질서를 세우는 사회적으로 공유된 선들을 가리킨다. 그 선들을 긋는 목적은 그 집단의 체제 안정과 내부 결속은 물론 그 체제를 위협하는 사람들을 규정하고 대처하기 위한 것이었다. Bruce J Malina, *The New Testament World*, 122 – 152; Idem., *Christian Origins and Cultural Anthropology*(Atlanta: John Knox Press. 1986), 20 – 27; J. H. Neyrey. "The Idea of Purity", 91 – 128: Idem., "Symbolic Approach", 63 – 92; Idem., "Unclean, Common, Polluted, and Taboo", *Forum, 4/4*(1988): 72 – 82를 보라.

끝이 난다. 성전의 이러한 거룩성은 사람들을 분류하게 되었다. 결국 유대교의 정결체제는 유대인 사회에서의 철저한 계급화를 낳았다. 정결체제는 점점 굳어져만 갔다.

세리와 죄인들은 도덕적으로 부정한 사람들이다(눅 15:1 – 2, 마 9:10 – 13). 나병이나 손 마름병, 시각장애, 청각장애 등 신체적 질병을 갖고 있는 사람은 신체적으로 부정한 사람들이다. 도덕적이든, 신체적이든 부정한 사람들은 거룩한 하나님의 백성으로서의 완전성과 거룩성을 손상시킨 존재이며, 사회통합이라는 사회적 가치체계를 위협하는 자들이다. 그러므로 이들은 거룩한 공동체의 회원으로서의 자격을 박탈당하고, 공동체로부터 배제되었다.

예수는 바리새인들과 서기관들이 철저히 지키는 손 씻음, 발 씻음, 그리고 컵, 항아리, 청동 그릇의 씻음을 포함하여 많은 피상적인 규범들을 지키지 않았다. 예수는 보다 더 중요한 것이 있다고 했는데, 곧 사람의 마음에서 나오는 것이라고 하여 비난을 받았다 (7:9 – 13). 외적 의식을 중요시하는 가치관을 지닌 이들에 대해 예수는 외적 정결의식(손 씻음) 내적 정결(마음의 씻음)을 제시한다. 예수가 말하는 내적 정결은 의식적인 정결이 아니라 마음의 정결이다. 예수 주장의 근거는 음식은 사람을 더럽게 하지 못하지만 사람의 마음에서 비롯되는 온갖 생각들, 악한 생각, 음란, 도적질, 살인, 악독, 속임, 음탕, 흘기는 눈, 훼방, 교만, 광패가 사람을 더럽게 하기 때문이다.

"무엇이든지 밖에서 사람에게로 들어가는 것은 능히 사람을 더럽게 하지 못하나, 사람 안에서 나오는 것이 사람을 더럽게 한다 (οὐδέν ἐστιν ἔξωθεν τοῦ ἀνθρώπου εἰσπορευόμενον εἰς αὐτὸν ὃ δύναται κοινῶσαι αὐτόν, ἀλλὰ τὰ ἐκ τοῦ ἀνθρώπου ἐκπορευόμενά ἐστιν τὰ κοινοῦντα τὸν ἄνθρωπον).”(막 7:15 - 16)라는 선언으로 인하여 예수는 유대교 지도자들의 엄청난 미움을 제공하는 빌미가 되었다.[443] 예수의 적대자들은 그를 기존의 정결체제를 무너트리는 매우 급진적이며 위험한 인물로 이해되었을 것이다.[444]

그러나 예수가 제의적 정결을 무의미하게 보는 이유는 바로 이 부분이 하나님의 뜻의 근본적 측면보다는 인간의 유전이기 때문이다(막 7:3 - 4). 동시에 새 시대의 도래와 함께 이제는 폐기된 옛 질서에 속하는 계명이기도 하기 때문이다.

하나님의 나라인 새로운 질서는 낡은 질서를 대신한다. 예수는 율법과 선지자의 낡은 토라 중심의 낡은 질서를 무력화한다.[445] 예수는 정결체제를 위반함으로써 낡은 질서를 무력화하고 하나님의 나라가 도래했음을 드러내고 있다. 하나님 나라는 종말론적인 나라이지만 사람들로 하여금 실존적인 결단을 촉구한다.[446] 예수의 하나님 나라는 사람들 안에 이미 도래한 나라이며, 계속해서 성장하는 나라이다. 종말론적인 하나님 나라가 현재적인 것이 되도록 예수는 “회개하라 하나님 나라가 가까이 왔다.”고 선포했다.

---

443) J. Lambrecht, “Jesus and the Law: An Investigation of Mk. 7:1 - 23”, *Ephemerides Theologicae lovanieness* 53(1977): 79.

444) 예수와 유대교의 지배계층과의 갈등에 관한 연구는 다음을 보라. R. J. Dillon, “As One Having Authority: The Controversial Distinction of Jesus’ Teaching”, *CBQ* 57 (1995): 102 - 112; Elizabeth S. Malbon, “The Jewish Leaders in the Gospel of Mark: A Literary Study of Marcan Characterization.” *Journal of Biblical Literature* 108(1989): 259 - 281; Marcus J. Borg, *Conflict, Holiness & Politics in the Teachings of Jesus*(New York Edwin Mel1en Press, 1984).

445) 토라는 당시 유대교의 살아 있는 실체였다. 울리히 루츠, 「마태공동체의 예수의 예수이야기」, 박정수 역(서울: 대한기독교서회, 2002), 79.

446) 서용원, “신약성서에 나타난 개혁사상”, 「호서신학」 9(2002): 41.

V_ 축귀사역에 나타난 마가의 신학과 메시지

1. 새 시대의 도래를 보여 주는 사건

1-1. 종말론적 하나님 나라

마가에 의하면 예수가 사역을 시작하면서 하나님 나라의 도래를 알린다. 예수가 외친다. "때가 찼고 하나님의 나라가 가까웠으니 회개하고 복음을 믿으라(καὶ λέγων ὅτι Πεπλήρωται ὁ καιρὸς καὶ ἤγγικεν ἡ βασιλεία τοῦ θεοῦ· μετανοεῖτε καὶ πιστεύετε ἐν τῷ εὐαγγελίῳ)."(막 1:14, 15). 그렇다면 예수가 외친 하나님의 나라는 무엇을 말하는가? 하나님 나라에 들어간다는 것은 무엇인가? 또 하나님의 나라와 예수는 어떤 관계가 있는가?

19세기 말과 20세기 초에 바이스(J. Weiss)는 "예수의 신국관념은 수많은 종말론적 - 묵시문학적 견해들과 뗄 수 없는 연관을 갖는 것같이 보인다."라고 했다.[447) 릿츨(A. Ritschl, 1822-80)은 그리스

---

447) J. Weiss, *Jesus' Proclamation of the Kingdom of God*(Philadelphia: Fortress, 1971). 하나님의 나라가 19세기 자유주의 신학자들에 의해서 역사 내에서 발전하고 인간들의 노력 여하에 따라서 실현 가능한 인륜성의 왕국(das reich der sittlichkeit)으로 이해되고 있다. 이에 반해서 바이스는 하나님의 나라가 인간의 의지와 행위와는 무관한 것이며, 역사 내재

도교는 두 중심을 가진 타원과 같은데 그 초점의 하나는 그리스도
론이고 또 하나는 하나님 나라의 복음이라고 하였다. 그러나 제1차
세계대전 이후에 윤리적 책임에 대한 인간의 허상을 보았고 환멸
을 경험하게 되었다.

슈바이처(A. Schweitzer)의 획기적인 연구[448] 이래로 학자들은 공
관복음서에 나오는 하나님의 나라의 종말론적 의미를 이해하기 위
하여 노력해 왔다. 다드(C. H. Dodd)와 예레미아스(J. Jeremias) 그
리고 큄멜(W. Kuemmel)[449] 등은 하나님의 나라의 시간적 측면에
관한 견해를 정립했고[450] 그 후에 리더보스(H. Ridderbos)와 레드
(G. E. Ladd) 그리고 비어스리(G. Beasley-Murray)가 하나님의 나
라를 광범위하게 연구했으며[451] 특히 페린(N. Perrin) 연구는 하나
님의 나라에 관한 연구의 굳건한 바탕을 제공했다.[452]

적인 것도 진화적인 것도 아니고 오직 하나님의 놀라운 전능으로 세계에 침입해 들어옴을
주장하였다. 예수는 무리하게도 강제적으로 종말을 앞당기려고 하였다는 것이다.

448) A. Schweitzer, *The Mystery of the Kingdom of God*, trans. W. Lowrie(London: Black, 1913); *The Quest of the Historical Jesus*, trans. W. Montgomery(London: Black, 1911). 슈바이처는 예수의 종말론적 표상인 하나님의 나라를 모든 문화, 역사, 가치들로부터의 철저한 단절로 이해한다. 묵시문학적, 우주적 파국에 직면하여 예수의 종말론적 선포는 모든 역사와 문화로부터의 철저한 단절과 동시에 철저한 종말에 대비한 회개를 요구한다는 것이다. 현재는 따라서 종말을 대비하는 기간으로서 즉 회개의 기회로서 의미를 지닐 뿐이라는 것이다. 슈바이처는 여기에서 예수의 잠정윤리(interimsethik)를 끌어낸다.

449) 하나님 나라를 둘러싼 현재성과 미래성 사이의 논쟁은 오늘날도 여전히 예수 운동의 실천적 차원에서 제기되고 있다. 하나님 나라를 시간적으로 어떻게 이해하느냐 하는 문제는 제3세계 해방신학의 현실 인식과 실천에서 중요한 의의를 지닌다. 이를 둘러싼 유럽신학의 논쟁에 관해서는 W. G. Kümmel, *Heilsgeschehen und Geschichte*(Marburg: 1965), 351-363을 참조하라.

450) 이들의 연구에 관하여는 다음을 참조하라. C. H. Dodd, *Parables of the Kingdom*(New York: Charles Scribner's Sons, 1961); J. Jeremias, *The Parables of Jesus*(New York: Charles Scribner's Sons, 1970); W. Kuemmel, *Promise and Fulfillment* (Naperville: Alec R Allenson, 1957).

451) H. Ridderbos, *The Coming of the Kingdom*(Philadelphia: Presbyterian and Reformed Publishing Co., 1962); G. E. Ladd, *Jesus and the Kingdom*(London: SPCK, 1966); G. Beasley-Murray, *Jesus and the Kingdom of God*(Grand Rapids: Eerdmans, 1986).

이와 같은 연구를 통해서 하나님 나라의 정의를 크게 세 가지로 나눌 수 있게 되었다. 첫째는 하나님의 나라가 예수의 사역과 함께 임한 현재적인 것이며 동시에 미래적이라는 것이다. 둘째는 하나님의 나라는 묵시적 종말론 개념으로 하나님이 주관하는 하나님의 권능의 활동으로 역동적인 개념이다. 셋째, 하나님의 나라는 개인적으로 체험되는 것이며 동시에 그런 개인들의 모임인 공동체를 통해 이룩된다는 개념이다. 최근에는 이 세 번째 주제에 관심을 갖게 되었다.453)

필자의 견해에 의하면 마가공동체는 예수의 이야기를 묵시문학적 종말론454)의 관점에서 구성하고 있다고 본다. 마가공동체는 역

---

452) N. Perrin, *The Kingdom of God in the Teaching of Jesus*(London: SCM Press, 1963); Idem., *Rediscovering the Teaching of Jesus*(New York: Harper and Row, 1967); Idem., *Jesus and the language of the Kingdom*(Philadelphia: Fortress, 1976).

453) 호슬리(R. A. Horsley)는 다음과 같이 말한다. "공관복음서에서 제시된 하나님의 나라는 하나님과 인간을 직접적으로 관계시키는 하나님의 종말적 구원 활동이며, 이러한 하나님의 새로운 활동의 목적은 하나님의 참된 백성의 공동체를 이루어 세상에서 하나님의 뜻 곧 하나님의 정의와 사랑을 실현하게 하려는 것이다." Richard A. Horsley, "The Kingdom of God and the Renewal of Israel", in N. K. Gottwald and R. A. Horsley eds. *The Bible and Liberation*, rev. ed.(New York: Orbis, 1993), 408 – 427.

454) 서용원, 「마가와 생존의 수사학」 250. 종말론적이라는 용어를 살펴보면 το ἔσχατον, 즉 '마지막'이라는 단어와 ὁ λόγος, 즉 '말씀', '가르침'에서 온 말이다. 그러므로 종말론은 '만물의 마지막에 대한 가르침', 특별히 세상의 마지막에 관한 가르침을 의미한다. 종말론의 한 형태가 묵시적 종말론이다. 이 묵시론(apocalypticism)이란 많은 견해가 있고 고대 문서와 관련된 그 정확한 뜻은 계속 논쟁 중이다. 하지만 묵시적이라는 헬라어 'ἀποκάλυψις'에서 볼 수 있듯이 하나님이 세상의 마지막의 비밀을 계시하고, 하나님의 백성을 위하여 종말을 준비하는 메시지를 주었다고 선언하는 특정적인 운동과 문학을 묵시운동이라고 할 수 있다. 이에 관하여는 다음을 참조하라. Paul D. Hanson, A. Kirk Grayson, John J. Collins, and Adela Yarbro Collins, "Apocalypses and Apocalypticism", Anchor Bible Dictionary, 1(New York: Doubleday, 1992): 279 – 282를 보라. 최근의 연구 논문으로 John J. Collins, ed., "Apocalypse: The Morphology of a Genre", Semeia 14(1979); David Hellholm, ed., *Apocalypticism in the Mediterranean World and the Near East: Proceedings of the International Colloquium on Apocalypticism*(Tübingen: Mohr – Siebeck, 1983); Adela Yarbro collins, "Early Christian Apocalypticism: Genre and Social Setting", *Semeia* 36(1986) 등이 있다. 분별력 있는 종합적 평가로는 John J. Collins, *The Apocalyptic Imagination: An Introduction to the Jewish Matrix*

사를 하나님의 계획과 목적 아래 진행되고 있다고 보며, 예수에 의해 종말론적인 하나님 나라의 도래가 시작되었다고 보는 의식을 강하게 가지고 있었다. 이것은 예수가 구약성서의 성취로 묘사되는 것에서 나타난다. 마가공동체는 처음부터 종말론적인 메시아의 선구자로 세례요한을 언급한다(1:2 - 8). 그리고 예수는 종말론적인 메시아 희망을 성취하기 위한 인물로 재해석되고 있다(1:2 - 11; 12:10). 즉, 마가공동체는 하나님의 나라가 예수의 사역과 예수라는 인물에 의해 이미 도래하고 있다고 본다.[455]

저자에 의하면 마가공동체를 반영하는 문서의 표제를 '하나님의 아들 예수 그리스도의 복음'이라고 선언한다(1:1). 하나님의 아들은 마가공동체의 예수 이해인 것이다. 예수가 종말론적인 메시아의 선구자 세례요한에 의해 세례를 받을 때, 하늘이 갈라지면서 성령이 임하는 가운데 하늘의 음성으로 '하나님의 아들'이라고 불린다 (1:11). 이것은 묵시문학적인 언급들 가운데 예수는 하나님의 종말론적인 대리인인 메시아로 선언된다.

마가공동체는 세례 직후 예수의 시험 기사를(1:12 - 13) 통해 예수가 사탄적인 세력과 투쟁하는 종말론적인 하나님 나라의 통치를 위임받은 종말론적인 대리인임을 명시하고 있다. 묵시문학적 종말론의 관점에서 하나님의 계획에 의한 역사는 종말론적인 사탄 세력과의 투쟁을 통해 세워지는 것으로 이해된다. 예수의 첫 메시지 역시 종말론적인 하나님 나라의 도래가 임박함을 역설하는 것이다 (1:14 - 15). 또한 예수의 이적들이 수립되기 시작한 하나님의 나라의 표적들이다(1:26; 3:11; 5:7). 마가에 의하면 이 귀신축출을 행하

---

of Christianity(New York: Crossroad, 1987)가 있다.

455) H. C. Kee, 「새시대의 공동체」 144 - 145.

는 때에 하나님의 아들이라고 고백함으로써 예수가 사탄적인 세력과 투쟁하는 묵시 종말론적인 메시아임을 분명히 한다. 또한 마가공동체는 십자가 처형을 묵시문학적 동기들 가운데 예수가 사탄적인 세력과의 투쟁에서 승리하는 하나님의 종말론적인 대리인인 메시아로 묘사한다(15:34, 15:37, 15:38). 십자가 처형에서 로마 백부장에 의해 고백된 하나님의 아들은 종말론적 왕적 메시아이다. 로마의 통치는 로마 백부장이 십자가에 처형당한 예수가 종말론적인 왕적 메시아라고 고백함으로써 패배를 자인하게 된 것이다.

마가공동체에 있어서 메시아의 고난은 필수적인 것으로 이해한다. 이것은 고난당한 메시아로서 예수를 묵시문학적 종말론적인 공동체로서의 자기 공동체 이해에 결부시킨 것이다. 따라서 마가공동체는 십자가에 처형당하는 예수를 사탄적인 세력과 투쟁하여 승리하는 묵시문학적 종말론적인 왕적 메시아라고 한다. 마가공동체는 십자가에 처형당하는 하나님의 아들에서 로마의 통치가 종말에 이르렀으며, 이 하나님 나라의 통치가 도래했음을 알리고 있다.

이러한 종말론 구원 활동과 하나님 나라는 쿰란 문헌에 의하면 더러운 귀신과의 밀접한 관계가 있었다.[456) 후기 유대교에 널리 퍼

---

456) 쿰란 문서에는 다음과 같은 내용들이 있다. "하나님께서 창조한 세계가 이렇게 악하게 되었는가? 사람들은 정의를 알면서도 어떻게 불의와 악을 더해 가는가? 그 대답은 하나님께서 선하고 놀랄 만한 질서 있는 세계를 창조하셨다는 것이다. 하늘 천체의 운행과 밤의 교체, 식물과 동물의 세계, 온 세상에 사람들이 배정되어 있음. … 이 모든 일이 하나님의 창조의 능력과 지혜와 선을 지시한다. 그러나 하나님은 두 서로 대립하는 영들 곧 진리의 영과 오류의 영을 존재하게 하였으므로 사람은 선택의 힘을 갖고 그 둘 중의 하나를 결단할 수 있도록 하였다. 이것은 그 영의 자손인 사랑의 성품에서부터 말할 수 있다."(감사의 시 3:18) 두 영들의 지배를 통하여 인류는 두 부류로 나누어지고 진리와 빛의 자녀와 오류와 어둠의 자녀로 된다. 초인간의 영역도 거기 부응해서 두 그룹으로 나누어진다. 천사들 중에 어떤 자가 타락한 이래(창 6:1－4) 하늘과 땅 사이에 반신적 왕국이 있고 이것은 악마의 왕 벨리알에 의하여 지배받는다. 그는 악마의 왕이고 그의 목적에 따라 그들을 고용한다. 이 형이상학적 이원론은 마지막 날에 끝난다. 전쟁의 두루마리는 어떻게 이방인들과 하나님 없는 자들의 군대가 거룩한 전쟁에서 격파되는가 또 어떻게 악마의 왕국이 동시적으로 제거되는가를 말한다. 그러나 교단규칙은 하나님 자신이 선택한 백성을 성령으로 세례를 주고 그들

진 귀신이나 악마는 사람들에게 악을 행하게 하고 병을 준다고 생각했다. 쿰란 문서에는 많은 고민이 있었고 또 그 대답을 찾고자 했다. 쿰란 종파에서는 축귀는 종말론적인 행위라고 생각했다. 즉 하나님 나라가 임하는 행위라고 생각을 했다. 이런 맥락에서 이해한다면 예수는 축귀의 실천을 통하여 하나님 나라가 현재적 실현 되었음을 보여 준 것이다.

하나님 나라의 실현을 알 수 있는 곳은 마가복음 7장 37절이다. "사람들이 심히 놀라 가로되 그가 다 잘하였도다. 귀머거리도 듣게 하고 벙어리도 말하게 한다 하니라(καὶ ὑπερπερισσῶς ἐξεπλήσσοντο λέγοντες, Καλῶς πάντα πεποίηκεν, καὶ τοὺς κωφοὺς ποιεῖ ἀκούειν καὶ((τοὺς)) ἀλάλους λαλεῖν)." 이 구절은 하나님의 권능의 일을 명백히 알 수 있다.[457] 이러한 권능은 종말론적 새 시대가 임함을 나타낸다.

1 - 2. 바알세불 논쟁에 나타난 하나님 나라(막 3:22 - 27)

마가는 예수의 귀신축출과 관계하여 적대자들의 비난을 묘사하고 있다. 이 이야기는 문학적 기법 중의 '삽입 기법(intercalation)'[458]에 의한 '가족 비난 - 바알세불로 비난 - 가족 거부' 이야기에서, 친척 들은 예수의 메시아 활동을 두고 "그는 미쳤다."고 심리적인 비난

가운데서 오류의 영을 모두 뿌리 뽑을 것을 약속한다(4:20 - 22). 이같이 하여 악귀 축출은 종말론적 행위요 하나님의 특수한 사업으로 인정되었다(신비의 책 1. 1:5 참조).

457) J. Segundo, *The Historical Jesus of the Synoptics*(New York: Orbis, 1985), 104.

458) Tom Shepherd, "The Narrative Function of Markan Intercalation", *New Testament Studies*, vol.41(1995): 522. 삽입기법은 이야기들을 연결시키는 시간적 연결, 두 이야기에서 주요 등장인물들 간의 상호 관련성, 그리고 이야기 플롯과 간격의 연결을 하는 특징을 지닌다.

을 하고 무력을 사용해서 제압을 의도하고 있다.[459] 그들은 예수를
바알세불[460]에 지핀 자로 표현한다. 본문 내용을 보면 다음과 같다.

예루살렘에서 내려온 서기관들은 저가 바알세불을 지폈다 하며 또 귀신의
왕을 힘입어 귀신을 쫓아낸다 하니 예수께서 저희를 불러다가 비유로 말
씀하시되 사단이 어찌 사단을 쫓아낼 수 있느냐 또 만일 나라가 스스로
분쟁하면 그 나라가 설 수 없고 만일 집이 스스로 분쟁하면 그 집이 설
수 없고 만일 사단이 자기를 거슬러 일어나 분쟁하면 설 수 없고 이에 망
하느니라 사람이 먼저 강한 자를 결박지 않고는 그 강한 자의 집에 들어
가 세간을 늑탈치 못하리니 결박한 후에야 그 집을 늑탈하리라(마가복음
3장 22 - 27절)

저자에 의하면 예루살렘에서 온 서기관들은 "예수는 바알세불의
능력으로 귀신들을 축출한다."고 영적인 면에서 비난함으로써 하나
님 나라의 도래를 선포하고 악한 영의 세력을 정복하는 예수의 사
명 수행을 중단시키려 한다. 하지만 독자는 저들의 몰이해를 통해
저들이 바로 도저히 용서받을 수 없는 신성모독죄를 범하고 있는
장본인이라는 저자의 아이러니를 간파한다.[461]

'바알세불'이라는 말은 악의 세력의 우두머리를 가리키는 유대인
들의 은어이다. 이것은 서기관들이 예수가 악의 세력에 사로잡혀

---

459) John Painter, "When is a House not Horne?: Disciples and Family in Mark 3:
　　1335", *New Testament Studies*, vol.45(1999): 509.

460) 히브리어 복합명사의 바알세불의 의미는 바알과 세불(집주인) 뜻으로 쉽게 설명하면 집귀신
　　이다. 잡귀 중의 하나이다. Joseph Fitzmyer는 바알세불에 대해서 가나안 지역의 신의 이름
　　이라고 주장한다. 그렇다면 바알세불은 유대인의 신앙의 관점에서 볼 때 사탄으로 여겨지지
　　않을 수 없었다. "제자가 제 스승처럼 되고 종이 제 주인처럼 되면 넉넉합니다. 그들이 바알
　　세불이라 일컬었다면 하물며 그 집 식구들에게야 얼마나 더 하겠습니까?"(마태 10:25).
　　The Gospel according to Luke. Anchor Bible vol.2, 28 - 29A.(New York:
　　Doubleday, 1981 - 1985): 920.

461) 김광모, 「마가의 서사적 기독론」 165.

그런 일을 하고 있는 것이고 따라서 악의 세력과 연대한 수용할 수 없는 일이라고 예수의 사역을 호도하고 비방한 것이다.[462] 저자에 의하면 예수는 하나님의 새로운 역사를 알지 못하면서 그의 사역을 비방하며 음해하고 있는 서기관들을 불러다가 훈계하고 경고했다. 훈계의 내용은 비유로 제시되었다(3:23 – 27).

서기관들의 두 차례 반복된 그 치명적 정죄 사이에는 단호하신 예수의 대답이 자리한다. 예의 대칭적 샌드위치의 문학적 구조를 연출하는 것이다.[463]

22절   서기관들의 정죄: "바알세불을 지폈다"

23 – 29절   예수의 대답

30절   서기관들의 정죄: "더러운 귀신이 들렸다"

예수 이야기에서 마가는 예수와 그들 사이의 투쟁이 얼마나 치열했는가를 성공적으로 제시한다. 그 투쟁은 광야에서 신화적으로 시작한 이후(1:12 이하), 점차 팔레스틴 정치의 한 중심으로 진입해왔다. 갈릴리 가버나움의 한 회당에서 맞붙은 것이다(1:21 – 28). 다음에는 삶의 구체적 현장으로 들어와 한 집에서 발생하였다. 오직 하나님만의 권한을 침해하였기 때문이다(2:10, 28). 이제 예수는 회피할 수 없을 정도로 적들과 대치하고 있다.

저자에 의한 분쟁에 대한 말씀을 살펴보면(23 – 26절) "사탄이 어찌 사탄을 쫓아낼 수 있느냐." 이 말씀은 수사학적 질문으로 유도되어 나라와 집과 사탄의 매우 정교한 삼중적 병행 안에 있는 잠언

___

462) 김광수, 「마가마태누가의 예수이야기」(대전: 침례신학대학교출판부, 2003), 148.
463) 조태연, 「예수이야기 마가 1」 194.

적 형태를 보인다.[464]

23절	예수께서 저희를 불러다가 비유로 말씀하시되,
	"사탄이 어찌 사탄을 쫓아낼 수 있느냐?
24절	또 만일 나라가 스스로 분쟁하면 그 나라가 **설 수 없고**
25절	만일 집이 스스로 분쟁하면 그 집이 **설 수 없고**
26절	만일 사탄이 자기를 거슬러 일어나 분쟁하면 **설 수 없고**
	이에 망하느니라."

마가에 의하면 나라가 갈라져서 서로 싸우면 스스로 설 수 없다 (24절). 가정이 갈라져 서로 싸우면 스스로 설 수 없다(25절). 그래서 이같이 사탄도 갈라져 서로 싸우면 스스로 설 수 없다(26절).

저자에 의하면 예수는 "사람이 먼저 강한 자를 결박지 않고는 그 강한 자의 집에 들어가 세간을 늑탈치 못하리니 결박한 후에야 그 집을 늑탈하리라."(27절)고 말한다.[465] 그 사람들의 공격(22, 30절)에 대한 예수의 반응(23 – 29절) 중 핵심은 바로 이 말씀이다. 예수의 의중이 여기에 실려 있다.

마가에 의하면 예수는 강한 자를 결박한다. 이 결박하다(δέω/δήση)라는 동사는 마가복음에서 축귀(exorcism)의 문맥에서 등장한다 (5:3 이하). 또는 세례요한이나(6:17) 예수 자신이나(15:1) 바나바(15:

---

464) 조태연, 「예수이야기 마가 1」 195.

465) 이 구절은 바알세불 논쟁과 관계된 구절이다. 이 논쟁은 다른 복음서에서도 병행구를 이루고 있다. 마태와 누가복음을 살펴보면 다음과 같다. "또 내가 바알세불을 힘입어 귀신을 쫓아내면 너희 아들들은 누구를 힘입어 쫓아내느냐. 그러나 내가 하나님의 성령을 힘입어 귀신을 쫓아내는 것이면 하나님의 나라가 이미 너희에게 임하였느니라."(마 12:27 – 28) "그러나 내가 만일 하나님의 손을 힘입어 귀신을 쫓아낸다면 하나님의 나라가 이미 너희에게 임하였느니라."(누가복음 11:20)

7)의 '투옥'을 뜻할 때 사용된다. 이때 '뚫고 들어감'의 이미지는 종말론적 의미를 갖는다.[466]

그렇다면 사탄을 결박하는 자는 누구인가 그것은 예수 자신이다. 약한 자는 자기의 집을 지킬 수 없게 되었다. 더 강한 자가 들어와서 집안의 것을 빼앗아 가기 때문이다. '하나님의 손을 힘입어 귀신들을 쫓아낸' 그곳에서 사탄은 이제 퇴각한다. 그 강자의 집은 이미 점령당하게 된다.

마가의 이 표현에 의하면 예수로 인해 하나님의 나라가 왔다는 표시다. 따라서 예수가 귀신을 쫓아낸 것은 마귀를 멸하는 사역이었으며(막 1:24; 눅 4:34), 훔쳐 낸 이 세상에 대한 사탄의 통치를 깨뜨리는 것이었다. 불트만(R. Bultmann)에 따르면 이와 같이 귀신을 쫓아내는 일은 하나님의 통치가 사탄의 통치를 끝맺게 한다는 사실을 증거하는 것이다.[467]

예수의 귀신축출 활동은 하나님의 종말론적 구원 활동의 구체적인 표시이기 때문에, 예수의 활동을 귀신의 역사로 오도하는 것은 하나님의 활동과 권능을 부인하고 거부하는 것이다. 그것은 예수를 통한 하나님의 새로운 구원을 의도적으로 배척하는 것으로서, 그런 사람들은 결과적으로 하나님의 구원에 참여하지 못하게 되는 결과를 낳는다. 예수는 회당, 성전, 가족들과 거리를 두면서 새롭게 정의된 가족 관계를 선교 전략으로 제시한다.[468]

마가에 의하면 예수의 귀신축출의 행위는 곧 사탄의 세력, 즉 옛

---

466) 한밤중에 도둑이 집을 뚫고 들어가듯, 주의 임함도 그러할 것이다. 다음 구절을 참조하라. 마태복음 24:43, 데살로니가전서 5:2, 4, 베드로후서 3:10, 요한계시록 3:3, 16:15.

467) Rudolf Bultmann, *History of the Synoptic Tradition*, 234 – 56.

468) John Painter, "When is a House not Home?: Disciples and Family in Mark 3:13 – 35", *New Testament Studies*, vol.45(1999): 511 – 13.

질서를 몰아내고 새로운 시대의 도래를 가져왔다.

1 - 3. 새로운 공동체의 형성, 식탁 교제(막 2:13 - 17절)[469]

갈릴리에서의 다섯 개의 논쟁은 마가가 문학적 의도를 가지고 배열한 것이다. 예수의 권위와 서기관과 바리새인들의 권위가 갈등을 일으키면서 서로 충돌하며 결국에는 예수의 수난과 죽음을 예고하고 있다. 이 다섯 개의 논쟁은 금식이야기를 중심으로 옛것과 새것에 대한 은유들을 교차 대구적으로 배열하였다.[470]

A 갈등 시작: 예수의 치유와 죄 사함, 집 안에서, 일어나라(2:1 - 12)
    예수에 대한 서기관들의 신성모독 의혹
  B 음식: 예수의 죄인들과 식사, 집 밖에서, 기독론적 격언
    (2:13 - 17) 제자들을 상대로 바리새인들과 서기관들의 고소
   C 금식에 대한 갈등: 새것과 옛것의 부조화, 배경 無
    (2:18 - 22) 바리새인들과 세례요한의 제자들의 비난
  B´음식: 식사 상황에서 안식일 논쟁, 집 밖에서, 기독론적
    격언(2:23 - 28) 바리새인들의 견책

---

469) 예수께서 다시 바닷가에 나가시매 무리가 다 나아왔거늘 예수께서 저희를 가르치시니라 또 지나가시다가 알패오의 아들 레위가 세관에 앉아 있는 것을 보시고 저에게 이르시되 나를 좇으라 하시니 일어나 좇으니라 그의 집에 앉아 잡수실 때에 많은 세리와 죄인들이 예수와 그 제자들과 함께 앉았으니 이는 저희가 많이 있어서 예수를 좇음이러라 바리새인의 서기관들이 예수께서 죄인과 세리들과 함께 잡수시는 것을 보고 그 제자들에게 이르되 어찌하여 세리와 죄인들과 함께 먹는가 예수께서 들으시고 저희에게 이르시되 건강한 자에게는 의원이 쓸 데 없고 병든 자에게라야 쓸 데 있느니라 내가 의인을 부르러 온 것이 아니요 죄인을 부르러 왔노라 하시니라(막 2:13 - 17절).

470) Christopher Bryan, *A Preface to Mark: Note on the Gospel in Its Literary and Cultural Setting*(New York Oxford: Oxford University Press, 1993), 90.

A ´ 갈등 완성: 안식일에 예수의 치유, 집 안에서, 중앙에 서라(3:1 - 6)
바리새인들과 헤롯당의 예수 살해 음모

저자에 의하면 예수는 세리를 제자로 부른다. 세리들은 당시에 로마 정부를 등에 업고 동족을 수탈하던 사람들이었다. 그들은 로마 세금 징수를 담당했던 유대인들이었는데, 세금 징수 과정에서 벌어진 그들의 폭력적 수단과 착복으로 인하여 그들은 동족으로부터 많은 원성을 샀고 미움의 대상이 되었다. 유대교 지도자들은 그들을 정죄하고 상종하지 말아야 하는 대상으로 낙인찍었다. 그래서 그들은 유대인 사회에서 추방되고 소외된 계층들 중의 하나였으며, 공관복음서에서 '세리들과 죄인들' 혹은 '세리들과 창녀들'과 같이 불리면서 유대교 사회에서 상대하지 말아야 할 사람들로 분류되었다. 따라서 그들은 유대교의 정결법에 따라 유대인의 식탁 교제에서 제외되어야 하는 사람들이었다.

저자에 의하면 예수는 그런 세리를 제자로 부르는 것은 물론 그들과 함께 식사 교제를 하여 유대교의 법을 어기고 그래서 사회질서를 깨뜨리는 위험한 행위를 했다. 예수는 죄인들과 식탁 교제를 나눈다(막 2:15 - 17). 또한 급식 이적에서 보듯이 이방인들과 식탁 교제를 나눈다(막 8:1 - 9). 예수의 식탁 교제는 하나님의 통치가 실현되었다는 예수의 믿음을 보여 준다.

예수의 식탁 교제가 역사적 사실이 아니었다는 주장이 종종 제기되곤 했었다. 예를 든다면, 데니스 스미스(Dennis E. M. Smith)를 들 수 있을 것이다. 그는, "식탁의 예수는 예수를 이상화시킨 결과이다."라고 단언하고 있다.471) 하지만 예수의 식탁 교제 전승 속에

471) D. E. M. Smith, "The Historical Jesus at Table", *SBL* Seminar Papers 27(1989): 486.

가장 뿌리 깊이 그리고 가장 널리 분포되어 있는 전승 중 하나임에 틀림이 없다.

식탁 교제는 하나님 나라의 가장 이상적인 형태를 잘 보여 준다. 이러한 메시아적 잔치의 모티브는 예수 시대의 유대 전승 내에 널리 확산되어 있었다.[472] 예수의 가르침에 의하면, 식탁 친교는 하나님과의 친밀한 교제의 상징이며, 메시아적 기쁨의 때를 표상하는 것이다(막 2:15 이하 눅 14:16 이하; 마 22:1 이하). 특별히 예수께서 세리와 죄인들과 함께 나눈 개방적 식탁 교제는 이사야 25장 6절에 묘사된 마지막 시대의 잔치를 생각나게 한다.

> 만군의 여호와께서 이 산에서 만민을 위하여 기름진 것과 오래 저장하였던 포도주로 연회를 베푸시리니 곧 골수가 가득한 기름진 것과 오래 저장하였던 맑은 포도주로 하실 것이며(이사야 25장 6절)

이 잔치는 선택된 백성의 경계를 넘어 모든 열방이 참여할 수 있는 구원의 잔치이다. 모든 사람에게 개방된 예수의 식탁 친교는 바로 마지막 때 있을 구원의 축제를 지금 여기서 즐기는 것이 된다.

예수의 식탁 교제에 있어 특이한 점은, 다른 종교 지도자들의 식탁 교제와는 달리, 아무런 조건 없이 사람들을 초대하였다는 것이다. 그 대상은 바리새인들이 치부했던 사람들까지 포함하였다. 바리새인들은 분리주의자들로 정결법을 지키던 자들이었다. 정결법은 '분리'로서의 '거룩함'은 거룩하지 못한 것과의 대립을 내포하는 정치, 사회적 의미를 암시함으로써 다른 그룹에 대해서 배타적인 성격을 강조한다.[473] 이러한 분리의 정결법을 통해서 이스라엘은 타

---

472) Ibid., 466 - 486.

473) L. Baeck, *The Pharisees and Other Essays*(New York: Schocken Books, 1947), 4.

민족과 구별되는 정체성을 유지했다. 또한 정결법의 준수 여부에
따라, 이스라엘 내에서의 여러 그룹들의 위상이 결정되었다. 정결
법은 사회 계급적 차별을 부여하는 기능의 역할을 한 것이다.

예수는 다양한 자들과 식탁 교제를 나누었고, 바리새적 정결법의
기준에서 식탁에서 배제되었던 여자와 세리, 그리고 죄인들과 교제
를 나누었다.[474] 이에 대해서 바리새인들은 예수의 식탁 교제를 비
난한다(막 2:16, 17).[475] 저자에 의하면 예수는 '의원'을 언급함으로
써 병자들과의 식탁 교제를 암시한다. 병자들은 죄인이지만 그들을
고치기 위해서 온 의사, 즉 메시아임을 나타낸다. 이것은 하나님의
나라가 도래했다는 의미다. 하나님 나라의 도래에 대한 의미는 그
다음 답변에 잘 드러나 있다.

> 예수께서 저희에게 이르시되 혼인집 손님들이 신랑이 함께 있을 때에 금식
> 할 수 있느냐 신랑과 함께 있을 동안에는 금식할 수 없나니 그러나 신랑
> 을 빼앗길 날이 이르리니 그날에는 금식할 것이니라(마가복음 2장 19절)

데이비드 티드(David Tiede)에 의하면 "예수의 식탁 친교는 하나
의 예언적 행동이었다. 이제는 더 이상 요한이 선포했던 준비의 시
대, 금욕적 자기 부정의 시대가 아니라는 것이다. 이제 축제의 때
가 시작되었다."[476]라고 말한다. 예수는 자신의 식탁 교제를 메시

---

474) R. A. Culppper, "Seeing the Kingdom of God: The Metaphor of Sight in the
Gospel of Luke", *CUTM* 21(1994): 440.

475) 바리새인의 서기관들이 예수께서 죄인과 세리들과 함께 잡수시는 것을 보고 그 제자들에게
이르되 어찌하여 세리와 죄인들과 함께 먹는가 예수께서 들으시고 저희에게 이르시되 건강
한 자에게는 의원이 쓸데없고 병든 자에게라야 쓸 데 있느니라 내가 의인을 부르러 온 것
이 아니요 죄인을 부르러 왔노라 하시니라(막 2:16, 17)

476) David Tiede, *Jesus and the Future*(Cambridge: Cambridge University Press,
1990), 41.

아 시대의 잔치로 비유하고 있다. 예수에게 식탁에서의 죄인들과의 교제는 단순한 사회적 관습이 아니라 다가올 하나님 나라의 잔치를 맛보는 것이었다.

예수의 식탁 교제는 그것 자체로서 하나님 나라의 선포였고 하나님 나라의 체험이었다. 닐(D. A. Neal)에 의하면 죄인과 예수의 식탁 교제는 성전제의는 물론 바리새적 정결법을 통하지 않고도 이루어질 수 있는 거룩함의 회복을 나타낸다고 지적한다.[477] 그의 지적대로 예수의 식탁에서 문제가 된 제의를 통하지 않고도, 죄인들의 거룩함이 회복됨으로써, 그들의 식탁에 하나님의 임재를 드러냈다는 데 있다. 예수는 새로운 대제사장으로서의 성전 밖에서 새로운 정결법을 실행하며, 그것을 통해 새로운 거룩함의 회복을 선포한다. "중풍병자에게 이르시되 소자야 네 죄 사함을 받았느니라 하시니"(막 2:5)

새로운 대제사장에 의해서 기존의 성과 속의 구분은 사라졌다. 거룩한 장소 안에서 수행할 수 있던 정결법들의 한계가 사라졌다. 따라서 식탁 교제는 식탁 교제의 구성원과 질서에 대한 바리새인의 배타성에 대한 도전일 뿐 아니라, 새 시대의 상징으로서 종말론적 하나님 식탁의 성취이다. 하나님의 새롭게 하시는 하나님 나라의 표시로서 세리와 죄인들과 가난한 자들과의 새로운 공동체이다. 따라서 예수의 식탁에 참여하는 자는 하나님 나라를 경험하게 된다.

---

477) D. A. Neal, "None but The Sinners", *JSOTS* 58(Sheffield: JSOT Press, 1991): 118-129.

2. 예수의 사역을 계승하는 제자 공동체

2 - 1. 부름과 응답(막 1:14 - 20)

마가복음에 있어서 많은 주제들이 산재해 있다. 그중에서 가장 중요한 개념 중의 하나는 제자도 개념이다.[478] 그 제자도에 있어서 부름과 축귀와는 어떤 관련성이 있는가를 살펴보도록 하자. 먼저 제자들의 부름과 응답을 살펴보겠다.

마가에 의하면 예수가 하나님 나라의 도래를 선포한다. 종말론적 하나님 나라의 도래를 선포했다. 마가는 일련의 사건들을 보고함으로써 예수를 하나님의 다스림에 대한 능력 있고 권위 있는 전달자인 메시아로 인물구성을 하고 독자는 저자의 그런 음성들을 들으면서 그의 정체를 재구성한다.[479]

저자에 의하면 예수가 공생애를 시작하는 데 처음 한 일은 제자들을 부른 일이다. 예수는 제자들 열두 명을 불러 보았다. 예수의 열두 제자는 '열두 사도'[480]라고도 불렸다. '갈릴리 바다 주변'을 배경으로 마가의 예수가 어부들인 새로운 등장인물들을 만나 저들에게 따를 것을 명령하고, 사람들의 어부로 삼겠다는 약조를 하는

---

478) 제자도에 관한 학자들의 다양한 견해는 다음을 참조하라. D. M. Sweetland, "Mark's Portrait of Jesus and the Disciples", *Bible Today* 34(4, 1996): 228 - 235; S. C. Barton, *Discipleship and Family Ties in Mark and Matthew*(Cambridge: Cambridge University Press, 1994); E. Best, Following *Jesus: Discipleship in the Gospel of Mark*(Sheffield: JSOT Press, 1981); M. D. Hooker, *The Message of Mark*(London: Epworth Press, 1983), 105.

479) Frank J. Matera, *New Testament Christology*(Loisiville: Westminster John Knox Press, 1999), 10.

480) 막 3:13 - 19, 마 10:2; 눅 9:12; 행 6:2; 계 21:14.

사건을 보고하면서 서사의 속도를 늦춘다.[481] 저자의 어색한 삽입적 논평과 예수의 명령적 발화 모두에는 어부라는 용어가 사용되지만, 후자에서는 은유적이다. 예수는 권세를 가지고 사람들의 어부들을 확보하는 지도자로 인물화되고 즉각적으로 따른 네 어부들은 순종적인 등장인물로 구성된다.[482] 스토리의 추종자들은 '사람들의 어부'가 구체적으로 무엇인지를 알지 못한 채로 예수를 추종하지만, 독자는 그것이 하나님의 나라와 관련된다는 것을 안다. 결국 마가의 예수는 하나님의 다스림을 실현하는 데 필요한 일꾼을 권위를 가지고 전략적으로 선발하는 지도자로 그려진다.[483]

마가에 의하면 예수는 처음 제자로 시몬과 안드레, 야고보와 요한을 부른다(막 1:6 – 20).[484] 예수는 명령조로 말한다. "Δευ'τε ὀπίσω μου, 나의 뒤로 오라!"(1장 17절) 여기에서 Δευ'τε는 명령조의 감탄사로서 '와라' 정도의 뜻이다. 또한 '내 뒤로 오라'는 표현은 당시의 풍속과 관련하여 보면 스승이 앞서가고 그 뒤를 따라오는 사람은 '나의 제자가 된다'라는 뜻이다. 이것은 제자가 스승을 찾아 나서는 당시의 풍습과는 맞지 않는 것으로 예수의 전권적인 부르심을 의미한다. 이 표현을 통해 예수와 당시의 랍비들 사이의 중요한 차이점을 발견할 수 있다.

---

481) 김광모, 「마가의 서사적 기독론」, 152.

482) W. S. Vorster, "Characterization of Peter in the Gospel of Mark", *Neoleslamenlica* 21(1987): 64.

483) van Iersel, "Failed Followers in Mark: Mark 13:12 as a Key for the Identification of the Intended Readers", *Catholic Biblical Quarterly* 58(1996): 136.

484) 갈릴리 해변으로 지나가시다가 시몬과 그 형제 안드레가 바다에 그물 던지는 것을 보시니 저희는 어부라 예수께서 가라사대 나를 따라 오너라 내가 너희로 사람을 낚는 어부가 되게 하리라 하시니 곧 그물을 버려두고 좇으니라 조금 더 가시다가 세베대의 아들 야고보와 그 형제 요한을 보시니 저희도 배에 있어 그물을 깁는데 곧 부르시니 그 아비 세베대를 삯군들과 함께 배에 버려두고 예수를 따라 가니라(막 1:6 – 20).

당시의 랍비들이 율법 주석에 대한 권위나 외적인 특성과 명성 등을 통해 제자들을 모을 수 있었던 것과는 달리, 예수는 '내 뒤로 오라'는 말로써 제자들을 부른다. 즉 예수는 자신의 스스로의 선택을 통해 제자들을 부르는 것이다.[485] 유대교에서는 랍비가 되려는 학생은 선생을 찾아가서 제자가 될 것을 지원했지만, 예수는 자신이 원하는 이들을 택하여 불러 모아 제자로 임명하였다.[486] 베스트 (Ernest Best)는 유대교에서 스승과 제자 사이의 관계를 다음과 같이 설명한다.

유대교 선생은 제자들에게 율법을 가르쳤다. 선생은 자신에게 충성을 바치라고 가르치지 않고 율법에 충성을 바치라고 제자들을 가르쳤다. 그래서 제자가 다른 선생에게서 더 좋은 가르침을 얻을 수 있다고 생각하면 한 선생에게서 다른 선생에게로 가는 것은 아주 당연한 것이었다. 왜냐하면 제자는 선생을 섬기는 것이 아니고 율법을 섬기려고 노력하는 사람이기 때문이다.[487]

마가가 본 예수는 유대교의 랍비와는 다르다. 예수에게는 학교 수업의 분위기, 즉 단계적 교수법, 잘 정리된 암기술, 여러 해에 걸친 집중 연구, '40세에 토라에 입문하여 13년 후에는 많은 사람들에게 토라를 가르쳤다'는 독특한 경력에 관한 유대교적 서술에 나타나는 것과 같은 모습이 없다. 행엘(M. Hengel)에 의하면 추종자의 경우에도 유명한 선생의 문하생이라 할지라도 학생들의 목표가

---

485) Sean Freque and Henry Wansbrug, *Scripture Discussion Commentary, Mark and Mathew*(ACTA: Foundation Press, 1987), 28.

486) Howard Marshall, *Dictionary of the Jesus and the Gospels*, 262. 제자들 부름에 관한 연구는 다음을 참조하라. M. J. Wilkens, *The Concept of Disciple in Mattew's Gospel*(Leiden: Brill, 1988).

487) Ernest Best, *Mark The Gospel as Story*(Edinburgh: T. & T. Clark, 1988), 85.

완전히 결여되어 있었다.[488]

복음서들은 제자의 성립과 제자의 존재가 예수의 절대권적인 선택에 달려 있지, 어떤 개개인 특히 예수의 매력적인 사역에 사로잡힌 사람들의 자유로운 결심에 달려 있지 않음을 말하고 있다. 거라사에서 만난 귀신 들린 자를 치료해 준 이야기(막 5:1 – 20)는 이러한 예수의 주도권을 가장 잘 나타내 주고 있다. "예수께서 배에 오르실 때에 사람이 함께 있기를 청하였으나 그가 거절하였다."(막 5:18 – 19) 철저히 주도권은 예수에게 있음을 보여 준다. 이와 같이 제자들의 소명에 관한 이야기들은 모두 예수에게 주도권이 있음을 말해 준다.[489]

저자에 의하면 제자들은 예수의 요청에 즉각적으로 반응을 보인다. 자신들이 가지고 있던 그물을 버리고 예수를 따랐다고 기록하고 있다. "그들은 즉시 그물을 버리고 그를 따랐다(καὶ εὐθὺς ἀφέντες τὰ δίκτυα ἠκολούθησαν αὐτῷ)."(1장 18절) 여기에서 사용된 ἀφέντες라는 단어는 무엇을 '풀어놓다, 면제하다, 석방하다, 해제하다, 단념하다' 등의 다양한 뜻으로 사용되었다. 제자들은 즉시(εὐθὺς) 버리고 따라 나선다. 이러한 즉각적인 반응은 그들이 하나님 나라 도래의 선포를 이미 접하였음을 암시한다.[490]

저자의 문학적 의도는 예수가 하나님의 오심을 회개를 통해서 경험한 새로운 구원의 조직으로 선포하듯이 그의 제자들이 그 힘의 재구성을 계속해서 수행해야 한다는 제자직의 주제를 도입시키고 있다.[491]

---

488) M. Hengel, *The Charismatic Leader*, 53.
489) 막 1:6 이하; 2:14; 눅 5:1 이하; 요 1:35 이하.
490) 강요섭, 「복음의 시작 길을 건설」 36.
491) 강요섭, 「복음의 시작 길을 건설」 36.

마가에 따르면, 제자들을 부르심은 그들의 사전 준비 없이 갑작스럽게 이루어진 것이며, 그래서 제자들의 결단은 한편으로 그들의 용기를 보여 주면서도 다른 한편에서는 매우 어색한 결단으로 여겨질 수도 있다. 이 점과 관련하여 마태는 마가의 기록을 그대로 수용하지만(마 4:18 - 22), 반면에 누가는 부르심 사건을 조금 변경하여 베드로와 그의 동업자들이 사전 준비가 이루어졌을 때 부르심을 받은 것으로 전한다(눅 5:1 - 11).[492]

제자들은 하나님 나라를 위해서 부름을 받은 존재들이다. 그 하나님의 나라는 인간적 제도나 권력 구조에 상반된다. 또한 그 나라는 새로운 구원의 조직, 새로운 경제적 구조이며 새로운 인간평가의 형태일 것이며 새로운 인간의 출현을 의미한다. 따라서 '사람 낚는 어부'란 하나님의 통치라는 종말론적 실체의 구체적 표명이라고 할 수 있다.[493]

2-2. 고향을 떠나는 제자들(막 6:6 - 13, 30 - 31)

저자는 제자들이 언제나 선교 여행을 위해서 고향을 떠날 준비를 해야 한다고 보고한다. 마가복음 6장 7 - 13절은 마가공동체 멤버들의 순례적 특성과 그들의 고난의 현실을 잘 묘사하고 있다.

열두 제자를 부르사 둘씩 둘씩 보내시며 더러운 **귀신을 제어하는 권세를** 주시고 명하시되 여행을 위하여 **지팡이 외에는 양식이나 주머니나 전대의** 돈이나 아무것도 가지지 말며 신만 신고 두 벌 옷도 입지 말라 하시고

---

492) 김광수, 「마가 마태 누가의 예수이야기」(대전: 침례신학대학교출판부, 2003), 134.
493) 강요섭, 「복음의 시작 길을 건설」 38.

또 가라사대 어디서든지 뉘 집에 들어가거든 그곳을 떠나기까지 거기 유
하라 어느 곳에서든지 너희를 영접지 아니하고 너희 말을 듣지도 아니하
거든 거기서 나갈 때에 발아래 먼지를 떨어 버려 저희에게 증거를 삼으라
하시니 제자들이 나가서 회개하라 전파하고 많은 귀신을 쫓아내며 많은
병인에게 기름을 발라 고치더라(마가복음 6장 7 - 13절)

저자에 의하면 예수는 제자들을 2인 1조로 편성하여 각 한 영들
을 제어하며 병을 고치는 능력과 권세를 주어 파송하면서 임무를 수
행하는 데 준수되어야 할 세 가지 사역 원리도 함께 전달한다. 첫
째, 사람들의 접대가 아니라 하나님의 공급하심을 의존하라. 둘째,
더불어 사는 삶을 통해 사역하라. 셋째, 거절하는 자들에게는 예언
자적 심판을 선포하라.[494] 이러한 특징을 자세히 살펴보자.

마가에 의하면 제자들은 고향을 떠나야만 했다. 마가공동체는 선
교 여행을 위하여 고향을 떠나야만 했다. 막 6장 7 - 13절에는 마가
공동체 특성과 그 고달픔이 잘 드러나 있다. 제자들은 전도여행 과
정에서 심하게 거부당할 것을 예견하고 있다. 그들은 '그들의 나라
나 친속, 집'에서 환영받으리라고 기대해서는 안 된다는 것이다. 그
들은 이미 고향, 친척, 집과 결별하였기 때문이었다. 혈연과 지연이
매우 강조되었던 전통 사회에서 이러한 순례적 성격은 예수의 제
자들에 의해서 버림을 받았던 그 가족들에게는 거의 용납될 수 없
었다. 예수의 제자 공동체에 가담했던 자들은 각오를 해야 했다.
왜냐하면 심지어 예수의 가족들도 예수에 대해서 미친 사람으로
취급당했을 정도이다(막 3:21).

마가공동체의 고난과 앞으로의 모습은, 마가복음서 10장 33 - 34

---

494) Robert H. Tannehill, *The Narrative Unity of Luke - Acts: A Literary Interpretation*
    (Philadelphia: Fortress Press, 1986), 151 - 152.

절에서 예수가 고난당하는 모습을 통해 투영되고 있다. 그들의 운명은 "대제사장들과 서기관들에게 넘기고 저희가 죽이기로 결안하고, 이방인들에게 넘겨주겠고, 그들은 능욕하며 침 뱉으며 채찍질하고 죽일 것이니" 그들에게는 감내하기 어려운 고난의 짐이 드리워져 있다. 그들은 아직도 '버린 것' 즉 집과 가족과 전토를 버린 것에 대한 보상을 기대하고 있다. 예수를 따르는 '제자직'과 '보상'의 의미에 대해서 덜링은 다음과 같이 설명한다.

> 예수의 하나님 나라 선포는 세례요한과 예수가 모델이 된 묵시 지향적인 공동체를 태동케 했다. 세례요한과 예수가 '선포하고' '넘기어진' 것처럼 추종자들도 그렇게 '선포되고' '넘기어진'다. 그러나 그 모든 고난과 박해들에 대해 적어도 그것을 충성하는 사람들에게 있어서 종말론적 공동체 안에서 제자직은 보상이 있다. 즉 도래하는 시대에서의 영생(10:31)이 그것이다.[495]

예수의 제자들은 고난을 당하는 공동체이다. 비록 축귀를 통한 승리와 영광을 얻을 것을 보장하지만 먼저 고난을 당하는 공동체이다. 마가공동체는 그들이 겪고 있는 박해와 그에 따른 잃어버린 것들이 있었다. 그들은 '집'도 없고 '가족'도 잃어버린 채 정처 없이 떠돌아다녔다. 그들은 예수를 따른다는 것만으로 목숨이 위태롭거나 언제 포로로 잡혀가서 '종'이 될지 몰랐다. 이런 상황에서 그들은 또 다른 보상을 기대하게 되었는데 그것은 단순히 가까운 미래에 올 묵시적인 보상과 더불어 새로운 가족에 대한 염원이 있었다.[496] 그 전제는 먼저 고난을 이겨 내야 했다.

---

495) N. 페린 & D. C. 덜링, 「새로운 신약성서 개론(하)」 403.
496) 게하르트 글뢰게, 「신약성서의 맥」, 손규태 역(천안: 한국신학연구소, 1994), 63.

2-3. 견유학파와의 차이점

　무소유의 방식과 떠돌아다니며 전도하는 제자들의 삶의 방식은 마치 견유학파 철학자들과 비교가 된다. 견유철학에 대한 에픽테토스의 의견을 기록하고 있는데 그 특징이 잘 드러난다.[497] 견유철학자들은 내적인 가난이 외적인 가난을 만들어야 하며 외적인 것이 내적인 것을 대체해서는 안 된다고 주장한다.[498]

　크로산(J. D. Crossan)에 의하면 이러한 모습은 제자들의 모습과 상당한 일치가 있는 것처럼 보인다.[499] 하지만 동일하지는 않다. 예수는 견유철학자들과는 달리 제자들에게 가방을 금지시켰다. 방랑하는 견유철학자들이 배낭을 지참하던 것과는 대조적이다. 그들이 배

---

497) 아무것도 가진 것이 없는 사람, 즉 옷도 없고, 집도 없고, 가정도 없고, 노예도 없고, 고향도 없는 누추한 사람이 물처럼 흐르는 인생을 어떻게 살아갈 수 있는가? 그러나 보라. 신은 그것이 가능하다는 사실을 당신에게 보여 주기 위하여 당신에게 한 사람을 보냈다. 나를 보라. 나는 고향도 없고, 집도 없으며, 소유도 없고, 노예도 없다. 나는, 땅바닥에서 자며, 아내도 없고, 자식도 없이, 가진 것이라곤 하늘과 땅, 그리고 낡은 외투 한 벌뿐이다. 나는 무엇을 원하는가? 나는 슬프지 않는가? 두렵지 않는가? 나는 자유롭지 않는가? 내가 바라는 것 가운데 부족한 것이 있는가? 내가 피하고 싶은 것에 빠진 적이 있는가? 내가 신이나 인간을 비난한 적이 있는가? 내가 누구를 책망한 적이 있는가? 당신들 가운데 누구든 내가 슬픈 기색을 한 것을 본 적이 있는가? 당신들이 무서워하거나 숭배하는 사람들에 대해 나는 어떻게 대하는가? 내가 그들을 노예처럼 취급하지 않는가? 그가 나를 볼 때, 그가 자신의 왕이나 주인을 보고 있다고 생각하지 않는 사람이 있는가?(Epitetus, Discourses 3.22:45-49; Oldfather 2.146-147); J. D. Crossan, *The Historical Jesus: The Life of a Mediterranean Jewish Peasant*, 163. 재인용.

498) Ibid., 164. 크로산은 다음의 내용을 인용한다. 당신들[견유철학자 후보자]도 이 문제에 대해 관심 있게 생각하는가? 이것은 당신들이 생각하는 것과는 다르다. "나는 지금도 누더기 옷을 입고 있으며, 앞으로도 그럴 것이다. 내 침상은 딱딱하며 앞으로도 그럴 것이다. 나는 봇짐과 지팡이를 갖고 돌아다니며 만나는 사람들에게 구걸할 것이며, 그들을 욕할 것이다. 당신이 이런 일들을 멋있게 생각한다면 멀찍이 피해라. 가까이 오지 마라. 당신에게는 아무런 의미가 없으니까." 이런 말이 견유철학자에 어울리는 말이며, 이것이 그의 성격이며 그의 인생 설계이다. 그러나 당신이 생각하는 것처럼 견유철학자를 만드는 것이 누추한 봇짐, 지팡이, 그리고 주둥이는 아니다. (견유학자를 만드는 것은) 당신이 주는 것은 무엇이든 잘 먹거나, 만나는 사람들을 대책 없이 욕하는 것, 혹은 자신의 어깨를 드러내는 것이다 (Epictetus, Discourses 3.22:9-10, 50; Oldfather 2.132-135, 148 149).

499) J. D. Crossan, *The Historical Jesus: The Life of a Mediterranean Jewish Peasant*, 163.

낭 안에 요긴한 모든 것을 담을 수 있었다면, 제자들은 여행 중 얻은 모든 것을 지닐 수 없었다. 당장 먹을 것을 포함하여 무엇이든지, 심지어 눈앞에 닥친 일일지라도 미래를 위해 준비하지 못하게 만든 것이다. 왜냐하면 배낭을 금지했기 때문이다. 이것이 방랑하는 제자들의 모습이다. 욕심도, 미련도 아무것도 없다. 그것이 진정한 제자 됨의 정체성이다.

제자들은 당시 떠돌이 방랑자들이 필수적으로 휴대하고 다니던 신이나 지팡이까지도 금지한 데서 알 수 있듯이 철저히 무소유로 살았던 지상 예수의 떠돌이 삶의 모습을 반복하고 있다. 예수의 동역자로서 그의 뒤를 따른다는 것은 그와 동일한 무소유의 삶을 요구한다. 이러한 무소유적 삶의 행태 배후에는 창조주 하나님의 돌보심에 대한 철저한 신뢰와 종말의 임박성에 대한 제자들의 각성 그리고 팔레스틴에 살던 이스라엘 민중이 감수해야만 했던 빈곤의 현실에 서 있다고 보인다.

예수와 견유학파와의 유사점보다는 그 차이점에서 확연히 드러난다. 타이센(G. Theissen)은 특히 견유학파의 방랑철학자들의 파송을 받은 제자들은 공개적으로 고행을 실천하게 되어 있었다고 주장한다.[500] 고행은 이들이 전하는 메시지의 한 부분이다. 이러한 '사명－고행(Missions － Askese)'을 실천하면서 제자들은 그 당시 이들과 비슷한 복장 규칙을 지키고 있었던 다른 집단들을 넘어선다. 요세푸스의 기록에 등장하는 에세네파의 '여행 규칙'과(유대전쟁사: 2,125 － 126) 견유학파의 방랑 철학자들의 여행 장비는 좋은 비교가 된다.[501]

---

500) G. Theissen, & A. Merz, *Der historische Jesus*, 319.

501) E. G. Downing, *Christ and the Cynics: Jesus and the Other Radical Preachers in First － Century Tradition*(Sheffield, 1988); G. Theissen, & A. Merz, *Der historische Jesus*, 319. 재인용.

<표 3> 제자들의 여행규칙 비교

예수 전승의 전도규칙	에세네파의 여행 규칙	견유학파 방랑 철학자들의 전형적인 특징
신발포기[Q] (마가는 승인)	닳아빠진 신발	맨발로 다닐 때가 많음
지팡이 금지[Q] (마가는 승인)	강도들로부터 자신을 보호하기 위한 무기 허용	지팡이를 무기로 사용
예비용 자루 금지	여행 보따리 없음	일종의 표식지로 예비용 자루
두 벌 옷 금지	해진 옷	두 번 접은 겉옷

지금까지 살펴본 바대로 예수의 제자들은 견유학파와는 전혀 다르다. 특히 견유학파가 지향하는 '고행'과는 거리가 멀다. 예수의 제자들은 고행을 위해서 여행한 것이 아니기 때문이다.

2-4. 파송 권고의 특징

저자에 의하면 예수는 제자들을 보낼 때 홀로 보내지 않는다. 둘씩 짝을 이루어 파견하고 있다. 이것은 고대 유대교에서는 확고한 관습이었다.[502] 처음 제자들이 바닷가에서 부름을 받을 때 둘씩 쌍으로 불린 것처럼 보낸다(1:16 – 20). 이것은 초대교회에까지 이어져서 두 사람씩 짝이 되어 다니면서 하나님의 말씀을 전파하게 된다(행8:14, 13:2, 15:39 – 40).

짝을 지은 파견은 두 가지의 의미를 지니고 있었다. 첫째 신명기 법조문(17:6; 19:15)에 따르면 두 증인의 일치된 발언이 있어야만 비로소 신빙성을 부여받게 된다. 둘째, 그것은 사자들을 보호하려는 것이었다. 외지고 위험한 지역에서 동반자는 아주 중요하기 때

---

502) J. Jeremias, *Jerusalem in the Time of Jesus*, 322.

문이다. 둘씩 가라는 명령은 마가공동체가 당하고 있는 위험한 현
실을 반영하고 있다.

두 번째 예수는 제자들을 파송할 때에 "양식이나 주머니나 …
전대의 돈이나 신만 신고 두 벌 옷도 입지 마라(καὶ παρήγγειλεν
αὐτοῖς ἵνα μηδὲν αἴρωσιν εἰς ὁδὸν εἰ μὴ ῥάβδον μόνον, μὴ ἄρτον, μὴ
πήραν, μὴ εἰς τὴν ζώνην χαλκόν)."(막 6:8)라고 지시한다. 이것은 당
시 사회적으로 볼 때에는 생존의 위협을 받는 모습이었을 것이다.
한편으로 미쉬나(Mishnah) 자료에 따르면, 사람이 "지팡이나 신발
또는 지갑을 지니고 성전에 들어가는 것이 허용되지 않는다."503)
그러므로 제자의 사명에서 이런 부분이 의미하는 것은 제자들의
선교가 예루살렘 성전에서 예배를 드리는 것과 비교되는 신성한
임무로 받아들여졌다는 사실이다. 이런 선교 위임이 의미하는 것은
예수께서 제자들에게 복음을 듣는 자들로부터 지지를 받고 필요한
것을 공급받도록 기대하셨다는 것이다(10 – 11절). 제자들은 자신들
에게 환대를 베푸는 사람들에게 호의적으로 반응하도록 교육을 받
았다(12 – 13절).

그렇다면 왜 예수는 그들에게 이런 물품들을 금했을까? 그것은
제자들이 만나는 사람들 곧 가난한 하층민들과 자신을 동일시하라
는 명령이었을 것이다. 제자들은 하나님의 나라를 위해 자신의 소
유를 모두 버린 사람들이다. 소유와 재물에 욕심을 이미 버린 사람
들이다. 제자들은 이미 자발적 가난에 동참하는 삶을 살도록 삶의
변화를 경험한 사람들이다. 이것은 예수가 원하는 삶이며 진정한
제자 된 자들이 살아가야 할 모습이기도 하다.

---

503) Mishnah, Berakoth 9.5(Danby, p.10). Berakoth 54a와 Yebamoth 6b 속에 있는 바벨
론 탈무드는 이런 규제가 하나님을 예배하는 행위 이외의 어떤 다른 목적이나 통로로서 성
전 지역의 사용을 금지하는 것으로 해석한다.

2-5. 재산의 포기에 대한 관점들

제자가 되려면 그들의 재산을 포기해야만 했다. 많은 학자들은 재산의 전적포기에 대해서 나름대로 해석하려 노력하였다. 데겐하르트(Degenhardt)는 주장하기를, 전적 포기는 특별한 직분을 가진 자들에게(μαθηται: 사도들) 국한된 것이고, 반면에 일반 신자(λαός)들은 재산을 모두 버리는 것이 아니라 가난한 자들에게 구제를 하는 것이라고 한다.[504] 하지만 많은 학자들은 이 견해를 거부하는데, 전적 포기에 대한 명령이 일반적인 청중에게 주어지고(14:33) 또한 μαθηται라는 단어가 넓은 집단을 가리키기 때문이다.

재산 포기로 보는 다른 해석은 쇼트로프(Luise Schottroff)와 스터게만(Wolfgang Stegemann)의 해석이다. 그들은 제자로서 예수를 따르는 것이 과거의 일이며, 따라서 재산 포기 명령은 예수의 지상 생활 때에 살던 자들에게만 해당되는 것이라고 주장한다.[505] 하지만 이 주장은 받아들이기 어렵다. 만일 재산을 포기하라는 가르침이 과거의 가르침이기 때문에 효력이 없다면 예수의 어떤 가르침이 효력을 지닐 수 있을까?

마샬(Howard Marshall)은 재산의 포기 명령을 '포기할 결심'을 하라는 것으로 해석하면서 그 명령은 재산을 포기할 준비를 의미하는 것이라고 주장한다. 필요할 때 재산을 포기해야 한다고 해석한다.[506] 킹즈베리(J. D. Kingsbury)도 제자들은 언제든지 구제하기

---

504) Hans-Joachim Degenhardt, *Lukas Evangelist der Armen: Besitz und Besitzverzicht in den Lukanischen Schriften, Eine Traditions-und Redaktionsgeschichtliche Untersuchung*(Stuttgart: Katholisches Bibelwerk, 1965), 214-222.

505) Luise Schottroff and Wolfgang Stegemann, *Jesus and the Hope of the Poor* (Maryknoll, New York: Orbis Books, 1986), 78-79.

위해 또 초대 교회를 닮기 위해(행 2:44 - 45; 4:32 - 25) 재산을 포기하도록 준비되어 있어야 한다고 한다.[507]

한편 존슨(Luke T. Johnson)은 재산 포기에 대해 은유적 해석을 제시한다. '재산'이 가진 문학적 기능에 대한 연구에서 그는 재산을 인간 실존의 중요한 상징, 즉 인간 실존을 직접적으로 표출하는 것이며 현시하는 것이라고 본다.[508] 재산은 인간의 반응을 나타내는데, 재산에 몰두해 있는 것은 하나님으로부터 멀어짐의 표징이고, 반면에 재산을 적절하게 사용하는 것은 '회개'를 의미한다. 따라서 재산을 포기하는 것은 하나님의 찾아오심에 대한 적절한 응답을 가리킨다.

필자는 존슨의 의견에 동의한다. 재산은 중요한 상징으로 나타나고 재산에 대한 회개, 포기를 통해서 하나님의 제자가 되는 필수과정이라고 본다. 따라서 예수의 제자 됨의 조건 중의 하나는 재산에 대한 '돌아섬'에 있다고 하겠다.

2-6. 제자 파송과 앞날의 위기 예고(막 6:14 - 24절)

저자에 의하면 예수는 제자들을 자신이 함께 동행하지 않는 여행의 형식을 취해서 보낸다. 이것은 다음 장면과 이어져서 제자 공

---

506) I. Howard Marshall, *The Gospel of Luke: A Commentary on the Greek Text*, The New International Greek Testament Commentary(Grand Rapids: Eerdmans Publishing Co., 1989), 594.

507) Jack Dean Kingsbury, *Jesus Christ in Matthew, Mark, and Luke, Proclamation Commentaries, the New Testament Witnesses for Preaching*, ed. Gerhard Krodel(Philadelphia: Fortress Press, 1981), 125.

508) Luke T. Johnson, "*The Literary Function of Possessions in Luke - Acts*", *SBLDS* 39(Missoula: Scholars Press, 1977): 221.

동체의 운명을 암시하고 있다. 예수의 부재 속에서 스스로 자신을
지켜 내야 할 제자 공동체의 운명은 세례요한이 당한 죽음의 모습
과 유사하다. 열두 제자가 돌아온 후에 바로 이어지는 세례요한의
죽음에 관한 이야기는 어딘가 어색해 보이지만 이것은 마가의 의
도적인 샌드위치 구성으로 보인다.

  A 열두 제자의 파송(막 6:7 – 13절)
    B 요한의 죽음(막 6:14 – 24절)
  A´ 열두 제자의 귀환(막 6:30 – 31절)

  열두 제자들이 파송을 받아 활동한 공간과 시간이란 마치 의로
운 세례요한이 죽임을 당하는 현실과도 같다고 마가는 보도한다.
제자들은 예수와 함께할 때에는 먹고 마셨다.[509] 그때에는 축제뿐
이다. 하지만 제자들이 보냄을 받은 존재로 세상에 나아가 하나님
의 나라의 도래를 선포하고 사탄적인 세력과 대립할 때 제자 공동
체에는 심각한 고립, 환난과 핍박이 찾아올 것을 암시하고 있다.

  왜 저자는 이토록 훌륭한 열두 제자들의 사역의 승리와 무사히
돌아온 귀환 사이에서 세례요한의 죽음이라는 심각한 그림을 그려
넣은 것일까? 마가가 세례요한의 죽음을 제자들의 파송과 돌아옴에
샌드위치시킴으로써 이 두 사건을 동시적 사건으로 동일화한 것은
세례요한을 예수의 선구자로 묘사하려는 것이다.[510] 문제는 제자들
의 축귀사역에 있다.

---

509) 막 2:18 – 22절. 요한의 제자들은 금식하고 있었다. 하지만 예수의 제자들은 혼인집에서처
    럼 신랑과 함께 있어 잔치를 즐기는 모습이었다.
510) W. Kelber, 「마가의 예수 이야기」 43.

저자는 다음과 같이 기록하고 있다. "이에 예수의 이름이 드러난 지라 헤롯왕이 듣고 가로되 이는 세례요한이 죽은 자 가운데서 살아났도다. 그러므로 이런 능력이 그 속에서 운동하느니라 하고(Καὶ ἤκουσεν ὁ βασιλεὺς Ἡρῴδης, φανερὸν γὰρ ἐγένετο τὸ ὄνομα αὐτοῦ, καὶ ἔλεγον ὅτι Ἰωάννης ὁ βαπτίζων ἐγήγερται ἐκ νεκρῶν καὶ διὰ τοῦτο ἐνεργοῦσιν αἱ δυνάμεις ἐν αὐτῷ. ἄλλοι δὲ ἔλεγον ὅτι Ἡλίας ἐστίν· ἄλλοι δὲ ἔλεγον ὅτι)"(막 6장 14절) 헤롯은 예수를 요한처럼 예언자라 생각했다. 사람들은 예수를 엘리야, 선지자라고 생각하기도 했으며 헤롯 자신은 요한의 부활이라고 생각했다(15절). 헤롯이 이와 같이 생각한 이유는 자신의 축귀행위와 제자들의 축귀행위에 근거한다. 예수의 이러한 축귀를 통한 마치 엘리야나 선지자와 같은 명성이 높아 갈수록 헤롯은 요한을 떠올릴 수밖에 없었다.

결국 헤롯에 의해서 목 베임을 당했듯이 예수의 운명도 동일하게 암시되고 있다. 의로운 세례요한이 참수를 당한다(6:27). 예수도 의롭고도 죄가 없지만 세례요한처럼 동일한 길을 가게 될 것이다(15:15). 또한 제자 공동체의 운명도 동일한 위험에 처하게 될 것을 복선으로 암시하고 있다. 이러한 긴장 속에서 예수는 하나님 나라의 사역이 언제나 성공할 것이라는 기대를 무너트린다. 이것을 제자들에게 가르쳐 줄 필요성을 느끼고 있다. 따라서 마가에 의하면 예수가 고향에서 배척당했다고 기록하고 있다(막 6:1-6절).[511]

---

511) 예수께서 거기를 떠나사 고향으로 가시니 제자들도 좇으니라 안식일이 되어 회당에서 가르치시니 많은 사람이 듣고 놀라 가로되 이 사람이 어디서 이런 것을 얻었느뇨 이 사람의 받은 지혜와 그 손으로 이루어지는 이런 권능이 어찌 됨이뇨 이 사람이 마리아의 아들 목수가 아니냐 야고보와 요셉과 유다와 시몬의 형제가 아니냐 그 누이들이 우리와 함께 여기 있지 아니하냐 하고 예수를 배척한지라 예수께서 저희에게 이르시되 선지자가 자기 고향과 자기 친척과 자기 집 외에서는 존경을 받지 않음이 없느니라 하시며 거기서는 아무 권능도 행하실 수 없어 다만 소수의 병인에게 안수하여 고치실 뿐이었고 저희의 믿지 않음을 이상히 여기셨더라 이에 모든 촌에 두루 다니시며 가르치시더라(막 6:1-6절)

마가는 다음 장면으로 이어지는 열두 제자 파송, 그리고 요한의 죽음과 밀접한 관계를 은유관계로 만들어 놓고 있다. 예수는 고향에서 배척을 당함으로써 앞으로 제자 공동체가 처할 상황을 미리 보여 주고 있다. 나아가 요한의 죽음을 보게 함으로써 제자 공동체가 걸어가야 할 운명의 길에 대해서 조금씩 제시하고 있는 것으로 보인다.

세례요한과 예수, 그리고 예수와 제자들은 운명이 비슷하게 전개되고 있다. 세례요한이 의로운 나라를 선포하고 넘김을 당한다(1:7, 14). 예수도 하나님의 나라를 선포하고 무리들에게 죽음을 당할 것이다(막 1:14, 39, 9:31, 10:33). 제자들은 예수가 하나님의 나라를 선포하고 죽듯이 제자 공동체도 하나님의 나라와 복음을 선포하고 마침내 넘김을 당하는 위기에 처하게 될 것이다(막 13:9 – 13). 결과적으로 세례요한은 죽어서도 예수의 길을 예비하는 자로 나타난다(막 1:2 – 3).

3. 하나님의 아들 예수

3 – 1. 하나님 아들(ὁ υἱός του Θεου)의 배경

제임스 던(James D. G. Dunn)[512]에 의하면, 구약에서 표현된 하나님의 아들(ὁ υἱός του Θεου)이라는 개념은 세 인물 혹은 집단과

---

512) 던(James D. G. Dunn)의 주장에 관하여는 다음을 보라. James D. G. Dunn, *Christology in the Making: An Inquiry into the Origins of the Doctrine of the Incarnation* (London: SCM Press, 1980).

관련하여 등장한다. 즉 천사들(창 6:2; 욥 1:6; 단 3:25),513) 이스라엘(출 4:22 – 23; 호 11:1; 말 2:10) 그리고 왕(삼하 7:14; 시 2:7; 89:26 – 27)이다.

먼저 그 백성이 '하나님의 아들'로 호칭되고 있는 출 4:22에서 모세는 바로에게, '이스라엘은 내 장자'라 이르라는 명령을 받는다. 호 11:1에서는 여호와께서는, "내 아들을 애굽에서 불러내었다."고 말씀하신다. 사 1:2와 30:1에서는 이스라엘인들 전반이 '아들들'로 칭해진다.514) 다음으로 선민의 대표인 왕들을 하나님께서 '아들'로 부르신다. "나는 그 아비가 되고 그는 내 아들이 되리라."(삼하 7:14) "너는 내 아들이라. 오늘 내가 너를 낳았도다."(시 2:7) "저가 (그 왕이) 내게 부르기를 주는 나의 아버지시요 나의 하나님 이시요 나의 구원의 바위시라."(시 89:26) 그 왕 또한 하나님께서 특별히 택하시고 사명을 주신 이로서의 '아들'이다. 마지막으로 천사적 존재들(angelic beings)이 '하나님의 아들들'로 나타내는 그 구절들에서(창 6:2)의 그 '하나님의 아들'은 기자에 의해 그들이 하나님에 의해 사명을 부여받는 것으로 생각하고 있다.515) 구약에서는 메시아 혹은 어떤 특별한 메시아적 인물을 하나님의 아들이라고 명시적으로 말하고 있지 않은 것은 분명하다.

또한 헬라와 동방에서는 왕을 신의 아들로 불렀다. 이집트에서는 왕을 라(Ra), 신(神)의 자손516)이라고 생각했다. 지배자들, 혹은 바

---

513) 특히 에녹 1서에 의하면, 천사들은 '하늘의 아들들' 혹은 하늘의 '하나님의 아들들'로 불린다(13:8; 69:4 – 5; 71:1; 106:5).

514) Oscar Cullmann, *The Christology of the New Testament*(London: SCM Press, 1975), 415.

515) Ibid., 415.

516) 여기에서 신의 자손이란 어떤 상징적인 표현으로서가 아니라 태양신 레의 육체로부터 나온 육체적인 아들이다. 분명히 바로도 이 땅 위에서, 여자에게서 태어났음에 틀림이 없다. 그러

로들(pharaohs)은 모두가 태양신 Re의 아들들이라 여겨졌다. 이것은 바빌로니아와 앗수르에서도 발견된다. 또한 웁살라 학파(uppsala school)는 왕들이 신의 소생들이라는 예의 관념을 고대의 동방 왕들의 즉위 의식들과 연결시킨다.[517]

로마세계에서는 많은 남신과 여신이 있었다.[518] 로마 신약시대의 로마 황제들에게도 역시 신의 아들 칭호(divi filius)가 주어졌다. 로마의 황제들은 자신들을 신의 아들이라고 생각했다. 이렇게 황제 자신을 신으로 여기는 황제 제의가 발달하기 시작한 것은 줄리우스 카이사르 때에 시작되었을 것으로 추정된다.[519] 그는 전형적인 로마의 방식을 따라서, 그의 영예는 그 자신의 felicitas, 즉 그의 행위 안에서 드러나는 비인격적인 능력에 속한다고 믿었다. 마르크 안토니(Marc Antony)는 동부 지역에 도착하자마자 자신을 신적인 왕으로 숭배하기를 요구했다. 전형적인 헬레니즘의 양식을 따라 자신을 특수헌신(Diooysos)과 동일시되기를 바랐다.

도미티안(Domitian) 황제는 자기를 미네르바 신(神)의 아들로 불렀다. 그는 자신을 '신이요 왕'으로서 불리기를 요구함으로써 원로원의 반대를 야기하였다.[520] 또한 기독교인들은 그를 무저갱에서

나 그를 낳은 아버지는 분명히 레이며 따라서 바로도 역시 신이 된다. C. J. Z. Godd, *Ideas of Divine Rule in the Ancient East*, 1948.

517) Oscar Cullmann, *The Christology of the New Testament*(London: SCM Press, 1975), 413.

518) 하늘과 북쪽의 어떤 신화적인 산에 거주하는 그리고 계절의 변화와 관련된 신들에 대한 신화들이 있었다. 이러한 영원하고 불멸하는 신들은 인류의 복지를 위해 어떤 중요한 구원의 사명을 띠고 하늘로부터 지상에 내려오거나 보내진다고 이야기되었고, 경우에 따라서는 이 신들이 역사적인 인물들과 동일시되기도 했다. 이에 관하여는 다음을 참조하라. C. Talbert, "The Myth of a Descending – Ascending Redeemer", in *Mediterranean Antiquity: New Testament Studies* 22(1975 – 1976): 418 – 439.

519) H. Koester, *History, Culture, and Religion of the Hellenistic Age*, 593.

520) A. Deissmann, *Light from the Ancient East*(London: Hodder and Stoughton,

온 무서운 짐승으로 여겼다(요한계시록 13장). 하드리안(Hadrian) 황제는 자신을 제우신의 화신(化神)이라고 하였다. 그리스와 로마 인들의 신은 불멸의 인간이었기 때문에 신이 인간이 되는 것은 인 간이 신이 되는 것처럼 쉬웠다.

로마 황제의 제의[521]는 신-왕 일치 사상적인 맥락에서 파악할 수 있다. 또한 로마 황제에 대한 제의의 강요가 주로 유대인과 그 리스도인들에게 있었다는 점을 주목하게 된다. 로마 황제 제의가 가 진 기본적인 승리의 신학은 그리스도인들에게는 걸림돌이 되었을 것이라는 사실은 의심할 수 없어 보인다. 예수에게 부여된 '하나님 의 아들'이라는 칭호는 승리가 아닌 고난의 신학이기 때문이었다.

3-2. 마가공동체와 삶의 자리

마가복음서의 기록에 시기에 대한 의견은 대체로 예루살렘의 멸 망(A. D. 70년 8월)을 기점으로 이전설과 이후설로 양분되어 있다. 이 시점의 이전설을 지지하는 학자는 W. Markscn과 H. C. Kee[522] 를 들 수 있고 이후설을 주장하는 학자로는 S. G. F. Brandon, T. J. Weeden, D. E. Nineham[523] 등을 들 수 있다. 슈바이처(E. Schweizer)

1927), 294.

521) 황제제의에 관한 부분은 Duncan Fish wick, "The Development of Provincial Ruler Worship in the Western Roman Empire", *ANRW* II :16:2, ed. H. Timporini and W. Haase(Berlin and New York: de Gruyter, 1972): 1201-1253을 참조하라.

522) 이들의 내용은 다음을 보라. W. Markscn. *Mark the Evangelist*(Nashville, Tenn: Abingdon Press, 1969); H. C. Kee. *Community of the New Age. Studies in Mark's Gospel*(Philadelphia: Westminster Press, 1977).

523) S. G. F. Brandon, "The Date of Markan Gospel", *NTS* 7(1960-1961): 126- 141; T. J. Weeden, *Mark: Traditions in Conflict*(Philadelphia: Fortress Press, 1971); D. E. Nincham, *Saint Mark*(Philaddphia: Westminster Press, 1973).

는 마가복음 13장 14 - 20절이 유대 - 로마 전쟁 직전의 시기와 같이, 전쟁이 예고된 시대를 전제하는 것처럼 보인다고 인정하면서도 그 연대를 '60년대의 어느 해'로 모호하게 설정한다.[524] 필자는 마가복음 13:5 - 23의 모든 경고를 살펴볼 때 예루살렘의 멸망 이후가 아니라 현재 공동체가 당하고 있는 긴장감과 위기를 반영하는 성전멸망 직전의 상황으로 본다. 따라서 마가복음 기록시기를 예루살렘 멸망 직전인 A. D. 69년 말부터 70년 초 사이의 긴박한 상황으로 추정한다.

마가공동체가 처한 팔레스틴은 정치적으로 혼란과 핍박이 절정을 이루고 있는 상황이었다. 주후 44년 유대의 표면상의 민족적인 왕권조차 끝이 나고 펠레스틴도 이방인 로마 총독의 직접 통치에 놓이게 되었다. 현대의 식민지 정책이 그러하듯이 로마는 사두개인들을 포함한 유대 성직자들, 귀족들과 긴밀한 관계를 유지하면서 직 · 간접적인 협박을 가했다. 팔레스틴에 대한 로마의 통치가 효과적인 통제력을 지닐 수 있었던 정책 중의 하나는 로마의 총독이 유대 정치와 종교의 상징적인 지도자인 대제사장을 임명하고 폐하는 권한을 가지고 있었던 것이다.[525] 또한 로마의 식민지에 대한 통치는 복종과 납세[526]에 의해 유지되었고 이것은 식민지의 유대 성직자들, 귀족들과 같은 상류 지배계층과의 밀접한 상호 이해관계를 가지는 가운데 이루어졌다. 유대 식민지의 상류 지배계층의 지위는 로마에 대한 성실한 납세에 의해 유지되었으므로, 대부분의 백성들

---

524) E. Schweizer. *The Good News According to Mark*, 25.

525) C. Myers, *Binding the Strong man*, 54 - 57.

526) 헤로데의 아들 아르켈라오스가 폐위되고 유대가 시리아 총독에 귀속되었을 때(주후 4 - 6 년) 시리아 총독은 곧 재산평가를 실시했다. 재산평가는 세금징수의 토대가 되었으며 세금을 내지 않는 자는 형벌을 받고 노예로 팔렸다. Klaus Wengst, 「로마의 평화」 73 - 74.

은 세금, 공물, 조세 등의 경제적 궁핍과 정치적인 압박의 고통 속에서 시달려야만 했다.[527]

유대인들은 주후 66년 팔레스틴의 총독 플로루스가 황제의 위임을 받아 예루살렘 성전 금고에서 17달란트를 요구하자 이로 인한 여러 차례의 시위를 일으켰다. 로마 군대는 유혈적인 약탈을[528] 시작했고 이에 대한 저항은 상대적으로 격렬해졌다. 로마통치에 대한 반항으로 유대인들은 로마 황제에게 드리는 예물과 예배를 계속하기를 거부했다. 이것 때문에 팔레스틴의 모든 도시들에 폭동이 일어났으며 유대전쟁이 발발했다.[529]

표면상으로는 플로루스의 성전 금고 약탈사건이 계기가 되었지만, 유대전쟁의 내면적인 원인은 오랫동안 누적되었던 로마의 통치에 대한 불만이 표출된 것이었다. 이렇게 시작된 유대전쟁의 초기엔 유대인들이 로마의 지배로부터 일부 지역을 해방시키는 데 성공했으며 유대 국가의 독립이 선포되었다. 그러나 로마 통치에 대한 이러한 저항은 유대 내에서 화해파와 저항파 사이의 내부적인 분열로[530] 말미암아 점차 약화되었다. 로마군은 67년 베스파시안의 지휘로 팔레스틴 진압을 시작하여, 69년 예루살렘과 사해 주변 일부 외곽의 요새를 포함한 전 팔레스틴을 정복했다. 이렇게 로마군이 예루살렘 성을 포위하는 가운데에도 내분은 계속되었다. 70년 4월에 시작된 예루살렘 포위는 무려 5개월이 걸렸으며 그동안 수천 명이 굶주림으로 죽었다. 그 후 성이 함락되자 로마군은 성을 황폐케 한 채 남겨 두었으며 성전을 완전히 부수어 버렸다.[531] 티투스

527) Ibid., 59 - 67.

528) Ibid., 73.

529) Bo. Reike, 「신약성서시대사」(서울: 한국신학연구소, 1986), 155; 270.

530) H. C. Kee, 「신약성서 이해」 173.

는 지성소가 파괴되기 전에 승전 기념물로 성전의 일곱 촛대 등을
약탈했다. 그 후 마사다 요새에서의 3년간의 항쟁도 끝났으며 960
명의 열심당원은 죽음으로 항거했다. 이로써 예루살렘 성전은 완전
히 파괴되었다.

마가공동체는 로마통치와 성전의 멸망 그리고 정치, 사회적 혼란
속에서 자기 공동체의 새로운 정체성을 규정하는 것이 필수적이었
다.[532] 마가공동체는 '하나님의 아들' 예수에 대한 새로운 이해로
공동체를 하나로 묶으려 했다.

3-3. 제자들의 몰이해(막 8:22-10:52)

이러한 긴박한 위기 상황에서 마가공동체는 예수에 대한 바른 이
해에 도달하지 못하고 있다. 그것은 제자들이 진정한 예수를 이해
하기까지는 상당한 시간을 요한 것으로 보인다. 제자들의 이러한 몰
이해는 그들처럼 예수를 잘못 이해하고, 그를 부인하고, 버리는 다른
공동체에게 좋은 경고가 될 수 있었을 것이다.[533] 즉 영광의 그리스
도만 바라보고, 이적을 행하는 '신인 기독론(divine man Christology)'
으로 예수를 따르는 자들은 고난의 상황에서 몰이해하는 처음의
제자들처럼 철저하게 실패하게 된다.

저자에 의하면 제자도를 교훈하기 위한 샌드위치 구조를 가지고
있다.[534] 마가복음서에는 샌드위치 구조를 가진 단락(막 3:20-35;

---

531) Ibid., 173.

532) H. C. Kee, *Community of the New Age*, 144-145.

533) V. Taylor, *The Gospel According to St. Mark*(London: MacMillan Publishing Co.,
1963), 572.

5:21 – 43; 6:7 – 32; 11:12 – 25; 14:1 – 11; 14:10 – 25; 14:53 – 72)
이 많은데 도나휴(J. R. Donahue)는 한 단락(막 5:21 – 43)을 제외하
고는 모두 제자도에 관한 교훈을 취급하거나 제자들에 대한 반응
을 취급하고 있음을 보여 준다고 말한다. 그에 의하면 마가가 이
같은 기법을 사용한 것은 그의 복음서의 두 가지 주제, 즉 예수의
고난의 길과 제자들이 이 길을 가야 할 필요성을 강조하기 위해 삽
입기법을 사용하기 위한 것이라고 주장한다.535)

이 같은 시각에서 볼 때 예수가 제자들에게 가르쳤던 제자훈은
매우 중요하다. 마가복음서를 이해하는 중요한 시각 중의 하나는
각 설화에 등장하고 있는 교훈적 모티프(Didactic motif)를 통한 것
이다.536) 제자들에 대한 가장 중요한 교훈적 주제는 예수의 세 차
례에 걸친 수난예고(막 8:27 – 9:1; 9:30 – 37; 10:32 – 45)와 관련되
어 등장한다. 예수는 제자들이 가야 할 십자가의 길에 대한 교훈을
수난예고와 결부시켜 교훈하는데, 각각 다음과 같은 동일한 패턴을
가지고 있다. 그것은 예수 자신의 수난예고(막 8:31; 9:31; 10:33 –
34)와 제자들의 몰이해(막 8:32 – 33; 9:32; 10:35 – 41), 그리고 예
수의 제자훈(8:34; 9:33 – 37; 10:42 – 45)이다. 수난예고의 내용은
예수 자신이 고난을 받을 것과 죽임을 당할 것, 그리고 다시 살아
날 것에 관한 내용이다.

저자에 의하면 베드로는 예수를 "주는 그리스도시니이다(ὁ Πέτρος
λέγει αὐτῷ, Σὺ εἶ ὁ Χριστός)."라고 고백하였다.537) 그러나 제자들의

---

534) J. R. Donahue, *Are you the Christ?: The Trial Narrative in the Gospel of Mark.*
SBL Dissertation Series 10(Missoula: SEL, 1973): 60.

535) J. R. Donahue, *Are you the Christ?*, 63.

536) 이에 관하여는 다음을 참조하라. R. P. Meye, *Jesus and the Twelve*(Grand Rapids:
Eerdmans Publishing Company, 1968).

이해는 아직까지도 정치적 메시아로 인식하고 있었다. 예수가 다윗과 같은 정치적 메시아로 등장하여 로마의 억압적 통치에서 해방하리라는 기대를 가지고 있었다. 이것은 부분적으로는 옳게 보일지라도 전체적 진리는 될 수 없었다. 이러한 기대에 대해서 베드로도 오해하고 있었음이 분명하다. 베드로의 고백에도 불구하고 예수는 그를 꾸짖는다. 8:30을 개역성서에서는 "이는 자기의 일을 아무에게도 말하지 말라 경계하시고"로, 새 번역에서는 "엄하게 분부하셨습니다."로 번역하고 있지만 이 말은 33절에서 예수가 베드로를 사탄으로 꾸짖는 그 '꾸짖다'는 말과 헬라어(ἐπετίμησεν) 표현은 같은 말이다.

베드로의 고백은 넓게는 예수를 왕적 메시아로, 능력을 가지고 이스라엘을 정치, 종교, 세속적인 속박에서 해방시키는 분으로 본 것이며 좁게는 당시 유행하던 '신적 인간' 기독론으로 고백한 것이다. 일종의 마술사로 예수를 인식했다는 점이다.

저자는 복음서의 전반부에 예수의 이적행위를 부각시키지만 후반부에서는 예수의 고난을 단연 부각시키고 있다. 이것은 전반부에서 보여 준 예수의 이적행위는 분명 탁월한 귀신 축출자로 드러낸다. 이 행위를 통하여 사람들이 예수에게 왔고 표적을 요구하는 상황까지 도달했다. 여기까지의 모습은 그레꼬 로마 사회의 '신적 인간'의 모습과도 유사하다. 그러나 예수가 보여 주길 원했던 모습은 이것이 아니었다. 후반부에 등장하는 예수는 오히려 고난당하는 메시아, 즉 고난의 메시아를 제시하고 있다.

---

537) 막 8:29.

3-4. 하나님 아들 기독론과 인자 기독론

마가복음에서 '하나님의 아들'이라는 명칭은 7회만 나타난다(1:1, 11; 3:11; 5:7; 9:7; 14:61; 15:39). 마가에게 있어서 '하나님의 아들' 칭호는 중요한 의미를 지닌다. 학자들은 하나님의 아들을 헬레니즘 적인 배경에서 해석하고자 하는 'Θειος άνερ' 현상과 결부시켜서 이해하고자 했다.[538] 불트만(R. Bultmann)은 마가복음서의 '하나님의 아들'이 헬레니즘적 구속자 신화(Redeemer Myth)의 관점에서 이해되는 신인(Divine Man)이라고 보았다.[539] 불트만과 같은 견해를 보이는 게오르기(D. Georgi)는 마가복음의 저자는 예수를 하나의 초자연적 존재와 초자연적 이적을 행하는 자 즉, 유대 헬라적 전승의 신적 인간으로 묘사하고 있으며, 기독론적으로 볼 때 그는 이 전승을 그대로 답습하고 있다고 했다.[540] 슐츠(S. Schltz) 역시 마가 복음서 저자가 유대 헬라적 그리스도교의 신인 사상에 의존하고 있었음을 부인할 수 없으며, 비록 그가 이적들을 행하고 있는 하나 님의 아들이 동시에 십자가의 길을 가고 있는 것으로 묘사하고 있 긴 해도 그는 '십자가의 신학'을 '영광의 신학'으로 바꾸어 버렸다 고 주장했다.[541] 이들은 모두 마가의 예수가 헬레니즘적 신인기독 론의 전승을 전수받았고 마가는 예수를 초자연적 존재와 뛰어난 이적 행사자로 이해하고 있다고 보았다..

---

538) T. J. Weeden, J. Schreiber, L. keck, H. D. Betz, 등의 학자들이 여기에 속한다.

539) R. Bultmann, *Die Geschchite der Synoptischen Tradition*, 455-461. 볼트만에 의하 면 마가의 예수가 높은 곳에서 내려와 그의 구속 사업을 이루고 다시 높은 곳으로 올라간 다는 헬라적인 구속자 신화(빌2:6-11)의 견지에서 이해하려고 했다.

540) D. Georgi, "Die Gegner des Paulus im 2. Korintherbrief", *WMANT* 11(Neukir chenvulyn: Neukirchener Verlag, 1964): 210-216.

541) S. Schultz, *Die Stunde der Botschaft*(Hamburg: Furche-Verlag, 1967), 54-59.

이러한 동일한 입장에 서 있는 베츠(H. D. Betz)에 의하면 마가는 십자가와 부활의 케리그마의 토대 위에서 예수를 신인으로 묘사하고 있다.542) 또한 켁(L. Keck)에 따르면 마가는 예수를 십자가 빛 아래에서 제한하고 있긴 하지만 기적 이야기라는 형식을 통해 신적인 힘을 제시하는 헬레니즘적인 신인으로 묘사하고 있다.543) 악테마이어(P. Achtemeier)는 마가가 예수의 죽음에 상당한 중요성을 두는 가운데 신인으로 묘사하고 있다고 주장한다.544)

반면에 유대적 배경에서 해석하는 학자들은 하나님의 아들을 메시아(Messiah)545) 혹은 고난의 종546)과 연결시켰다. 특히 오스카 쿨만(Oscar Cullmann)에 따르면 수세 기사에 곧바로 이어 나오는 광야의 시험 기사는 예수를 훨씬 더 철저하게 모든 헬라주의적 '신들의 아들'과 구별시킨다고 주장한다.547) 쿨만(O. Cullmann)은 마태에 의해서 예수의 처음 시험들을 매우 뜻깊게, "네가 만일 하나님의 그 아들이어든…"(마 4:3, 6. 눅 4:3, 9)이라는 그 구절로 시작한다는 점에 주목한다. 사탄이 예수께 그의 고난을 방지할 만한 정치적 메시아의 역할을 강제로 떠맡기려 든다는 것을 알 수 있다. 예수의 메시아적 자의식과 반드시 동일시하는 것만은 아니지만, 바로 예수

---

542) H. D. Betz, *Jesus and the Historian*(Philadelphia: Fortress press, 1968), 121–125.

543) L. Keck. "Mark 3: 7–12 and Mark's Christology", *JBL* 84(1965): 349–351.

544) P. Achtemeier, "The origin and Fuction of Pre–Markan Miracle Catenae", *JBL* 91(1972); 91–198.

545) 유대적 배경에서 해석하는 학자들의 연구는 다음을 참조하라. D. Juel, *Messiah and Temple*(Missoula: Scholars press, 1977); F. J. Matera, *Kingship of Jesus* (Chicago: Scholars Press, 1982); D. Senior, *The Passion of Jesus in the Gospel of Mark*(Wilmington: Michael Glazier, 1984); C. Myers, *Binding the Strong Man*(New York: Orbis Books, 1988).

546) O. Cullmann, *The Christology of the New Testament*(London: SCM press, 1959).

547) Ibid., 421.

의 하나님 아들이시라는 의식을, 사탄이 그의 출발점으로 택한다는 점에 주목하게 하고 있다.[548]

그렇다면 마가는 어떤 기독론으로 예수를 이해했을까? 하나님의 아들 기독론과 인자 기독론은 배타적인가? 축귀기사를 중심으로 마가의 기독론을 살펴보고 예수를 어떻게 이해해야 하는지를 살펴보고자 한다.

3-5. 공동체의 생존과 인자 칭호

마가복음서에는 예수에 관한 명칭과 호칭들이 빈번히 나타난다. 살펴보면 주, 그리스도, 주인, 선생, 구주, 다윗의 자손, 하나님의 아들, 인자 등이다.[549]

이러한 호칭들 중에 예수를 따르는 무리들에 의해서만이 사용된 칭호가 있고 예수 자신과 제자들 그리고 다른 이들에 의해서 주와

---

548) Ibid., 421.
549) 마가복음에 나타난 칭호들을 표현해 보면 다음과 같다.

그리스도와 메시아	1:1; 8:29; 14:61; 15:32.
하나님의 아들	1:1, 11; 3:11; 5:7; 9:7; 14:61; 15:39.
인　자	2:10, 28; 8:31, 38; 9:9, 12, 31; 10:33-34, 45; 13:26-27; 14:21, 41, 62.
랍　비	9:5; 10:51; 11:21; 14:45.
선　생	4:38; 5:35; 9:17, 38; 10:17, 20, 35; 12:14, 19, 32; 13:1; 14:14.
왕	15:2, 9, 12, 18, 26, 32.
하나님의 거룩한 자	1:24.
신　랑	2:19
선 지 자	6:4, 15; 8:28.
다윗의 아들	10:47-48.
오 실 자	11:9.
목　자	14:27.
더 강한 자	1:7

하나님의 아들[550]이라는 표현이 사용되었다. 이러한 명칭 속에 예수의 인격과 사역에 탁월한 권세와 위엄을 가지고 있음을 알 수 있다. 특히 하나님의 아들이라는 명칭은 요한복음에 많이 사용되고 있으나 마가는 이적과 관련해서 점진적으로 사용되었다고 본다.

마가는 한 번도 '인자'라는 칭호를 그리스도와 동격관계에 두지 않는다. 그는 '그리스도는 인자'라고 하지 않는다. 확실히 마가에 있어 '인자' 칭호는 그 외의 다른 기독론적 칭호들과는 구별되어 있음을 알 수 있다. 왜일까?

위든(T. J. Weeden)에 의하면 마가공동체가 예수를 고난받는 인자로 이해하지만 거짓 선지자들과 거짓 그리스도인들이 예수를 신인으로 이해하고 있었다고 주장한다.[551] 그에 의하면 제자 공동체가 이해한 신인기독론과 하나님의 아들 기독론이 투쟁하고 있다고 보았다. 따라서 진정한 그리스도인의 모습은 고난당하는 종(Suffering Servanthood)에서 발견될 것이 아니고 신인의 존재로 인한 영적인 영광에서 찾아질 것이라고 했다.[552] 마가는 사실에 있어 자신의 대변자의 역할을 하며 십자가의 신학을 신봉하는 예수가 거짓 선지자들의 대변자가 되어 그들의 영광의 신학을 제창하는 제자들을 불신하는 것으로 묘사함으로써 이 이단 문제를 해결하려 했다는 것이다.[553]

위든의 주장을 받아들여 페린(N. Perrin)은 마가는 그가 받은 전

---

550) '하나님의 아들로서 마가의 예수'에 관한 여러 학자들의 논의들은 다양하게 진행되고 있다. 다음을 참조하라. M. M. Jacobs, "Mark's Jesus Through the Eyes of Twentieth Century New Testament Scholars", *Neotestamentica* 28(1, 1994): 69-74.

551) T. J. Weeden, *Mark traditions in Conflict*, 165-167.

552) Ibid., 153-155.

553) Ibid., 150.

승에 대해 기독론적인 긴장 관계에 있었으며, 이 긴장을 그 전승이 지녔던 신인으로서의 그릇된 예수 묘사를 교정함으로써 해결하려 했다고 보았다. 마가는 이를 그의 복음서에서 '인자' 칭호를 '하나님의 아들' 칭호와 연결시킴으로써 해낼 수 있었다는 것이다. 즉, 그 '인자' 칭호를 '하나님의 아들'로서의 예수 신앙을 해석하고 그 신앙에 올바른 내용을 주기 위해 사용했으며, 하나님의 아들이 지닌 신인 개념을 가능한 격하시키고 고난의 필요성을 강조하려 했다는 것이다.[554] 필자의 견해에 의하면 이러한 주장이 더 설득력이 있는 것 같다.

주목할 점은 마가에 나타난 '인자' 칭호가 고난과 부활에 관련되어 나온다는 점이다. 특히 세 차례 반복되는 수난예고와 거기에 병행하는 구절에 나타난다(막 8:31: 9: 9. 12. 31: 10: 33. 45). 이것은 인자 칭호가 고난과 관련하여 사용되고 있음을 알 수 있다. 분명히 마가의 수난예고에 나와 있다. 예수는 자신이 하나님의 아들이라고 불리기보다는 '인자' 칭호를 의식적으로 사용한 것으로 보인다.

필자는 인자 기독론과 신자 기독론이 서로 대립되지 않는다고 본다. 서용원의 주장에 귀 기울일 필요가 있다. 그에 의하면 마가공동체는 극심한 위기에 처해 있었고 중요한 것은 생존이었다.[555] 생존을 위해서 마가의 공동체는 이중적인 성격을 띠게 되는데 예수 이해에도 그대로 적용된다.

즉 마가공동체 내부적으로는 신인기독론을 가지고 있었지만 그것을 외부로 공개할 정도의 여건은 되지 못했다. 그렇기 때문에 많은 부분에 있어 예수의 정체를 발설하는 것이 금기시되어 있었다

---

554) N. Perrin, *The Christology of Mark*(Philadelphia: Fortress, 1974), 16.
555) 서용원, 「마가복음과 생존의 수사학」 213.

(막 1:25, 34; 3:11; 8:30; 9:9). 심지어 예수는 문둥병자, 회당장의 딸, 귀머거리 겸 벙어리를 치유한 후 세 경우와 관련된 사람들에게 아무에게 아무 말도 하지 말라고 비밀 준수 또는 침묵 요구를 명하고 있다(막 1:43 - 45; 5:43; 7:36).[556]

마가는 수난당하는 인자 기독론을 통하여서도 유대 민족주의적 메시아사상을 언급하지 않고 있다. 마가가 이야기하고 있는 고난당했던 인자 예수는 결코 정치적이며 군사적인 인물이 아니었다. 마가는 그러한 이해를 모두 거부한다. 예를 들어 가이사의 것은 가이사에게 하나님의 것은 하나님께 바쳐야 하는 것이다(막 12:17). 왜냐면 이 모두는 마가공동체의 생존을 위한 장치였기 때문이다.[557]

서용원의 지적대로 마가는 고난에 처한 공동체의 구성원들에게는 신자 기독론의 예수상을 제시하면서 그들이 다시 설 것을 권면하고자 했으며 인자 기독론을 통해서는 고난당하고 있는 공동체 구성원들에게 고난당하는 예수상을 제시함으로써 고난을 이겨 낼 용기를 주고자 했던 것이다.[558] 따라서 우리는 승리의 신학과 고난의 신학, 신자 기독론과 인자 기독론을 모두 볼 수 있어야 한다. 그러나 무게 중심은 여전히 고난의 신학에 두어야 할 것이다.

3 - 6. 십자가의 길(막 15:39)

십자가상에서 예수가 마지막 숨을 내쉬면서 외친 고함소리는 하나의 현현으로 이해할 수 있다.[559] 예수의 고함소리는 그 숨이 끊

---

556) Ibid., 213.
557) Ibid., 214.
558) Ibid., 214.

어지기 전에 있었다는 사실이 중요하다. 마가는 백부장이 예수의 임종을 지켜보았고 예수의 고함소리에 이어서 고백이 이루어졌다는 사실에 주목해야 한다. 예수의 큰 소리는 현현적 특징과 더불어 예수의 자발적인 죽음의 의미를 포함하고 있다.[560]

윌리엄슨(L. Williamson)에 의하면 마가는 독자들에게 하나님의 아들 칭호를 통해서 말하고자 하는 것은 예수의 부활의 측면에서 예수는 하나님의 아들이라는 것이며, 이러한 측면에서 십자가상에서의 로마 백부장의 하나님의 아들 고백은 마가에게 있어서 최고의 절정이라고 주장한다.[561]

저자에 의하면 예수의 마지막 죽음의 자리에서 백부장이 예수의 운명하심을 보고 "이 사람은 진실로 하나님의 아들이었도다(Ἀληθῶς οὗτος ὁ ἄνθρωπος υἱὸς θεοῦ ἦν)."(15:39) 하였다. 예수의 죽음의 증후 속에서 그가 한 하나님의 아들이었다고 고백하고 있음을 우리는 중요하게 여겨야 한다.

그렇다면 저자가 사용한 '하나님의 아들'이라는 호칭이 무엇인가? 이 호칭은 메시아적 의미를 포함한다. 마가는 하나님의 아들로서 예수의 신비를 발견하는데 예수께서 친히 인자의 수난과 죽음의 영광을 받으심에서 하나님의 아들이심을 계시하신 것으로 본다.

---

559) 마가는 예수가 골고다에서 죽으면서 외친 고함소리를 하나의 현현으로 이해했을 것이다. O. Betz, φωνή in: *ThWNT*, 287. 참조하라.

560) 예수는 천천히 쇠약하면서 죽지 않았다. 그는 십자가상에서 죽음에 임박하여 큰 소리를 지르시고 숨을 거두었다(ἐξέπνευσεν). 이 말은 예수의 죽음이 육체적 필연에 항복하는 것이 아니라 자발적으로 자신의 생명에 종지부를 찍는 것을 강조해 준다. 이것은 예수의 갑작스러운 운명으로 뒷받침된다. H. M. Jackson, "The Death of Jesus in Mark and The Miracle from The Cross", *NTS* vol.33(1987): 32.

561) 윌리엄슨은 하나님의 아들과 관련하여, 마가복음에서 '하나님의 아들', '나의 사랑스런 아들', '하나님의 거룩한 자', '가장 높으신 하나님의 아들', '영광받을 자의 아들'이라는 용어들은 거의 같은 개념을 나타내는 용어라고 본다. L. Williamson, *Mark: Interpretation* (Atlanta: John Knox Press, 1983), 10-11.

메이트라(F. J. Matera)에 의하면 오직 백부장만이(15:39) 예수는 진실로 하나님의 아들이라고 선언할 때, 예수의 신분에 관한 완전한 고백을 보여 주고 있다.562) 그의 고백은 개종한 한 사람의 선언 그 이상이다. 저자의 관점에서 보면, 그 고백은 예수의 신분에 대한 완전한 인식이다. 복음서 내에서 백부장은 예수는 하나님의 아들이라고 고백한 최초이자 최후 등장인물이다.

저자에 의하면 백부장은 예수께서 죽으시는 모습을 보았기에 이러한 고백을 하고 있다. 킹스베리(J. D. Kingsbury)에게 있어서 메시아 비밀이라는 표현은 잘못된 표현이다. "마가복음에서 예수의 신분의 비밀은 특성상 메시아 비밀이라기보다는 예수가 하나님의 아들이라는 비밀이다."563)

하나님의 아들 고백 중 최고의 절정으로 십자가에 달린 예수에게 한 로마 백부장의 고백이라고 보는 견해는 매우 타당성이 있어 보인다. 저자에 의하면 예수는 그리스도 고백을 하는 모든 경우에서 그 고백자들에게 ἐπιτιμάω 하셨다. 심지어 베드로의 고백에서조차도 예수는 ἐπιτιμάω 하신다(8:30). 그러나 로마 백부장의 경우는 예외적이다. 그 고백은 마가에게서 공식적으로 받아들여진다.564)

저자에 의하면 "진실로 이 사람은 하나님의 아들이었다."(15:39)는 백부장의 고백은 복음서에서의 매우 극적인 절정의 장면이다. 이 칭호는 예수의 생애의 가장 중요한 차원은 그의 기적적인 능력이나 신적인 이적이 아니라는 것을 분명히 보여 주고 있다. 마가가 강조하는 것은 예수의 십자가상의 대속의 죽음이라는 것이다. 마가

---

562) F. J. Matera, *What Are they Saving About Mark?* 21.

563) J. D. Kingsbury, *The Christology of Mark's Gospel*, 21.

564) J. Guelich, *Mark 1*, 427 - 428.

는 오해하는 예수에 대한 잘못된 이해에 대해서 분명히 말하고 있다. 마가는 외치고 있다, "하나님의 아들은 곧 고난받는 하나님의 아들이시다."라고.

저자에 의하면 영광과 수난을 분리시켜서 영광만을 보게 된다면, 거짓 그리스도나 거짓 예언자들에게 미혹될 수 있다고 외친다. 마지막 때에 거짓 그리스도와 거짓 예언자들이 많이 등장하겠고, 그들은 현란한 이적을 행할 수 있을 것이다(13:22). 이들이 나타내는 이적과 기적은 영광으로 보일 수 있다. 그러나 그들에게는 수난의 모습이 없다. 복음을 위한 수난의 모습이 없다는 것은 거짓 예언자이며 거짓 그리스도임을 드러내는 유일한 증거이다.

하나님 아들로서의 영광은 예수의 수난의 절정에서 이루어지기 때문이다. 예수의 영광은 수난에 대한 하나님의 변호를 의미한다.[565] 그러므로 수난이 없으면, 하나님의 변호도 없고, 또한 영광도 없다.

따라서 마가에 의하면 하나님의 아들임을 분명하게 선포하는 때는 예수의 십자가 처형 장면이다. 마가복음 15장 39절에서 백부장은 십자가에서 "엘리 엘리 라마 사박다니($\text{E}\lambda\omega\iota\ \epsilon\lambda\omega\iota\ \lambda\epsilon\mu\alpha\ \sigma\alpha\beta\alpha\chi\theta\alpha\nu\iota$)" (34절)라고 외치며, 처절하고 무력하게 죽어 가는 예수를 보고, 그때에 그가 진정 하나님의 아들이었음을 고백한다.[566] 하나님 아들의 복음을 선언한 마가복음서에서 예수가 사람에 의해서 하나님의 아들로 선포되는 유일한 장면은 그가 기적을 행하거나 영광 중에 있을 때가 아니라, 가장 처참한 수난의 순간에 있을 때이다. 저자에 의하면 예수 수난의 사건을 종말에 이루어질 궁극적인 하나님

---

565) R. B. Hays, *The Moral Vision of the New Testament*(New York: Harper collins, 1996), 86, 90.

566) 서중석, 「예수」(서울: 동아출판사 1992), 17 - 93.

의 승리의 빛에서 해석했기 때문에, 예수의 죽음의 순간에 그를 하나님의 아들로 선포할 수 있었다.

3-7. 마가공동체의 새로운 예수 이해

마가공동체의 현실은 암울한 시대였다. 마가는 그들이 직면하고 있는 현실의 고난을 비유적으로 설명한다(막 4:15 - 19). 그것은 씨 뿌리는 비유를 통해서 극심한 환란이 앞에 와 있음을 보여 준다(막 4:15 - 19).[567] 저자는 이 비유에서 '사단이 오는 것' '환란이나 박해가 일어날 것' '세상의 염려'에 대해서 테일러(V. Tayor)는 평상 시 기독교인들에 대한 세상의 특징이 아니라, 마가공동체만의 절박한 상황으로 보는 견해가 짙다.[568] 씨 뿌리는 비유에서 알 수 있듯이 마가공동체의 고난은 심각하다. 마가공동체는 심각하게 다가온 위기를 극복하고 하나님 나라의 통치를 이야기할 수 있어야 했다. 방법은 무엇이었을까?

마가는 제자의 길, 즉 예수를 따르는 자들의 길은 '십자가의 길(via crucis)'로 규정지어지고 있다.[569] 이것은 오직 환난이나 핍박을 견딘 자들만이 인자가 구름 가운데 능력과 영광으로 임하실 때 구원받게 될 것이기 때문이다(8:38; 13:26). 그것이 '하나님 아들'의

---

567) 말씀이 길가에 뿌리웠다는 것은 이들이니 곧 말씀을 들었을 때에 사단이 즉시 와서 저희에게 뿌리운 말씀을 빼앗는 것이요 또 이와 같이 돌밭에 뿌리웠다는 것은 이들이니 곧 말씀을 들을 때에 즉시 기쁨으로 받으나 그 속에 뿌리가 없어 잠간 견디다가 말씀을 인하여 환난이나 핍박이 일어나는 때에는 곧 넘어지는 자요 또 어떤 이는 가시떨기에 뿌리우는 자니 이들은 말씀을 듣되 세상의 염려와 재리의 유혹과 기타 욕심이 들어와 말씀을 막아 결실치 못하게 되는 자요(막 4:15 - 19)

568) V. Taylor, Mark, 260 - 261.

569) M. D. Hooker, *The Son of Man in Mark*(London: Epworth Press, 1967), 158.

길이며 그 제자들의 길이다.

마침내 마가공동체는 예수를 진정한 '하나님의 아들' 즉 고난당하신 메시아로 이해했다. 그리고 마가공동체는 그 스승의 사역을 계승하는 공동체로 자신들을 이해했다(3:35; 10:15; 10:29 - 31). 그들의 제자도의 '규범'은 예수이며, "예수가 행한 대로 그들은 또한 따라야 한다."570)는 것이다. 한마디로 그들의 제자도는 예수의 길을 '따라감(ἀκωλουθεω)'이다. 마가는 이 용어를 특별히 제자도나 제자들의 행위를 묘사하는 데 자주 사용한다. 예수가 가는 길은 십자가의 길이다.

예수는 제자들에게 특별히 βλέπετε(주의하라, 13장 5, 9, 23, 33절)라는 단어를 사용한다. 이것은 제자들에게 장차 다가올 고난을 미리 주목하도록 깨우치는 용어이다. 마가는 제자들이 당하고 있는 박해를 거꾸로 거슬러 올라가 예수의 고난에 연관시킴으로써 제자들로 하여금 그들이 당하게 될 핍박에 대해 준비하게 한다.

예수는 함께 길을 걸을 때 고난을 경험하게 될 제자들을 위해서 미리 길을 보게 한 것이다. 생명의 씨앗이 움틀 때까지 제자들은 고난의 길을 걸어야만 한다. 그 길은 마가복음 8장 38절과 10장 45절에서 이미 제시한 제자들의 **'십자가의 길'**이다. 마가는 미리 마가복음 13장 상황과 나란히 병행시킴으로써 예수의 고난의 길을 제자들이 걸어야 할 길로 제시하고 있다.

예수를 따르는 제자들은 예수가 섬기러 온 것처럼 제자들도 섬기는 자가 되어야 한다(막 10:45). 예수께서 자기 목숨을 버리시는 것처럼 제자도 목숨을 버릴 줄 알아야 한다(막 8:35). 예수의 고난의 길을 바로 이해했을 때 마가공동체는 비로소 '하나님의 아들'을 깨닫게 되었다.

---

570) E. Best, "Discipleship in Mark: Mark 8:22 - 10:52", *SJT* 23(1970): 325.

Ⅵ_ 나가며

　지금까지 마가복음서에 나타난 예수의 귀신축출에 관하여 주의 깊게 살펴보았다. 본서에서는 예수의 축귀(Exorcism)가 종말론적 새 시대의 도래 곧 하나님의 주권적 통치의 시작이며 예수가 하나님의 아들임을 증언하려는 신학적 의도가 담겨 있음을 밝히려 하였다.

　Ⅰ장에서는 본서의 연구의 목적과 연구 방법론에 관하여 언급하였다. 본 연구는 사회 문학적 비평방법(Socio – literary Criticism)으로 연구를 진행하기로 하였다. 특히 연구사에서는 예수의 축귀가 마술사들의 주술과 유사하다는 논란이 학자들 간에 있었음을 살펴보았다. 이러한 예수의 이적에 관하여 학자들의 해석이 신비적, 합리주의적, 편집 비평적, 사회학적으로 접근하려는 시도가 있음을 살펴보았다.

　Ⅱ장에서는 귀신축출에 관한 역사적 배경을 알아보았다. 구약에서의 축귀에 대한 이해와 엘리야 엘리사의 이적과의 관계에서 예수와 비교해 보았다. 유대적 배경에서는 랍비전승에 등장하는 많은 축귀자들의 전승을 검토하였다. 그리고 예수의 축귀에 나타나는 독특한 점을 확인할 수 있었다. 그레꼬 로마 사회에서는 주술이 발달했음을 확인하였다. 그레꼬 로마사회의 축귀자들의 활동과 그들의

축귀 방법에 관하여 살펴보았다. 이들의 방법과 예수의 축귀의 방법이 유사점과 차이점이 있다는 사실도 확인할 수 있었다.

Ⅲ장에서는 예수의 축귀에 관한 본문 주석을 진행했다. 먼저 회당 안에서 귀신 들린 자를 고치신 사건에서 유대인의 축귀의 의미와 예수의 새로운 교훈과 권세에 관하여 주목하여 보았다. 거라사광인의 축귀에서는 군대 귀신이라는 존재가 로마군을 상징한다는사실을 짚어 보았다. 또한 많은 수의 귀신을 축출하는 형식으로 돼지들의 몰살이 있었다. 그리고 이방인 지역에 관한 의미를 살펴보았다. 수로보니게 여인의 딸의 축귀를 통해서 그녀가 지닌 지혜로운 대답을 통해서 이방인 선교의 문이 새롭게 열려짐을 확인할 수있었다.

Ⅳ장에서는 예수가 지닌 축귀의 특징에 관하여 살펴보았다. 먼저유대인 지역이나 이방인 지역의 의미를 되짚어 보았으며, 축귀의동기가 병자에 대한 연민에 있었음을 살펴보았다. 그리고 연민과자비를 구하는 자들의 외침이 그 근저에 존재함을 알 수 있었다.예수의 축귀 방법은 말씀을 통한 축귀였으며, 원거리 축귀에 있음을 확인하였다. 동시에 예수의 축귀 방법에 있어서 독특성이 있음에 주목하였다.

축귀에 나타난 비폭력과 평화에 관한 생각을 확인할 수 있었다.당시 유대 지역에 만연한 폭력적 상황들과 예수의 대응방식이 다른 종파들과는 확연히 다르다는 점에 대해서 증명해 보았다. 예수의 축귀는 적극적인 평화를 주는 행위라는 것, 즉 샬롬(shalom)을전파하는 예수와 그의 제자 공동체의 사명을 지적하였다.

예수의 다른 이적들을 살펴보았다. 예수의 이적은 종말론적 하나님 나라의 도래라는 사실을 확인하였다. 또한 예수의 치유 이적은 당시 정결법을 위반한 중대한 사건임을 확인할 수 있었다. 그럼에도 불구하고 예수의 사람에 대한 관심은 안식일까지도 어길 수 있음을 통해서 새로운 가르침, 즉 새로운 나라가 임했음 알 수 있었다.

Ⅴ장에서는 이러한 축귀에 내포된 신학적 의미에 주목하였다. 먼저 하나님 나라의 도래, 즉 종말론적 새로운 시대 도래의 선포자인 예수의 모습을 볼 수 있었다. 예수의 축귀행위는 새로운 시대가 열렸음을 알리는 종말론적 사건임을 확인하였다.

또한 제자 공동체가 처한 고난의 현실을 살피면서 그들이 예수를 이해함에 있어서 영광의 메시아가 아닌 고난과 수난의 메시아에 진정한 의미가 있음을 확인하였다. 제자들은 그들의 모든 것을 포기함으로써 진정한 제자가 되었고 축귀의 능력이 그들에게 전수되어 있음과 우리에게도 동일한 사명이 있음을 제안하였다.

마지막으로 이러한 축귀자 예수가 하나님의 아들임을 밝혔다. 그는 비록 이적을 행하는 영광의 메시아 같으나 사실은 고난의 십자가를 짊어지신 고난의 메시아임을 살펴보았다. 그의 '하나님의 아들'이라는 명칭은 귀신들의 입을 통해서 밝혀지지만 최종적으로 예수의 죽음을 목격한 이방인 백부장의 신앙고백에 진정한 의미가 담겨져 있음을 탐구하였다.

결론적으로 본서는 그동안 마가복음서의 예수의 축귀연구를 통해서 예수의 축귀 행위가 종말론적 하나님 나라의 도래였다는 점을 밝힌 것에 의의가 있다고 할 것이다. 또한 그가 고난의 메시아임을 확인하였다는 데에 의미가 있다. 마가복음서 안에 존재하는 다양한 이적이야기들과 특히 축귀의 이야기들을 통해서 영광의 신학으로 휩쓸리기 쉬운 경향을 충분히 감지할 수 있었다. 만약 영광의 신학으로 우리의 관심을 돌리게 된다면 우리도 열두 제자들과 같이 똑같은 실수를 범하게 될 것이다. 따라서 예수의 축귀는 영광의 신학도 아니요, 특히 사회적 현실에 대한 혁명적 대결에만 흐르지 않았음에 주목해야 할 것이다.

예수가 지향했던 진정한 지향점은 종말론적 하나님의 나라로 옛 질서와 낡은 가르침을 파쇄하는 데 있다는 점이다. 사탄은 하나님의 백성들을 비틀리게 만들고 그들은 자신에게 전적으로 순종하게 만들려는 의도를 가진 존재이다. 따라서 예수가 지향했던 점은 부분적인 해방이 아니라 인류 전체를 사탄의 손아귀에서 빼내는 적극적이며 근원적인 시도에 있었음을 주목해야 할 것이다. 또한 이것은 사탄을 세상에서 축출하는 종말론적 하나님 나라라는 관점을 제공하고 있다는 데에 본서의 의의가 있을 것이다.

예수는 축귀를 통해서 당시에 만연한 유대종파들의 폭력적 혁명에 동참하지 않았다. 오히려 앞선 생각으로 다른 방식을 선택한다. 그것은 비폭력이요, 평화에 있었다. 대부분의 유대 종파가 폭력적 대항을 생각할 때 예수는 근원적인 것을 생각하며 하나님 나라를 선포했다. 이렇게 볼 때 제자 된 우리들은 예수가 걸었던 길을 걸어가야 할 것이다. 축귀는 제자 공동체에게 위임되었음을 확인했듯이 우리들도 귀신 들린 세상에서 축귀를 시행해야 한다. 그러나 축귀가 의미하는 하나님 나라의 도래에 그 중요성이 있음을 망각해서는 안 될 것이다. 예수가 축귀를 행함으로써 하나님의 나라가 현재적으로 임했음을 깨닫고 동참할 수 있어야 할 것이다.

현재 우리의 현실 안에서 몰아내야 할 귀신적, 사탄적 세력들은 무엇인가? 우리들의 현실 안에서 귀신적 세력들은 인터넷 중독과 더불어 음란물에 대한 집착을 보이게 만들고 있다. 귀신들의 세력은 끝없이 하나님이 아닌 다른 대용물들을 등장시키고 그것에 사람들이 더욱 집착하기를 바란다. 그 대표적인 것이 음란한 문화에 대한 집착으로 나타나고 있다. 이때 예수께서 귀신들을 명하여 몰아내셨듯이 현대를 살아가는 우리 기독인들은 예수의 축귀사역의 연장선상에서 몰아낼 수 있어야 한다.

또한 한국이라는 사회 안에는 억압적 세력들이 상존하고 있다. 이러한 억압적 세력들과의 갈등으로 인해서 사회 곳곳에서 갈등과 투쟁이 끊이지 않고 있다. 반목과 대립으로 사회는 혼란을 거듭하고 있다. 폭력은 폭력을 부르고 있고 또 다른 반목을 형성하고 있는 형편이다. 이러한 갈등을 어떻게 해결할 수 있을까? 이러한 갈등과 투쟁을 끝내는 것은 근본적인 것이어야만 해결이 가능하다. 그것은 인간들 스스로의 해결책으로는 한계를 지니고 있다. 예수께서 귀신을 축출함으로써 새 시대의 도래를 가져왔듯이 근본적인 해결은 이미 예수께서 하나님의 나라를 선포하셨다는 점이다.

이제 우리는 갈등과 투쟁 대신에 예수가 행한 축귀 이후에 나타나는 샬롬에 주목할 줄 알아야 한다. 예수의 방법은 투쟁에 대한 대항 투쟁이 아니었다. 오히려 투쟁보다도 더 급진적인 근본적인 세력을 몰아내는 행위였다. 즉 사탄의 세력을 세상에서 몰아내는 시도였다. 사탄의 축출은 곧 갈등과 투쟁의 중단을 가져왔다.

예수가 시작한 축귀를 통해서 이미 하나님의 나라는 도래했다. 사탄의 제국은 깨지고 있다. 제자 된 우리들은 그리스도가 행하신 방법을 따라서 세상 안에서 어두움의 세력을 몰아내야 한다. 예수가 행한 독특한 제삼의 길을 따라서 우리들도 함께 사역에 동참해야 할 책임이 우리에게 있다.

바라기는 마가복음서에 등장하는 제자 파송에 있어서 주목할 만한 점이 있다. 특히 마태, 누가 복음에도 등장하는 평안(샬롬)이 그

것이다. 제자들은 예수의 보냄을 받고 먼저 샬롬을 전하도록 교육을 받는다. 마가공동체가 처했던 어려운 상황에서도 그들이 전했던 샬롬에 주목함으로써 이 시대에 필요한 것이 바로 하나님 나라가 가져오는 샬롬에 있음을 확인하게 된다. 앞으로도 마가복음과 축귀에 대한 연구가 지속되어 이 시대의 교회에 더 많은 신학적 공헌을 하게 되기 바란다.

참고문헌

Achtemeier, P. J. "Miracles and the Historical Jesus: A Study of Mark 9: 14 – 29." *CBQ* 37(1975): 471 – 91.

___________. "Gospel Miracle Tradition and the Divine man." *Interpretation* 26(1972): 276.

Achtemeier, P. J. and Green, J. B. Thompson, M. M. *Introducting The New Testament: Its Dterature and Theology*. Grand Rapids, Mich.: Wm. B. Eerdmans Publishing Company, 2001; 「새로운 신약성서 개론」, 소기천 역. 서울: 대한기독교서회, 2004.

Anderson, H. "Jesus: Aspects of the Question of Authority." *The Social World of Formative Christianity and Judaism*. Philadelphia: Fortress, 1988.

Applebaum, S. A, "The Zealots: The Case for Revaluation." *JRS* 61(1971): 133.

Audollent, A. *Defixionum Tabellae. Frankfurt, Main: Minerva Gmbh*, Unveranderter Nachdruck, 1967.

Aune, D. E. *The New Testament in its Literary Environment*. Philadelphia: Westminster Press, 1987.

Baeck, L. *The Pharisees and Other Essays*. New York: Schocken Books, 1947.

Barclay, W. *And He had Compassion*. Saint Andrew Press, 1985: 「예수의 치유이적 해석」, 김득중 역. 서울: 컨콜디아사, 1991.

Barrett, C. K. *The Holy Spirit and the Gospel Tradition*. New York: Macmillan, 1947.

Barton, S. C. *Social – Scientific Criticism. in Handbook to Exegesis of the New Testament*. Leiden: Brill. 1997.

Bauer, B. *Kritik der Evangelien und Geschichte ihers Ursprungs.* Berlin: Hempel, 1850 – 51.

Beare, F. W. *The Gospel According to Matthew.* Cambridge: Harper & Row, 1981.

Beasley – Murray, G. R. *Jesus and the Kingdom of God.* Grand Rapids: Eerdmans, 1986: 「예수와 하나님 나라」, 박문재 역. 서울: 크리스찬다이제스트, 1991.

Beavis, M. A. "Women as Models of Faith in Mark." *BTB* 18(1988): 5 – 6.

Berger P. & Luckmann, T. *The Social Construction of Reality.* New York: Anchor Book, 1967.

Berman, D. "Hasidim in Rabbinic Traditions." P. Achtemeier Ed. *Society of Biblical Literature* 1979. Abstracts and Seminar Papers. *SBLSP* 18. Missoula: Scholars, 1979.

Best, E. *Following Jesus: Discipleship in the Gospel of Mark. JSNTsup4.* Sheffield: JSOT Press, 1981.

__________________. *Mark: The Gospel as Story.* Edinburgh: T. & T. Clark, 1983.

Betz, H. D. *The Greek Magical Papyri in Translation.* Chicago: University of Chicago, 1986.

Bilezikian, G. G. *The Liberated Gospel: A Comparison of the Gospel of Mark and Greek Tragedy.* Grand Rapids: Baker, 1977.

Binns, L. E. E. *Galilean Christianity,* 「갈릴리 기독교」, 황성규 역. 서울: 대한기독교서회, 1985.

Blackburn, B. L. *The Miracles of Jesus,* Leiden: E. J. Brill, 1994. 354 – 55.

Borg, M. J. *Jesus in Contemporary Scholarship.* Vally Forge: Trinity Press, 1994.

Bornkamm, G. *Jesus of Nazareth.* London: SCM, 1960.

Bösen, W. *Galiläa als Lebensraum und Wirkungsfeld Jesus.* Basel: Herder Freiburg, 1985.

Bradley, K. R. *Slaves and Masters in the Roman Empire: A Study in Social Control.* New York: Oxford University Press, 1987.

Brandon, S. G. F. "The Date of Markan Gospel." *NTS* 7(1960 – 61): 126 – 41.

Bruce, F. F. *Israel and the Nations.* Michigan: Eerdmans, 1975.

Bryan, C. A *Preface to Mark: Note on the Gospel in Its Literary and Cultural Setting*. New York/Oxford: Oxford University Press, 1993.

Bultmann, R. *History of the Synoptic Tradition*. New York: Harper & Row, 1963.

__________. *Jesus and the Word*. New York: Scribner's Sons, 1934.

Burkill, T. A. "The Historical Development of the Story of the Syrophoenician Women." *NT* 3(1967): 172 − 73.

Busse, U. *Die Wunder des Propheten Jesus*. Stuttgart: Pitman Press, 1977.

Charlesworth, J. H. *John and the Dead Sea Scrolls*. New York: Crossroad, 1990.

Collins, A. Y. *The Beginning of the Gospel*. *Minneapolis*: Fortress Press, 1992.

Collins, J. J. *The Apocalyptic Imagination: An Introduction to the Jewish Matrix of Christianity*. New York: Crossroad, 1987.

Conzelmann, H. *Jesus*. J. Reumann, Ed. Philadelphia: Fortress Press, 1973.

Cook, A. B. *Zeus, A Study in Ancient Religion*. Cambridge: Cambridge University Press, 1925.

Cranfield, C. E. B. *The Gospel According to St. Mark*. Cambridge: University Press, 1977.

Crosby, M. H. *House of Disciples: Church, Economics & Justice in Matthew*. New York: Orbis Books, 1988.

Crossan, J. D. *The Historical Jesus: The Life of a Mediterranean Jewish Peasant*. San Francisco: Harper Collins, 1991.

__________. *Who Killed Jesus? Exposing the Roots of Anti − Semitism in the Gospel Story of the Death of Jesus*. New York: Harper Collins, 1995.

Cullmann, O. *The Christology of the New Testament*. London: SCM Press, 1975.

Culppper, R. A. "Seeing the Kingdom of God: The Metaphor of Sight in the Gospel of Luke." *CThM* 21(1994): 440.

Deissmann, A. *Light from the Ancient East. London:* Hodder and Stoughton, 1927.

Dewey, J. "The Literary Structure of the Constroversy Stories in Mark 2:1 − 3:6." *JBL* 92(1973): 394 − 401.

Degenhardt, H. J. *Lukas Evangelist der Armen: Besitz und Besitzverzicht in* den Lukanischen Schriften, Eine Traditions – und Redaktionsge chichtliche Untersuchung. Stuttgart: Katholisches Bibelwerk, 1965.

Dickason, F. *Demon Possession end the Christian. Illinois:* Cross Books, 1987.

Dillon, R. J. "As One Having Authority(Mark 1:22): The Controversial Distinction of Jesus' Teaching." *CBQ* 57(1995): 92 – 113.

Dodd, C. H. *The Parables of the Kingdom.* New York: Charles Scribner's Sons, 1961.

Donahue, J. R. *Are you the Christ?: The Trial Narrative in the Gospel of Mark. SBL* 10. Missoula, Mont: Scholars Press,(1973): 60 – 63.

Donahue, J. R. and Harrington, D. J. *The Gospel of Mark.* Collegeville: Lithurgical Press, 2002.

Douglas, M. *Purity and Danger.* New York: Routledge and Kegan Paul, 1966.

Downing, E. G. *Christ and the Cynics: Jesus and the Other Radical Preachers in First – Century Tradition.* Sheffield, 1988.

Duff, P. "Processions." *ABD* 5, New York: Doubleday(1992): 55 – 71.

Dunn, J. D. *Jesus, Paul and the Law.* Louisville: Westminster/John Knox, 1990.

Edelstein, E. and J. Asklepios: *A Collection and Interpretaion of the Testimonies* 2 vols. Baltimore: Johns Hopkins University Press, 1945.

Edersheim, A. *The Life and Times of Jesus the Messiah.* New York: Longmans, Green and Co., 1940.

Edwards, J. R. "Markan Sandwiches The Significance of Interpolations in Markan Narratives." *NovT* 31(1989): 193 – 216.

Eitrem, S. *Some Notes on the Demonology in he New Testament.* Oslo: Aedibus Universitetsforlaget, 1966.

Elliott, J. H. *What Is Social Scientific Criticism?* Minneapolis: Fortress Press, 1993.

Evans, C. A. *Life of Jesus Research: An Annotated Bibliography. New Testament Tools and Studies* 13. Leiden: Brill, 1989.

Fanon, F. 「대지의 저주받은 자들」, 박종렬 역. 서울: 광민사, 1979.

Fergusson, F. *The Idea of Theater.* Garden City: Doubleday Anchor, 1953.

Fiensy, D. *The Social History of Palestine in the Herodian Period: The Land Is Mine*. Lewiston: Edwin Mellen Press, 1991.

Fiorenza, E. S. *Wisdom Ways: Introducing Feminist Biblical Interpretation*. New York: Orbis Books, 2001.

___________. *Jesus and the Politics of Interpretation*. New York: Continuum, 2001.

Fitzmyer, J. "The Gospel according to Luke." 2 *AB* 28 – 29A.(1981 – 1985): 920.

Fowler, R. *Loaves and Fishes: The Function of the Feeding Stories in the Gospel of Mark*. Chico, CA: Scholars Press, 1981.

Fredriksen, P. "What You See is What You Get: Context and Content In Current Research on the Historical Jesus." *TT* 52(1995): 75 – 97.

Freque, S. and Wansbrug, H. *Scripture Discussion Commentary, Mark and Matthew;* ACTA: Foundation Press, 1987.

Freyne, S. *Galilee, Jesus and the Gospels: Literary Approaches and Historical Investigations*. Philadelphia: Fortress, 1988.

Fuller, R. H. *Interpreting the Miracles*. London: SCM, 1968; 「이적」, 진연섭 역. 서울: 대한기독교서회, 1983.

___________. *The Mission and Achievement of Jesus*. London: SCM, 1954.

Funk, R. A. *Credible Jesus: Fragments of a Vision*. Sonoma: Polebridge Press, 2002.

___________. *The Gospel of Jesus: According to the Jesus Seminar*. Sonoma: Polebridge Press 1999.

Garrett, S. *The Demise of the Devil: Magic and the Demonic in Luke's Writings*. Minneapolis: Fortress Press, 1989.

Garland, Robert. *Introducing New gods: The Politics of Athenean Religion*. Ithaca, New York: Cornell University Press, 1992.

Gaster, T. H. *Thespis: Ritual. Myth and Drama in the Ancient Near East*, Gordian Press, 1962.

Garland, D. E. Mark. *The NIV Application Commentary*. Grand Rapids: Eerdmans, 1996.

Gave, P. B. *Webster's International Dictionary*, Merrian Company, 1961.

Georgi, D. *The Opponents of Paul in Second Corinthians*. Philadelphia: Fortress, 1986.

Gilbert G. B. *The Liberated Gospel: A Comparison of the Gospel of Mark and Greek Tragedy*. Grand Rapids: Baker, 1977.

Godd, C. J. Z. *Ideas of Divine Rule in the Ancient East*. 1948.

Grant, F. C. *The Gospel According to St. Mark Interpreter's Bible*. Abingdon: Cokesbury Press, 1954.

Grant, M. *Jesus: An Historjcal Review of Gospels*. Charles Scribner's Son: New York, 1997.

Green, W. S. "Palestinian Holy Men: Charismatic Leadership and Rabbinic Tradition." *ANRW* 2.19.(1979): 619 – 47.

Green. J. B. and Mcknight, S. and Howard Marshall, *Dictionary of Jesus and the Gospels*. Downers Grove: InterVarsity Press, 1992.

Gundry, R. H. "Spirit, Mercy, and the Other." *A Commentary on His Apology for the Cross: Mark*. Grand Rapids: Eerdmans, 1993.

Gunkel, H. *Schoepfung und Chaos in Urzeit und Endzeit*. Goettingen, 1895.

Gnilka, J. *Mark 1*, 「마르코복음A: 국제성서주석」, 한국신학연구소 번역실. 서울: 한국신학연구소, 1993.

Grant, M. *Jesus: An Historian's Review of the Gospels*. New York: Macmillan, 1977.

Hays. R. B. *The Moral Vision of the New Testament*. New York: Harper collins, 1996.

Hendrickx, H. *The Miracle Stories of the Synoptic Gospels*. San Francisco: Harper & Row, 1987.

Hengel, M. *Crucifixion in the Ancient World and the Folly of the Message of the Cross*. Philadelphia: Fortress Press, 1977.

__________. *Judaism and Hellenism: Studies in Their Encounter in Palestine during the Early Hellenistic Period*. Philadelphia: Fortress Press, 1974.

Hill, D. "The Gospel of Matthew." *NCBC* London: Marshall, Morgan & Scott, 1972.

Hobsbawm, E. J. Bandits. London: Weidenfeld and Nicolson, 1969.

Hollenbach, P. W. "Jesus, Demoniacs, and Public Authorities: A Socio –

Historical Study." *JAAR* 49/4(1981): 579 – 85; "예수, 귀신들린 사람들, 권력(Ⅰ)", 「기독교 사상」(1982/7): 289.

Hooker, M. D. *The Message of Mark*. London: Epworth Press, 1983.

___________. *The Gospel According to Saint Mark*. London: A&C Black, 1991.

Horsley, R. A. *Galilee: History, Politics, People*. Valley Forge, PA.: Trinity Press International, 1995.

___________. *The Bible and Liberation: Political and Social Hermeneutics*. London: S. P. C. K., 1993.

Horsley, R. A. and Hanson, J. S. *Bandits, Prophets, and Messiahs: Popular Movements at the Time of Jesus*. San Francisco: Harper & Row, 1985.

Hull, J. M. *Hellenistic Magic and the Synoptic Tradition*. SBT 2:28 Naperville, ILL.: Alec R. Allenson, 1974.

Lersel, V. "Failed Followers in Mark: Mark 13: 12 as a Key for the Identification of the Intended Readers." *CBQ* 58(l996) 199 – 36.

Jacobs, M. M. "Mark's Jesus Through the Eyes of Twentieth Century New Testament Scholars." *Neot* 28(1994): 53 – 85.

Jackson, H. M. "The Death of Jesus in Mark and The Miracle from The Cross." *NTS*(1987): 273 – 89.

James, Edwards. "Markan Sandwiches The Significance of Interpolations in Markan Narratives." *NT*(1989): 194 – 96.

Jeanrond, Werner. G. "Criteria for New Biblical Theologies." *JR* 76(1996): 124 – 129.

Jeremias, J. *New Testament Theology*. New York: Scribner's, 1971.

___________. *The Parables of Jesus*. London: SCM, 1972.

Josephus, P. *Jewish Antiquities. The Works of Josephus*. W. Whiston Trans. Peabody: Hendrickson, 1987.

Juel, D. *Messiah and Temple*, Missoula: Scholars Press, 1977.

Kallas, James. *The Signification of the Synoptic Miracles*. London: Seabury Press, 1967.

Kampen, J. *The Hasideans and the Origin of Pharisaism*. Atlanta: Scholars, 1988.

Kasas, *Savas and Reinhard Struckmann: Important Medical Centers in Antiquity — Epidaurus and Corinth*. Athens, 1990.

Kaufmann, Y. *The Bible Age: Great Ages and Ideas of the Jewish People*, ed. L. W. Schwarz New York: Black, 1956.

Kazmierski. C. R. *Jesus, the Son of God*. Forschung zur Bibel 33; Wurzburg: Echter Verlag, 1979.

__________. "Evangelist and Leper: A Socio — cultural Study of Mark 1: 4045." *NTS* 38(1992): 45.

Kähler, M. *The So — called Historical Jesus and the Historic* Biblical Christ. Philadelphia: Fortress Press, 1964.

Keck. L. "Mark 3: 7 — 12 and Mark's Christology." *JBL* 84(1965) 349 — 51.

Kee, H. C. *Miracle in the Early Christian World: A Study in Socio — historical Method*. New Haven and London: Yale University Press, 1983.

__________. *Medicine, Miracle and Magic in New Testament Times*. Cambridge: Cambridge University Press, 1986.

Kee, H. C. and Knight, D. A. Luke T. Johnson. *The Literary Function of Possessions in Luke — Acts. SBLDS* 39. eds. Missoula: Scholar Press, 1977.

Keenan, J. *The Gospel of Mark*. New York: Orbis. 1995.

Kelber, W. *The Kingdom in Mark*. Philadelphia: Fortress Press, 1974.

Kertelge, K. *Die Wunder Jesu im Markusevangelium*. München, 1970.

Kessler, M. "A Methodological Setting for Rhetorical Criticism." *Semitics* 4(1974): 22 — 36.

Kingsbury, J. D. *The Christology of Mark's Gospel*. Philadelphia: Fortress, 1983.

__________. *Jesus Christ in Matthew, Mark, and Luke, Proclamation Commentaries:* the New Testament Witnesses for Preaching, ed. Gerhard Krodel, Philadelphia: Fortress Press, 1981.

Koch, D. A. *Die Bedeutung der Wundererzählungen für die Christologie des Markusevangeliums*. Berlin/New York, 1975.

Koester, H. *History, Culture, and Religion of the Hellenistic Age*. New York: Walter de Gruyter, 1982.

__________. "The Divine Human Being." *HTR* 78(1985): 231.

Kümmel, W. G. *Promise and Fulfillment.* Naperville: Alec R Allenson, 1957.

Krentz, E. *The Historical—Critical Method.* Philadelphia: Fortress Press, 1975.

Lambrecht, J. "Jesus and the Law: An Investigation of Mk. 7: 1—23." *Ephemerides Theologicae lovanieness* 53(1977): 79.

Ladd, G. E. *A Theology of the New Testament.* Grand Rapids: Eerdmans, 1974.

Lane. W. L. *The Gospel of Mark.* Grand Rapids: Wm. B. Eerdmans. 1974.

Lewis, I. M. *Ecstatic Religion: An Anthropological Study of Spirit Possession and Shamanism.* England: Penguin, 1971.

Lohfink, G. *Wie hat Jesus Gemeinde Gewollt,* Verlag Herder: Freiburg i. Br. 1982.

Mack, B. A. *Myth of Innocence.* Philadelphia: Fortress Press, 1988.

__________. *Who Wrote the New Testament? The Making of the Christian Myth.* New York: Harper Collins, 1995.

Malina. B. J. *The New Testament World: Insights from Cultural Anthropology.* Louisville: Westminster/John Knox Press, 2001.

__________. *The Social Gospel of Jesus: The Kingdom of God in Mediterranean Perspective.* Minneapolis: Fortress, 2001.

Malbon. E. S. "The Jewish Leaders in the Gospel of Mark: A Literary Study of Marcan Characterization." *JBL* 108(1989): 259—81.

Martin, R. *Mark: Evangelist and Theologian.* 「마가신학」, 이상원 역. 서울: 엠마오, 1993.

Marshall, C. D. *Faith as a Theme in Mark's Narrative.* Cambridge: Cambridge University Press, 1989.

Marshall, I. H. *Dictionary of the Jesus and the Gospels.* Downers Grove. Inter Varsity Press, 1992.

Manson, T. W. *The Sayings of Jesus.* London: SCM Press, 1949.

Matera, F. J. *Passion Narratives and Gospel Theologies.* New York: Paulist Press, 1986.

__________. *New Testament Christology.* Loisiville: Westminster John Knox Press, 1999.

Marxsen, W. *Der Evangelist Markus Studieren zur Redaktionsgeschichte des*

Evangeliums. Götttingen: 1913.

Meier, J. P. A *Marginal Jew: Rethinking the Historical Jesus*. New York: Doubleday, 1994.

Meye, R. P. *Jesus and the Twelve*. Grand Rapids: Eerdmans Publishing Company, 1968.

Meyer, B. F. *The Aims of Jesus*. London: SCM, 1979.

Myers, C. *Binding the Strong Man: A Political Reading of Mark's Story of Jesus*. New York: Orbis, 1991.

Neale, D. A. "None but the Sinners." *JSOTS* 58 Sheffield: JSOT Press, (1991): 118 – 29.

Neusner, J. *Purity in Rabbinic Judaism*. Atlanta: Scholars Press. 1994.

Neyrey, J. H. "The Idea of Purity in Mark's Gospel." *Semeia*, 35(1986): 95 – 99.

Nineham, D. E. *Saint Mark*. Philadelphia: Westminster Press, 1973.

___________. *Saint Mark: The Pelian N. T. Commentaries*. Harmondsworth: Penguin Books, 1969.

Nolan, A. *Jesus before Christianity*. New York: Orbis. 1987.

Osiek, C. *What Are They Saying About the Social Setting of the New Testament*. Macarthur: Paulist Press. 1995.

Painter, J. "When is a House not Horne? Disciples and Family in Mark 3: 1335." NTS 45(l999): 509 – 13.

Paulus, H. E. G. *Philologisch – kritischer und historischer Commentar uber das neue Testament*. Lubeck: Bohn, 1800 – 02.

___________. *Das Leben Jesus, das Grundelage einer reinen Geschichte des Urchristentums*. Heidelberg: Winter, 1828.

Pedersen, J. *Israel: Its Life and Culture*. London: Oxford University Press, 1926.

Perrot, C. 「예수와 역사」, 박상래 역. 서울: 카톨릭 출판사, 1984.

Perrin, N. *Jesus and the language of the Kingdom*. Philadelphia: Fortress, 1976.

_________. "The Evangelist As Author: Reflections on Method in the Study and Interpretaion of the Synoptic Gospels and Acts." *BR* 17(1972): 5 – 18.

Perkins, P. *The Gospel of Mark: The New Interpreter's Bible*. Nashville: Abingdon Press, 1995.

Pesch, R. "The Markan Version of the Healing of the Gerasene Demoniac." *ER* 23(1971): 349 – 76.

Petersen, N. R. *Literary Criticism for New Testament Critics*. Philadelphia: Fortress, 1978.

Phich, J. J. "Biblical Leprosy and Body Symbolism." *BTB* 11(1981): 100 – 13.

__________. "Healing in Mark: A Social Science Analysis." *BTB* 15(1985): 142 – 50.

Philostratus. *The Life of Apollonius of Tyana*. F. C. Conybear trans. The Loeb Classical Library. New York: Macmillan Co., 1912.

Pokorn, P. "From a Puppy to the Child: Some Problem of Contemporary *Biblical Exegesis Demonstrated from Mark* 7:24 – 30; Matt 15:21 – 28." *NTS* 41(1995): 322 – 25.

Reitzenstein, R. "Hellenistic Mystery – Religions." *PTMS* 15 Pittsburg: Pickwick, 1978.

Richardson, A. *The Miracle – Stories of the Gospels*. London: SCM, 1941.

Ringe, S. H. "A Gentile Woman's Story." in *Feminsit Interpretation of the Bible*. Philadelphia: Westminster Press, 1985.

Rhoads, D. "Jesus and the Syrophoenican Woman in Mark." *JAAR* 62(1994): 361.

__________. *Social Criticism: Crossing Boundaries*. Minneapolis: Augsburg/ Fortress, 1992.

Rhoads, D. and Michie, D. *Mark as Story: An Introduction to the Narrative of a Gospel*. Philadelphia: Fortress Press. 1982.

Richard, L. R. "The Social Location of the Marcan Audience." *BTB* 23(1993): 380 – 95.

Ridderbos, H. *The Coming of the Kingdom*. Philadelphia: Presbyterian and Reformed Publishing Co., 1962.

Robins. V. K. *Jesus the Teacher: A Socio – Rhetorical Interpretation of Mark*. Philadelphia: Fortress, 1984.

Roloff, J. *Neues Testament*. Neukirchen, 1982.

Ryken L. and Tremper Longman "Introduction." in *A Complete Literature* *Grand Rapids:* Zondervan Publishing House, 1993.

Rushing, W. A. *Deviant Behavior and Social Process*, chicago. Rand McNally & Co., 1969.

Russell, D. S. *The Method and Message of Jewish Apocalyptic*. Philadelphia: Westminster Press, 1964.

Sanders, E. P. *Jesus and Judaism*. Philadelphia: Fortress Press, 1985.

Sanders, E. P. and Davies, M. *Studying the Synoptic Gospels*. London: SCM Press and Trinity Press International, 1999.

Schams, C. *Jewish Scribes in the Second — Temple Period*. Sheffield: Sheffield Academic Press, 1988.

Schenke, L. *Die Wundererzählungen des Markusevangelium*. Stuttgart, 1974.

Schottroff L. and Stegemann, W. *Jesus and the Hope of the Poor*. Maryknoll, New York: Orbis Books, 1986.

Schuerer, E. *The History of the Jewish People in the Age of Jesus Christ*. ET 1. London: T. & T. Clark, 1979.

Schultz. S. *Die Stunde der Botschaft*. Hamburg: Furche — Verlag, 1967.

Schweitzer, A. *The Quest of the Historical Jesus: A Critical Study of Its Progress from Reimarus to Wrede*. London: Black, 1910.

___________. *The Mystery of the Kingdom*. London: Black, 1914.

Schweizer, E. *The Good News According to Mark. Atlanta:* John Knox Press, 1976.

Segundo, J. *The Historical Jesus of the Synoptics*. New York: Orbis, 1985.

Selvidge, M. J. "Mark and Women: Reflection on Serving." *Exploration* 1(1982): 23 — 32.

Senior, D. *The Passion of Jesus in the Gospel of Mark*. Wilmington: Michael Glazier, 1984.

Shemesh, A. "King Manasseh and the Halakhah of the Sadducees." *JJS* 52(2001): 27 — 39.

Shepherd, T. "The Narrative Function of Markan Intercalation." *NTS* 41(1995): 522.

Smith, D. E. "The Historical Jesus at Table." *SBL* Seminar Papers 27(1989): 486.

Smith, M. *Clement of Alexandria and a Secret Gospel of Mark*. Cambridge: Harvard Univ. Press, 1973.

__________. *Jesus the Magician*. London: Gollancz, 1978.

Stock, A. *The Method and Message of Mark*. Wilmington: Michael Glazier, 1989.

Strauss, D. F. *The Life of Jesus Critically Examined*. London: SCM and Philadelphia: Fortress, 1972.

Suh, J. S. *Discipleship and Community*. Mark's Gospel in Sociological Perspective, Claremont, CA: CAAM, School of Theology at Claremont, 1991.

Sweetland, D. M. "Mark's Portrait of Jesus and the Disciples." *BT* 34(4, 1996): 228 – 35.

Talbert, C. "The Myth of a Descending – Ascending Redeemer" in *Mediterranean Antiquity*. *NTS* 22(1975 – 1976): 418 – 39.

Taylor, V. *The Gospel According to St. Mark*. New York: St. Martin's Press, 1963.

Telford, W. R. "Major Trends and Interpretative Issues in the Study of Jesus." B. Chilton and C. A. Evans Ed. *Studing the Historical Jesus*. Leiden: E. J. Bril, 1994.

Theissen, G. *Gospel Writing and Church Politics: A Socio – Rhetorical*. Hong Kong: Chung Chi College Press, 2001.

__________. *The Miracle Stories of the Early Christian Tradition*. *Studies of the New Testament and its World*. Philadelphia: Fortress, 1983.

Theissen, G. & Merz, A. *Der historische Jesus*, 「역사적 예수」, 서울: 다산 글방, 2001.

Tiede, D. *Jesus and the Future. Cambridge:* Cambridge University Press, 1990.

Trench, R. C. *Notes on the Miracles of our Lord*. 1987.

Trocme, A. *Jesus and the Nonviolent Revolution*. Chicago: Herald Press, 1969.

Turcan, R. *The Cults of the Roman Empire*. Oxford: Oxford University Press, 1999.

Twelftree, G. H. "Jesus the Exorcist: A Contribution to the Study of the Historical Jesus." *WUNT* 2.54. Tubingen: Mohr [Siebeck], 1993.

__________. *Christ Triumphant: Exorcism Then and Now*. London: Hodder and Stoughton, 1985.

Vermes, G. *The Dead Sea Scroll: Qumran in Perspective*. Philadelphia: Fortress Press, 1981.

Vines, J. *Exploring the Gospels Mark*. New Jersey: Loizeaux Brothers, 1990.

Vorster, W. S. "Characterization of Peter in the Gospel of Mark." *Neot* 21(1987): 64.

Wallis, E. E. "Mark's Goal-oriented Plot Structure." *JTT* 10(1998): 34.

Weber, J. C. "Jesus' Opponents in the Gospel of Mark." *JBL* 34(1966)

Weber, M. *The Theology of Social and Economic Organization*. New York: Free Press, 1947.

Weeden, T. *Mark: Traditions in Conflict*. Philadelphia: Fortress. 1971.

Weiss, J. *Jesus' Proclamation of the Kingdom of God*. Philadelphia: Fortress, 1971.

Westerholm, S. *Jesus and Scribal Authority*. Lund: CWK Gleerup, 1978.

Wire, A. *The Women of the Emerging Christanity*. 「원시 그리스도교의 잊혀진 여성」, 조태연 역. 서울: 대한기독교서회, 2001.

Wick, D. F. "The Development of Provincial Ruler Worship in the Western Roman Empire." *ANRW* Ⅱ:16:2, ed. H. Timporini and W. Haase. Berlin and New York: de Gruyter, 1972.

Wilkens, M. J. *The Concept of Disciple in Mattew's Gospel*. Leiden: E. J. Brill, 1988.

Wilkinson, J. *The Bible and Healing*, Edinburgh: Handsel Press: 1998.

Williamson, L. *Mark: Interpretation*, Atlanta: John Knox Press, 1983.

Wink, W. *Jesus and Nonviolence: Unmasking the Powers*. 「사탄의 가면을 벗겨라」, 박만 역. 서울: 한국기독교연구소, 2005.

Winter, P. *On the Trial of Jesus*. Berlin: de Gruyter, 1961.

Witherington, B. *The Gospel of Mark: A Socio-Rhetorical Commentary*. Michigan: Will. B. Eerdmans, 2001.

Wolf, E. R. *Pearsants*. Englewood Cliffs: Prentice-Hall, 1996.

Wrede, W. *The Messianic Secret*. Cambridge and London: James Clarke, 1971.

Wright, N. T. *The New Testament and the People of God*. Minneapolis: Fortress, 1992.

Zimmermann H. *Neutestamentliche Methodenlehre*, Stuttgart: Pitman Press, 1982.

강일상. "거라사 지방에서 귀신을 쫓아내신 이야기", 「기독교 사상」, 서울: 대한기독교서회(2003): 159.

강요섭. 「복음의 시작」, 서울: 한국신학연구소, 1991.

김광모. 「마가의 서사적 기독론」, 서울: 한들 출판사, 2005.

김광수. "예수의 귀신 축출 사역의 사회 – 정치적 이해(Ⅰ)", 「복음과 실천」(1996): 69 – 89.

김광수. 「마가 마태 누가의 예수이야기」, 대전: 침례신학대학교출판부, 2003.

김득중. 「복음서의 이적해석」, 서울: 컨콜디아사, 1996.

김지철. "예수의 치유", 「교회와 신학」 제28집, 장로회신학대학교 출판부(1996): 201.

김창락. 「새로운 성서해석과 해방의 실천」, 천안: 한국 신학연구소, 1990.

박수암. 「신약성서 해석론」, 서울: 한국성서학연구소, 2004.

서용원. 「마가복음과 생존의 수사학」, 서울: 대한기독교서회, 2003.

______. "마가복음에 나타난 그리스도인의 제자직", 「호서신학」 4(1997): 33 – 34.

서중석. 「예수」, 서울: 동아출판사, 1992.

성종현. 「신학총론」, 서울: 장로회 신학대학 출판부, 1991.

윤철원. 「신약성서의 그레꼬 – 로마적 읽기」 서울: 한들출판사, 2000.

문상희. "성서해석의 방법과 과제", 「연신원 목회자 신학세미나 자료집」 8, 서울: 연세대학교(1988): 24.

정승우. 「예수, 역사인가 신화인가」, 서울: 책세상, 2005.

조태연. 「예수 이야기 마가 1, 2」, 서울: 대한기독교서회, 2002.

______. 「예수운동 그리스도교 기원의 탐구」, 서울: 대한기독교서회, 1996.

한국여성신학자협의회. 「새롭게 읽는 성서의 여성들」, 서울: 대한기독교서회, 1994.

허호익. 「예수그리스도 바로보기」, 서울: 한들출판사, 2003.

황성규. "예수의 귀신 축출과 빈 집의 우환", 「기독교 사상」(1995/7): 439.

김선호 ————————————————————————————————

▌약 력

서울신학대학(B.A.)
서울신학대학 대학원(M.Div)
호서대학교 연합신학 대학원(Ph.D.)
前) 단국대학교 병원 원목
　　푸른 나무 교회 담임
　　한국 신약학회 회원

▌주요 저서

좁은 길 이야기
자연에게 배우는 77가지 이야기
하늘지혜(도서출판 대장간) 2008년
대안체제와 사회적 영성(도서출판 대장간) 2005년
모순의 땅을 걸어가다(도서출판 대장간) 2004년
깊은 맛이 배이기까지(도서출판 대장간) 2004년

예수의 엑소시즘 바로 보기

초판인쇄 | 2009년 9월 20일
초판발행 | 2009년 9월 20일

지은이 | 김선호
펴낸이 | 채종준
펴낸곳 | 한국학술정보㈜
주　소 | 경기도 파주시 교하읍 문발리 파주출판문화정보산업단지 513-5
전　화 | 031) 908-3181(대표)
팩　스 | 031) 908-3189
홈페이지 | http://www.kstudy.com
E-mail | 출판사업부 publish@kstudy.com

등　록 | 제일사-115호(2000. 6. 19)
가　격 | 27,000원

ISBN 978-89-268-0347-9 93230 (Paper Book)
　　　 978-89-268-0348-6 98230 (e-Book)

내일을여는지식 █ 은 시대와 시대의 지식을 이어 갑니다.